山东省教育科学"十四五"规划课题成果

思维生长课堂建构
理论和实践

杨兴永　等著

山东教育出版社
·济南·

图书在版编目（CIP）数据

思维生长课堂建构理论和实践 / 杨兴永等著. — 济南：
山东教育出版社，2023.9
ISBN 978-7-5701-2693-4

Ⅰ.①思… Ⅱ.①杨… Ⅲ.①课堂教学－教学研究－
小学 Ⅳ.①G622.421

中国国家版本馆CIP数据核字（2023）第 184952 号

SIWEI SHENGZHANG KETANG JIANGOU LILUN HE SHIJIAN

思维生长课堂建构理论和实践

主管单位：山东出版传媒股份有限公司
出　　版：山东教育出版社
　　　　　地址：济南市市中区二环南路2066号4区1号　　邮编：250003
　　　　　电话：（0531）82092664　　网址：www.sjs.com.cn
印　　刷：济南鲁艺彩印有限公司
版　　次：2023年9月第1版
印　　次：2023年9月第1次印刷
开　　本：170毫米×240毫米　1/16
印　　张：21.25
字　　数：350千
定　　价：78.00元

（如印装质量有问题，请与印刷厂联系调换）
电话：0531-88665353

目 录

下篇　思维生长课堂实践探索

前　言

思维生长课堂建构理论和实践

不愤不启，不悱不发。举一隅而不以三隅反，则不复也。

——［春秋］孔子

智育的全部和唯一的目的就是养成细心、警觉和透彻的思维习惯。

——［美］约翰·杜威

2000 多年前的孔子，已经深刻阐明了启发学生思考、促进学生由已知推想未知的教学原则，其中闪烁的重视学生思维发展的思想和方法穿越时空。近代美国教育家约翰·杜威对学生的思维培养尤为重视，他在《我们如何思维》一书中对思维训练提出了一系列主张。儿童最初的探寻和发明以及成年人对他们的回应，会为他们一生的学习和思考奠定基础。理解儿童观察世界、解释新现象和解决问题背后的科学道理，可以更好地引导他们成为富有感知力、洞察力、活跃思维能力的人。教育实践中，我们越来越深刻地认识到，学生思维能力不发展、思维品质不提高，学习能力培养就是一句空话。汲取理论的滋养，结合实践观察，我们逐步明晰了课堂教学改革的研究思路，逐步聚焦于思维生长课堂建构研究，历经十几年不懈努力，在实践中发现问题，用理论引领实践，探寻课堂教学改革的密钥，不断探索让学生真正学会学习、具有自主学习能力的方法与路径。

一、问题引发思考，明确改革方向

课堂教学改革始终是学校教育改革的核心环节，改革难点在于教与学方式的变革。课堂教学由"知识为本"走向"思维为要"进而实现"全面育人"，是智慧经济、智能社会的必然要求。学生学会学习，需要思维能力支撑，但是思维能力的提升是一个不断成长的过程，需要坚持不懈的努力和持续的培养。长期以来，课堂上填鸭式、满堂灌，对学生"大包大揽"的现象突出。课堂没有冷场，学习没有困难，学生没有思而不解、求而不得的沉默、生涩，教学过程行云流水，学生只是在展示自己的"已知、已会、已能"。学生的"出彩"，不是教师课上教出来的，也不是自主探究得来的。长此以往，不思维、浅思维、慢思维、懒思维的现象成为影响学生学习质量提升的难点、痛点问题。因此，基于思维能力培养的研究实践，一直是国内外教育界广泛关注的问题。

在前期调研中我们发现，思维能力培养在实践方面的研究仍显薄弱。从教师教的角度看：课堂教学思维能力培养目标定位不清晰，缺少学科特质和学段特点；学生思维能力培养更多局限于理念阐释，缺少课型支撑和操作流程；课堂教学策略零散，没有系统的策略设计；对课标中提出的思维能力培养要求，落实不到位。从学的角度看：课堂上学生缺少思维的主动性、专注力，使用工具和方法意识淡薄，学习方式被动；主动发现、质疑、理解建构的能力更是欠缺。研究初期，在对我校四、五、六年级学生思维能力调查中，能主动提出问题的只占到13%—17%。课堂上，学生缺少抽丝剥茧般深入思考的过程，进而失去一探究竟的学习兴趣，分析、理解、建构、迁移等高阶思维能力培养更是无法实现。学生缺乏自主建构能力，理解层次浅表化、学习过程套路化、知识结构碎片化的问题成为困扰课堂教学改革的难点，也是我们转变教与学方式必须解决的问题。

因此，从2010年开始，我校聚焦思维生长的问题，2014年明确将课堂教学改革的方向确定为"建构思维生长课堂"，通过研究小学生思维能力发展的操作体系，探索思维生长课堂教学模式、相关策略等，提升学生的思维能力，优化思维品质，解决思维能力培养质量不高的问题，从而促进教师专业成长，全面推进教学改革进程。

二、立足课堂教学，扎根实践阵地

课堂教学改革的研究需要大量的实践案例支撑，只有锚定课堂主阵地，不断调整研究思路和方法，才能将理论与实践相结合，在实践中验证、反思、完善，最终形成研究成果，实现改革目标，让研究真正成为提升质量的动力源。

基于以上认识，学校发挥校本教研优势，将思维生长课堂的建设与学校自 2010 年就开始的"人人上听评思"品牌教研活动相结合，使研究真正成为推动课堂教学变革、促进学生思维发展的有效途径。研究课的标准是落实学校整体教学改革要求，体现教研组年级研究成果，结合教师专业发展需求。根据研究课开课范围，学科教师、年级教师、教研组教师都要听课，学校教学管理团队跟踪听课。听课之后进行现场评课，教研组成员都发表自己的见解。"上听评思"的收获、共识成为改进教学、思考与实践的指向，成为下一步教学研究新的起点。

在全员参与基础上，发挥骨干引领作用，组织骨干教师制定甸柳一小各学科《思维生长型课堂教学评价标准》，探索思维生长课堂教学模式。为有效配合课题的深入研究，学校制定了语数英学科的《思维生长型课堂建设纲要》《语数英课堂测量表》，与之相关的小课题的研究也扎实有效。

三、专家引领实践，明晰研究路径

自 2014 年起，学校立足于"小学思维生长型课堂建构"，进行了四年的现场循证研究。基于前期的调研论证，以及对大量学术资料、理论基础的学习思考，学校确定了"理念创新—实践验证—凝练提升"的闭环思路，系统借鉴、整理、提升教学经验，对成功有效的教学经验进行分析与整合，形成具有学校特色与推广价值的思维生长课堂操作体系。2019 年 5 月，济南市教育科学"十三五"规划课题"思维生长课堂教学策略研究"成功立项。山东师范大学教育科学学院教授曾继耘、数学科学学院教授傅海伦、山东省教科院教师发展中心黄海涛等多位学术专家，长期深入课堂教学进行理论与实践的系统指导。教师团队以教促研，教研相辅，重点聚焦以下问题，进行系统深入的研究：

1. 专注于思维生长课堂的教学模式研究

借助经验总结法，在课堂教学中不断改进教学设计，不断总结教学经验，概括出"三阶段、六环节"的教学模式，解决了当前思维生长课堂操作流程缺失的问题。

2. 专注于思维生长课堂的教学策略研究

借助课堂观察法，找准思维生长点，进行促进学生思维生长教学策略研究，形成八大策略，解决了策略零散的问题。在这个过程中，以学生体验思维过程为主要方法，以教师行为转变为突破口，进行教学流程的重构。

3. 专注于思维生长课堂目标设计

借助文献分析法，根据学科特质和学段特点，确立了语数英三大学科的思维能力生长目标，解决了当前课堂教学目标定位不清晰的问题。通过"人人上听评思"研究机制，不断更新和完善思维生长课堂操作体系，促进操作体系更具普适性。

4. 专注于成效检验与成果的区域推广

借助问卷调查法，调查学生思维生长现状，进行数据汇总及分析，进行成效检验。在专家引领和不断自主实践探索中，我们进一步明确研究重点和改革思路，研究水平有了质的飞跃，带动集团校、联盟校在思维生长课堂研究领域探索突破，社会影响力显著。特别是在 2021 年 12 月"泉城校长论坛"上，杨兴永校长代表学校，以思维生长课堂研究成果为依托，作主旨发言，受到全国知名教育专家柳袁照的高度认可。

四、新问题推动，促进深化研究

思维的发展，要植根于学生已有经验的"原点"，要撬动学生生长需要的"支点"，引领学生在开阔、纵深的思维场中通往生长的"远点"。我们在总结前期研究成果的同时，继续紧跟教育前沿热点问题，不断调整研究思路，寻找深化研究的切入点，明确了课堂教学中呈现的新问题。例如：学生主动运用思维工具解决问题的能力不够，工具意识较弱，课上缺少自主发现和自主建构的过程；教师对学生思维训练缺少过程性指导，训练层次模糊，缺少工具支撑；学生高阶思维能力培养在教学中不能有效落实。因此，我们将研究的重点放在优化教学行为和策略、促进学生体验思维过程、实现深度高效的学习上，同时提炼有普适性的教学策略、操作模式等，科学总结经验，重点构建指向学生深度学习的思维生长课堂操作体系，促进学生思维能力的可持续生长。

基于以上思考，学校研究组聚焦重难点，明确了研究新思路，于2019年12月申报省级"十四五"规划课题"促进深度学习的小学思维生长课堂建构实践研究"并成功立项。作为思维生长课堂的深化研究，该课题重点聚焦以下几个关键问题：

1. 梳理出各学段高阶思维生长目标体系。将促进学生的高级思维发展作为教学总目标，细化学生思维发展层次，明确由浅度学习向深度学习发展的标志，并以此作为培养思维能力重点要关注的环节。

2. 优化完善促进深度学习的"体验思维"教学模式。学生在"尝试、生成、迁移"的体验思维过程中，思维水平螺旋上升、不断生长，深度学习得以真实发生。

3. 多维度研究深度学习下高阶思维生长的教学策略。研究中，我们致力于"促进学生高阶思维能力生长"教学策略维度研究，力求转变学生学习方式，提升学生综合运用知识解决问题的能力，让学生真正体验深度学习的过程。

4. 学生深度学习的思维工具的开发与利用。思维工具是落实义务教育阶段学习者思维能力培养的重要载体，其本身具有直观性、逻辑性和整合性，可以实现隐性思维显性化、零散知识结构化以及新旧知识的整合化，并有效培养学习者的核心素养。

在2023年5月省课题中期评估会上，一节《鸽巢问题》的研究课引起了广泛关注。"4只鸽子飞进3个鸽巢，我认为有这样几个情况……""根据'鸽巢原理'，我认为，在13名教师中，一定有两位老师的属相相同。"……对于老师提出的每一个问题，学生们都会迅速展开思考，进行各种可能答案的探讨。老师通过一个个具有挑战性的问题相机诱导，通过对课题的质疑探究、模型建构、延伸拓展等，指向学生的创新思维训练，学生思维逐渐从肤浅、低阶向深刻、高阶转变，从而打造出了深度学习的思维生长课堂，推动学生高阶思维生长。像这样的极具思维含量的数学课，正是对思维生长课堂研究的生动实践。

五、反思总结收获，成就师生成长

随着研究的深入开展，研究组成员积极对自己的研究活动过程加以回顾、反省、总结，进而得出具有普遍指导意义的研究成果。在实践中探索、优化、完善培养目标、教学模式、方法策略，进一步开发促进学生深度学习的思维工具，探寻更加科学有效的评价方式。

1. 实现学生学习方式的转变，思维能力及思维品质得以持续提升

对比 2018 年和 2022 年问卷调查数据发现，学生思维能力发展、学习品质优化显著，特别是主动提出问题的人数由 13%—17% 提升到 33%—35%，提升比均超过 100%，能够主动运用思维方法进行尝试验证并得出结论的学生人数提升比达 42.61%—74.78%。学生质疑、迁移等高阶思维能力持续生长，学习动力、兴趣、意志力得以全面提升。

在历年的区域教学质量检测中，我校学科抽测成绩均列全区前茅，学生思维水平的提升，直接带动了学习兴趣和学习能力的显著提高。思维生长课堂的研究成就了学生发展，带来了教学质量的稳步提升。

2. 教师教学方式转变，思维能力培养理念及水平得以提升

老师们不断改变传统教学方式，逐步熟练运用"三阶段、六环节"教学模式和相关教学策略，"人人上听评思"机制广泛应用于各学科，以思维能力培养理念为导向的课堂建构质量持续提高，学生思维能力培养意识和质量不断提升，教研学术品质得以提高。近 5 年来，有 20 多篇教师论文获奖并发表于《山东教育》《现代教育》等刊物。这些论文指向深度学习和思维生长，涵盖语、数、英、道德和法治、信息科技、德育课程和智能研修领域的多项课题研究，分别获省市区级立项，为研究成果的迁移推广拓展了实践空间。

　　在理念引领、成果助推下，教师参加各级各类评比均获得优异成绩。思维生长课堂的研究，成就了学生，更助推了教师的专业成长。近年来，全校有 35 位教师获评区级、市级教学能手；3 年内有 16 位教师先后被评为历下名师、济南名师，获评人数和学科覆盖均列全区第一。特别是 2021 年，学校有 3 位教师代表济南市参加山东省、华东六省一市、全国优质课评比展示，1 人的课例入选国家基础教育平台，"智能化＋思维生长"案例亮相于 2022 年度全国交流推进会，彰显了学校强劲的教科研实力，取得了新突破。

　　《思维生长课堂建构理论和实践》一书，在一线教学与专业研究的结合下应运而生，同时又反作用于一线教师和研究团队，在新课改的关键时期，为教师们建构素养课堂答疑解惑，开启了师生教学相长、促进学生终身发展的新路径。

（杨兴永）

上篇　思维生长课堂理论研究

第一章

思维生长课堂建构理论综述

一、思维生长课堂理论依据

思维发展，我们形象地称之为思维生长，是学生学习能力培养的关键，也是教育教学必须解决好的难点问题，是教学研究的热点。随着信息时代的到来，发展思维能力尤其是高级思维能力，提升思维品质，变得更加迫切。各学科课程标准的相继更新，标志着我国基础教育改革全面步入核心素养的目标建设阶段。其中，问题解决、创造、创新等思维能力及品质的培养是核心素养体系建设的关键。如何在课堂上发展学生的思维成为核心素养教学改革的重点。与此同时，研究深度学习作为信息时代教学变革的必然选择，成为促进学生思维生长的有效教学方法。思维生长课堂的研究就是落实深度学习的重要路径。基于上述背景，我们对相关思维生长理论进行梳理，汲取理论的智慧，从思维生长、深度学习的内涵出发，建构基于深度学习的思维生长课堂教学范式，为促进学生的深度学习、培养学生的思维能力提供科学的理论指导和实践指南。

（一）概念界定

1. 思维

"思维"被恩格斯誉为"地球上最美丽的花朵"，人的一切创造性活动都与思维力有关。杜威在《我们如何思维》一书中提出：对任何一个信念或假定的学说、知识，均以积极的、执着和用心的态度考虑它的根据是否成立，若能成立，再考虑它所导致的进一步的结论，这就构成了思考。由此我们可以把思维理解为两个过程：第一个过程，对于任何的结果，都要考虑其产生的原因，以确定结果是否成立与正确；第二个过程，如果结果成立或正确，则进一步考虑结果将带来的新的结论。以学生学习负数这一概念过程为例，第一个过程从生活中的收入与支出、地上与地下等现象中，理解相反意义的量的含义，进一步形成负数的概念；第二个过程以负数的概念为基础，进一步解释生活中的各种现象，进一步解释 0 的位置。由此可见，思维就是一种思想活动，即由观察或经历的事物推想、判断出别的事物，将前者作为后者的判断依据或行动基础。

2. 思维生长

"生长"是指生物体在一定的生活条件下，体积和重量逐渐增加的过程。教育家杜威在《民主主义与教育》一书中明确提出"教育即生长"的主张。生长既是学生阶段身体特点，更是学生在受教育过程中表现出来的思想、能力、行为、习惯等发展趋势特点。任何知识、技能的形成都离不开思维支撑，只有认知与行为相辅相成，才能实现知行合一，实现真正全面的生长。小学阶段处于学业启蒙阶段，生长的特点更加突出，也是生长的基础阶段。把握其生长特点，促进其生长，是尊重教育规律的表现，也是我们研究的价值意义所在。

"思维生长"是指学生在教师创设的有利于思维活动的环境中，通过自己的积极思维，经历过程，主动提高思维能力、提升思维品质，实现思维能力的内在发展。思维生长即人的成长。人类社会发展的历史，就是不断创新的历史。科学的发明和创造是靠人的思维来实现的。思维能力从哪里来？作为培养人的社会活动，从本质上讲，教育从来就应该将培养学生的思维能力作为重要目标。教育即思维生长，教育即智慧生成。

我们致力打造的"思维生长型课堂"，就是以"经历即成长，体验即生长"为教学主张，以促进学生思维能力提高为目标，以学生体验思维过程为主要方法，以教师行的转变为突破口，进行教学流程的重构，最终实现学生思维能力的内在生长。例如：在"提高阅读速度"这一策略的学习中，我们遵循大单元教学理念，引导学生不断地联系、调动、激活、运用前面的经验，以融会贯通的方式对学习的知识进行结构化统整，进阶式掌握速读方法，不断提高阅读速度及理解内容、处理信息等能力。知识是可以迁移运用的，具有强大的再生功能，拥有巨大的附加价值。可见，在思维生长型课堂上，强调的不是保有知识数量的多与少，而是经历、体验、再生的过程。

3. 深度学习

"深度学习"既指在理解的基础上，学习者批判性地学习新思想和新知识，将它们与原有的认知结构相融合，将众多思想相互关联，获得新知识，又指将已有的知识迁移到新的情境中去，作出决策并解决问题。深度学习是高阶思维参与下认知活动的高投入性学习方式，对于促进学生学习效率的提高以及个人能力的成长具有重要作用。深度学习具有明确的目的与任务、联想与建构、活动与体验、迁移与运用、问题解决等特征，需要批判性思维、迁移和创造等高阶思维的渗透。例如：数的运算中的"整数加减法""小数加减法"和"分数加减法"等知识看似不同，其实，贯穿其中的核心问题是"为什么要末位对齐""为什么要小数点对齐""为什么要通分"等等。这样的核心问题能够彰显同类数学知识的本质，即"只有计数单位相同才能直接相加减"。通过理解核心问题，学生的思维能够被激活，教师的数学教学能够走向优质、高效。

（二）国内外相关研究理论

1. 我国古代教育家的相关教育思想

我国古代的教育家非常重视思维能力培养在教学活动中的作用。孔子所说"不愤不启，不悱不发。举一隅而不以三隅反，则不复也"就已蕴含了教师"启发学生主动思维"的教学原则，体现了"教学要注重学生自主体验过程"的观念。教育者要激发学生主动思考的能力，开启其活泼的心灵、生动的智慧，使其能够独立思考。鼓励学生自主提出问题、解决问题，由已知推想未知，这种典型的启发式教学思想，是符合教学基本规律的。孟子也曾说："君子引而不发，跃如也。"教学要像射箭一样，作出跃跃欲试的样子，以激发学生学习的主动性。教师在教学过程中要善于引导、启发，重在传授方法，给学生留有理解、思考的余地，通过启发思维培养学生自觉钻研的能力，激发学生主动学习的状态。

2. 杜威与皮亚杰的相关研究理论

"智育的全部和唯一的目的就是养成细心、警觉和透彻的思维习惯。"这是美国教育家约翰·杜威对教育教学规律的经典论述。杜威在《我们如何思维》一书中，对学校思维能力培养作了较为全面的论述，回答了什么是思维、思维的过程、思维的几种形式、学校如何进行思维训练等问题。尤为重要的是提出了思维五步教学法——情境、问题、假设、推论、验证，即创设疑难情境、确定疑难所在、提出解决问题的种种假设、推断哪个假设能解决这个困难、验证这个假设。杜威认为，好的教学必须能唤起儿童的思维。如果没有思维，那就不可能产生有意义的经验。因此，学校应该为学生提供能引起思维的实际的经验情境，引导学生主动探究、解决问题。我们以杜威的《我们如何思维》为理论支撑，开展思维生长课堂建构研究。

皮亚杰深受杜威教育思想的影响，对儿童思维进行了规模庞大、系统完整的研究，形成建构主义思想。他在儿童心理发展阶段的理论中提出，儿童的认知发展由于认知结构水平的不同，表现出明显的阶段性特征。因此，学生的思维发展具有阶段性，训练能够促进学生思维能力和品质的提升，且前一阶段的发展会为下一阶段提供有效条件。

3. 林崇德与胡卫平的相关研究理论

北师大林崇德教授是国内研究发展学生思维的领军者。他指出思维是多种学科研究的对象，而心理学主要从智力的角度研究思维。所谓智力和能力，就是指运用已有的知识与经验，成功地解决某种问题（或完成任务），并且表现出良好适应性的个性心理特征。我们要承认思维有先天性，同时强调遗传跟人的智力、能力、思维发展的可能性，而这种可能性变成现实性的关键是环境与教育。而认知，包括思维（核心）、感知（观察）、记忆、想象、言语和操作技能，这就是各种智力的成分模式，所有这些都围绕思维来进行，构成智能的结构。

林崇德与胡卫平对思维型课堂教学的理论与实践进行了深入探讨。其研究表明，学生的认知冲突、自主建构、自我监控、应用迁移是思维型课堂的主要构成成分。在课堂教学中，教学目标要明确，知识的形成过程要突出，学生在学习的过程中要联系已有的知识经验，教师在教学中要注意非智力因素的培养和良好教学情境的创设，智力能力的提高要基于思维品质的训练，分层教学因材施教有利于学生思维品质的提高。对研究对象的分析、目标的指向，均体现了思维课堂的建构对深度学习有促进作用。

4.课程标准中的相关理论

核心素养，既是 2022 年版义务教育课标研制的主线，也是课标文本的主旋律。而关于素养的落地，不同学科都指向了同一个方向——学科思维能力培养。

《义务教育语文课程标准（2022 年版）》对"思维能力"的内涵作了具体阐述：思维能力是指学生在语文学习过程中的联想想象、分析比较、归纳判断等认知表现，主要包括直觉思维、形象思维、逻辑思维、辩证思维和创造思维。《义务教育数学课程标准（2022 年版）》的"核心素养"部分明确提出："会用数学的思维思考现实世界。通过数学的思维，可以揭示客观事物的本质属性，建立数学对象之间、数学与现实世界之间的逻辑联系；能够根据已知事实或原理，合乎逻辑地推出结论，构建数学的逻辑体系；能够运用符号运算、形式推理等数学方法，分析、解决数学问题和实际问题；能够通过计算思维将各种信息约简和形式化，进行问题求解与系统设计；形成重论据、有条理、合乎逻辑的思维品质，培养科学态度与理性精神。"《义务教育英语课程标准（2022 年版）》明确提出：思维品质指人的思维个性特征，反映学生在理解、分析、比较、推断、批判、评价、创造等方面的层次和水平。思维品质的提升有助于学生学会发现问题、分析问题和解决问题，对事物作出正确的价值判断。教学目标明确要求：能够在语言学习中发展思维，在思维发展中推进语言学习；初步从多角度观察和认识世界、看待事物，有理有据、有条理地表达观点；逐步发展逻辑思维、辩证思维和创新思维，使思维体现一定的敏捷性、灵活性、创造性、批判性和深刻性。

实际上所有学科的核心素养都与思维培养有关。音乐教育要开发人对音乐内在艺术力量的反应能力，而思维就是开启这种反应能力的钥匙。美术学科的核心素养"创意实践"，是指在技法学习的基础上通过美术活动、作品的表现形成创新意识与表达。这就是创新思维在美术课堂中的闪现，也让创新素养在实践中生长。综上所述，各学科核心素养的形成都离不开思维的培养，学生综合素养全面发展的核心是思维能力。

5. 深度学习的相关研究理论

"深度学习"（Deep Learning）概念源于人工神经网络的研究，在20世纪70年代被引入教育领域。以弗伦斯·马顿（Ference Marton）和罗杰·萨尔乔（Roger Saljo）正式提出深度学习概念为标志，国外的深度学习研究迄今已有40多个年头。国外的深度学习研究发展到目前，已经转向为集中关注"深度学习是如何发生的"这个核心问题，努力揭示深度学习的内部结构和实现机制。

深度学习能促使学生在学习中将所学知识内化为自身的知识，同时能够将所学知识迁移到新情境中，发展高级思维。国内关于深度学习的系统研究起步相对较晚，何玲、黎加厚、郭华等先后对"深度学习"做过研究和解读。郭华在《教学的模样》一书中阐明："所谓深度学习，就是指在教师引领下，学生围绕着具有挑战性的学习主题，全身心积极参与、体验成功、获得发展的有意义的学习过程。在这个过程中，学生掌握学科的核心知识，理解学习的过程，把握学科的本质及思想方法，形成积极的内在学习动机、高级的社会性情感、积极的态度、正确的价值观，成为既具独立性、批判性、创造性，又有合作精神、基础扎实的优秀的学习者，成为未来社会历史实践的主人。"因此，实现深度学习是促进学生思维能力培养的有效途径。促进学生深度学习的思维生长课堂教学实践研究，是实现课堂教学改革、由教知识升级为培养能力，进而实现全面育人目标的有效路径。

（三）思维生长课堂研究价值分析

1. 把知识学习的过程变为思维能力发展的过程

国内外关于思维能力培养的研究虽多，但大部分是针对思维的特点、思维能力培养目标，基于教学过程的小学生思维能力培养、思维品质提升的课堂教学研究较少。

我们的思维生长课堂研究以此问题为突破口，力求探索出小学生思维能力培养的路径。我们认为，把体验思维过程与各学科知识学习紧密结合起来，把知识学习的过程同时变为思维能力发展过程，并长期实施才能更好地促进小学生思维能力的发展。经过多年深入研究，我们形成了思维生长目标体系，包括"体验思维"教学模式、促进思维生长的教学策略、课堂教学评价量表等，以体验思维过程为途径，把知识学习转化为思维能力培养，促使学生将知识学习变为建构意义的过程，变成思维能力培养的过程，在研究中让理论落地，使其具有实践意义。

2. 促进了深度学习的真实发生

随着研究的深入，我们发现深度学习作为信息时代教学变革的必然选择，能够为学生思维能力的培养提供支持。思维生长课堂构建的目的就是提高思维能力和思维品质培养的质量，促进深度学习的真实发生。

我们认为，深度学习与学生在学习过程中的投入程度、思维参与层次以及个体认知体验密切相关，是高阶思维参与下认知活动的高投入性学习方式，对于促进学生学习效率的提高以及个人能力的成长具有重要作用。即使是低水平的认知过程，也需要将其融入一个更为真实的、复杂的任务背景中，而不是回忆抽象的概念本身。深度学习反对碎片化、割裂式的知识获取方式，强调信息间的联结，对学习内容进行重新建构，赋予其与自己的经验与认知相同的特殊意义。

基于长期的研究实践，我们发现了思维能力培养的问题与难点，并由问题出发，基于深度学习的思维能力培养体系，构建了思维生长课堂教学体系——教学设计围绕促进学生体验思维过程展开，将体验思维过程作为课堂教学展开的主线，用体验真实问题情境激发学生进入思维状态，全班互动交流推动思维过程的深入，通过迁移应用深化巩固思维过程的结果，在深度学习中实现思维的可持续生长。

3. 体现了核心素养培养的要求

2022版义务教育新课标的出台，给教师的教学提出了一个核心任务：让核心素养落地。而不同学科课程标准不约而同地将核心素养的落地聚焦在思维能力的提升与培养上。

语文学科引导学生发展思维能力，提升思维品质，核心素养的内涵是文化自信、语言运用、思维能力、审美创造的综合体现；数学学科的核心素养内涵包含数学思维，核心能力就是思维能力；英语学科课程理念践行学思结合，核心素养内涵是语言能力、文化意识、思维品质和学习能力等方面的统一。促进深度学习的思维生长课堂的研究就是要在全面落实国家课程标准的基础上，突出高阶思维能力培养，而思维能力的培养就是落实核心素养的要求。要把促进学生高阶思维能力生长作为课堂教学目标，进行课堂教学改革，研究促进学生高阶思维能力生长的课堂教学策略，强调学生经历知识形成的过程，目标指向就是体验思维过程，把学习知识、技能的过程变为高阶思维能力训练的过程，促进学生思维品质提升。

4. 学生学会学习，学会自主发展

教育家叶圣陶说过："教师之为教，不在全盘授予，而在相机诱导；必令学生运其才智，勤其练习，领悟之源广开，纯熟之功弥深，乃为善教者也。"这就是说我们现在的教学目的不仅是为了传授知识给学生，更重要的是培养学生的思维能力，教给学生自主学习、研究和创造知识的方法。听一百遍，不如经历一遍。没有建构过程的结果，不会成为学生自己的知识，不会成为下一步建构的阶梯，学生的知识也就永远凌乱无序。因此，思维生长课堂的研究，助推着学生通过自己的思维活动来学习，提高了他们发现问题、分析问题、解决问题的能力。在对思维过程深度体验中，学生通过有效互动，生成结果，发展思维能力，最终实现学会学习、自主建构、可持续生长的目的。

（杨兴永）

二、思维生长课堂内涵与模式

促进学生深度学习的思维生长课堂教学实践研究，是促进课堂教学改革、实现由教知识升级为培养能力，进而实现全面育人目标的有效路径。通过对课堂教学相关要素的系统研究，探索促进学生高阶思维能力培养得更完整、更科学的实践操作模式，为提升思维培养质量提供可参考、可借鉴的成果经验，对提高课堂教学质量有着重大意义。

（一）思维生长课堂的内涵

"思维生长课堂"旨在促进学生思维能力和品质同步提升，包括学生的学习兴趣、意志品质和学习动力。以"经历即成长，体验即生长"为教学主张，以促进学生思维能力、品质提高为目标，以体验思维过程为主要方法，以教师行为转变为突破口，进行教学流程重构。课堂框架的建构以激活思维为主线，以问题解决为出发点，以尝试探究为方式，以体验思维过程、提升理解能力、形成迁移能力为目标，让学生在问题情境中自主建构知识体系，在师生互动中获得对学习内容的领悟和理解，进一步生成新的学习意愿和迁移能力。

我们认为，思维生长的基本表现至少有以下几个方面：提出问题即生长，思起于疑；经历过程即生长，经历过程积累思维的经验；知识建构即生长，理解新知识并融入原有的知识体系；表达即生长，完成知识输出的过程；迁移即生长，由此及彼，举一反三；应用即生长，应用所学解决实际问题。只有经历这样的过程，学生才能通过主动、深度的学习建构将知识活化为精神力量，转化为认识世界的方式。

对思维生长课堂的研究既是对教学规律的尊重，也是对时代挑战的主动回应，体现学校教学改革的方向和研究思路，对于促进学生学习质量的提高以及个人能力的可持续发展具有重要意义。

（二）思维生长课堂研究内容

我校多年来立足思维能力培养，以思维能力、品质培养的课堂教学模式、策略、体系为主要研究内容，通过长期的跟踪调研和分析，研究出提升学生思维能力的操作体系。研究思路清晰，研究过程系统渐进，形成了一定的阶段性研究资料和应用经验。

1.思维生长课堂研究对象

在逐步深化研究的过程中，我们聚焦深度学习下的思维生长课堂建构，以此为研究对象，研究促进学生深度学习、高阶思维能力培养的课堂教学相关要素，特别加强了与之相关的教学目标确立、课堂教学流程与结构、教学策略、支撑思维的工具与方法等要素的再研究。通过开展促进深度学习的思维生长课堂建构实践研究，推动教师转变教学理念，注重对学生进行高阶思维能力、思维品质的培养，在课堂教学中着重关注学生对于教学内容的理解和应用；通过教授思维方法，创设积极思维的互动空间，帮助学生深度理解和迁移所学知识，进行知识建构，从而促进学生思维能力的生长与学习能力的提高。

2.**思维生长课堂研究目标**

（1）初期研究目标：建构思维生长型课堂

通过对课堂教学的长期研究和跟踪调研，我们发现课堂上学生不思维、浅思维、慢思维、懒思维成为影响其学习质量提升的难点、痛点。因此，我们把构建"思维生长课堂"作为课堂教学改革的目标，尝试解决思维能力培养质量不高的问题。

研究初期，我们将研究目标定位于：通过思维生长课堂教学策略研究，确立促进学生思维生长的课堂教学操作体系，总结教学方法、策略、实施途径；逐步认识思维发展学段形式、特点，明晰学段发展目标，探索年级与学科相结合的思维发展目标，形成促进小学生思维能力生长的目标体系；围绕"促进学生思维生长"重构教学环节，形成促进学生学习能力生长的课堂教学新模式并逐步提炼研究成果和可资借鉴应用的经验。

（2）深化研究目标：促进学生深度学习

随着研究的深入，我们发现课堂教学中呈现出了影响思维发展的新问题：一是学生主动运用思维工具解决问题的能力不够，工具意识较弱，课上缺少自主发现和自主建构的过程；二是教师对学生进行思维训练的意识显著提升，但是思维训练缺少过程性指导，训练层次模糊，缺少工具支撑；三是思维训练可视化的研究还不够深入；四是教师促进学生深度学习和掌握高阶思维核心知识、设计核心问题的能力不足，导致培养学生高阶思维能力的目标在教学中不能有效落实。

思维活动横贯于学习、工作、生活的各环节，实现人的全面发展应从培养思维能力开始。因此，我们调整了研究的重点和方向，将目标侧重于优化教学行为和策略、促进学生体验思维过程、实现深度高效的学习，同时提炼有普适性的教学策略、操作模式等，科学总结经验，重点构建指向学生深度学习的思维生长课堂操作体系，促进学生思维能力的可持续生长。

3.思维生长课堂研究体系

（1）基本体系建构

明确了目标和方向，我们在市级"十三五"规划课题研究期间，确立了研究体系。该研究体系如下图所示：

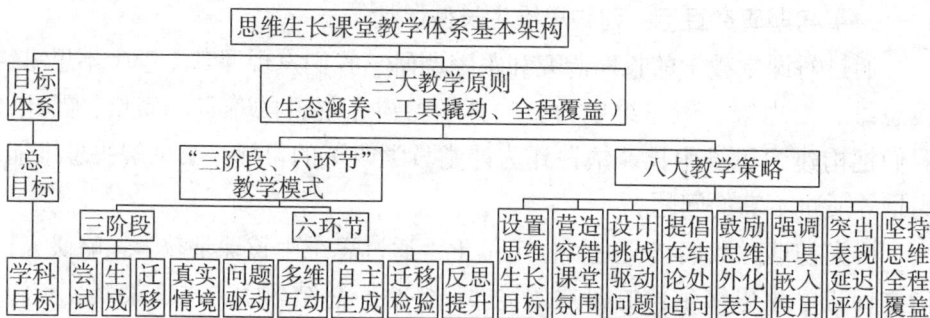

图1.1 思维生长课堂教学体系基本架构

① 研究思维生长课堂的教师行为策略

在影响思维的诸多环境因素中，杜威认为"权威"影响力最大。小学生眼中的最大权威就是教师，且小学生的思维特点是模仿、从众、直观性强。这些特点决定了教师在教学过程中，无论运用怎样的课堂教学活动组织形式，始终会处于主导地位。思维生长课堂的研究对课堂教学中的学生学习活动进行再审视，使学习活动能够真正促进全体学生参与思维过程，使其体验思维过程的深度不断增加。而教师的课堂教学行为对于促进学生思维生长发挥着主导作用。研究教师行为策略、改变现有教学模式，是促进学生思维生长的必由之路。

② 梳理小学生思维生长着力点，建构学生思维生长目标体系

思维生长的着力点在于将知识学习过程化为思维能力培养过程，对三维目标再落实，对核心素养培养路径实施有效探索，对现有教学内容结构和体系进行再梳理，形成层次清晰的知识学习与思维生长着力点，明确各年级学生思维形式主要特点、思维发展方向，进而明确学生思维生长目标体系。我

们依据学科特质设计了不同学科的《思维生长课堂建设纲要》《思维生长课堂教学评价标准》，搭建起目标实施的清晰路径，旨在实现学生思维能力与知识水平建构的可持续发展，真正把学知识的过程变为发展思维的过程。

③形成思维生长课堂教学模式

围绕"促进学生思维生长"重构教学环节，形成促进学生学习能力生长的课堂教学模式，帮助学生不断提升思维能力。

思维生长课堂遵循三大教学原则，即生态涵养、工具撬动、全程覆盖。生态涵养是指淡雅的物质环境，和谐的师生、生生关系，融洽的班级氛围，平等自由的对话气氛，即师生与课堂相互作用，形成和谐、宽松的课堂生态，滋养教师和学生的成长发展。工具撬动是指借助思维工具，帮助学生学会思维，帮助学生厘清问题间的逻辑关系，提高思维能力，促进学生深度思考，实现思维能力可持续生长。全程覆盖是指在学生学习过程中全流程、全空间真正落实学生的思维能力生长。在教学的全过程中，注重强化学生思维的全程训练，充分激活思维生长点，让学生的思维活跃度能够一以贯之地保持在较高水平。

（2）深化体系建构

紧紧围绕促进深度学习和高阶思维能力培养，我们持续进行探索性创新，在原课题基础上力求突破。一方面继续围绕"三阶段、六环节"体验思维教学模式进行升级创新，通过流程细化研究，更加强调教学过程中深度学习、高阶思维真实发生，探索促进学生高阶思维能力培养的课堂教学模式；另一方面，希望通过课堂教学目标、策略、模式、思维工具等多维度的研究，探索促进学生高级思维能力培养的实践操作体系，大面积提高课堂教学质量，提高学生思维能力培养质量。

该体系包括各学段高阶思维生长的目标体系、体验思维教学模式、以深度学习推进学生高阶思维生长的教学策略、学生深度学习的思维工具。这是以"思维生长课堂"为研究目标，在学生深度学习的范畴下，按照一定秩序和内部联系组合而成的整体，是同一目的下不同模块组成的系统。如下图所示：

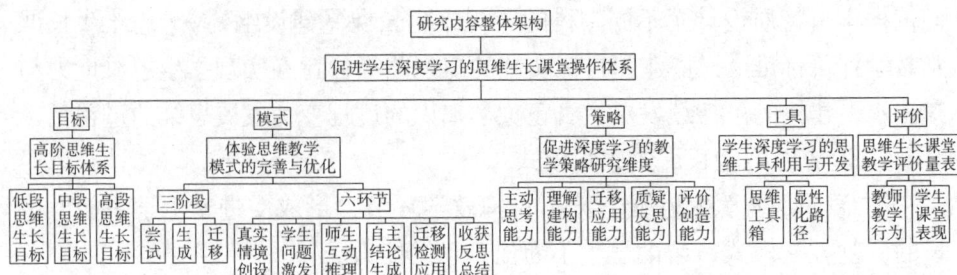

图1.2　促进深度学习的思维生长课堂操作体系

① 各学段高阶思维生长目标体系

教学目标通常指通过教学达成的学生学习目标，思维生长课堂将学生思维生长作为教学目标，促进学生深度学习的思维生长课堂将促进学生的高阶思维发展作为教学目标。教师应该将高阶思维的发展作为明确的教学目标，伴随课堂教学的始终。无论是知识与技能方面、过程与方法方面，还是情感态度与价值观方面的目标学习，都要始终将高阶思维活动的发生作为教学目标进行重点关注。具体可确定为：小学低段的学生，以形象思维为主，在思维能力培养方面，教师要促进学生思维从"记忆"向"理解"发展，积累"应用"经验；小学中段学生的抽象逻辑能力水平较低，教师要重点培养学生的"理解"能力，向有层次的"建构"发展；小学高段学生的抽象逻辑能力开始发展，要重点培养学生"迁移应用"能力，促进思维向"评价"和"创造"发展。综上分析，小学生思维层次呈现从低到高发展的过程，即观察、记忆、理解、建构、迁移、应用、质疑、评价、创造等，其中"理解"是学生由浅度学习向深度学习发展的标志，也是培养思维能力重点要关注的环节。如下图所示：

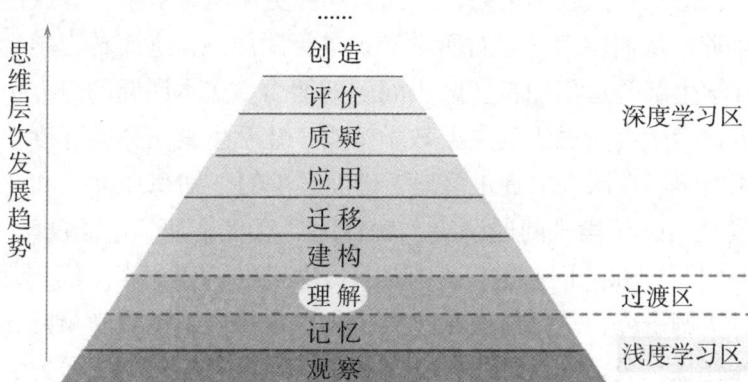

图1.3　思维层次发展趋势

　　我们依据课程标准和学科核心素养，以各学科的核心知识学习目标为依托，努力培养学生的高阶思维能力，以语文、数学、英语三门学科为重点，梳理制定低、中、高三个学段的高阶思维生长目标体系，力求目标层次清晰，学科能力训练与思维能力发展有机结合，全面促进学生高阶思维能力的生长。

　　②体验思维教学模式的完善与优化

　　我校在市级"十三五"规划课题"思维生长课堂教学策略研究"推进中已经形成体验思维教学模式，总结为"三阶段、六环节"。思维生长课堂的授课范式已经有章可循。学习是一个连续的过程，在这一过程中，任何学习都是在学生已经具有的知识经验和认知结构的基础上进行的。新的学习过程及其结果会对学生原有知识经验、技能和态度甚至学习策略等产生影响。教师特别关注具有理解性、分析性、评价性、创造性的学习活动，这是引导学生进行"深度学习"的重要抓手。在本课题的研究中我们将"尝试、生成、迁移"操作细化为探索目标，继续优化课堂教学模式促进学生高阶思维发展，以要素分析的方式细化研究每个阶段的操作方法，为教师提供更易操作的策略和方法，为我校课堂教学改革的纵深、持续发展提供动力。

　　③深度学习推进学生高阶思维生长的教学策略研究

　　我校在总结"十三五"课题研究环节，通过案例研究方式初步总结出思维生长课堂八大教学策略，而深度学习更加注重学生"深层次理解能力"的培养，从而驱动学生对所学知识进行深加工，进而转变学生学习方式，提升学生综合运用知识、解决问题的能力。在本课题的研究中，我们将研究推进学生高阶思维的主要教学策略，让学生真正体验深度学习的过程，让深度学习在课堂中真正落地，借助学生的"知识理解"和"思维潜能"激发动力，用尝试问题解决、解释深层意义推动学生深度学习发生。以"核心问题"和"问题链"为抓手，引发学生深度思考，实现理解性学习。通过案例研究，总结能够推进学生高阶思维生长的教学策略，注重策略的可操作性、灵活性、层次性、调控性，通过教学策略的研究，提高教学效率与教学质量，实现深度学习，促进学生思维生长。

④学生深度学习思维工具的利用与开发

深度学习的高级思维特点是基于问题的多维知识整合，即将孤立的知识要素联结起来，引导学生将知识以整合的、情境化的方式存储于记忆中，这就更需要相应的思维工具支撑。思维生长课堂的研究将依据学生的学段特点、认知结构及教材特点梳理适合学生使用的思维工具，力图实现隐形思维显性化—显性思维策略化—高阶思维自动化，帮助学生深度思考，促进学生思维能力的持续生长。在利用与开发思维工具的过程中，教师将深入了解学生的前摄经验、理解新知识的类型，指导学生在新旧知识、概念、经验间建立联系，还要引导学生将他们的知识归纳到相关的概念系统中，并在反思的基础上建构属于自己的新的认知结构。基于此，研究发现"思维导图""六顶思考帽""头脑风暴法""流程图"等思维工具对深度学习具有助推作用，并研发新的思维工具，为深度学习助力。

⑤深度学习下度量高阶思维的评价方式

评价是衡量课堂教学质量的重要环节，经过对教学全流程各个要素的系统分析，我们制定出促进深度学习的思维生长课堂教学评价标准。聚焦学生课堂表现和教师教学行为，从这两个方面进行多维度评价，针对每个维度都提出了明确的评价要点，重点测评学生和教师在课堂教学过程中的思维发展水平和思维能力培养质量，为进一步优化教学行为提供有力的行为表现依据。

（三）思维生长课堂教学模式

对于教学模式的研究，我们力求渐进提升，不断深化完善。

在长期的思维生长课堂建构研究中，我们逐渐探索形成了以体验思维为中心的教学模式，对课堂流程进行再造，探索促进学生思维能力和思维品质提升的操作体系。思维生长课堂建构，以提高思维能力和品质为目标，引领学生思维向高阶发展。思维生长课堂以"经历即成长，体验即生长"为教学主张，把引领学生体验思维过程作为主要的教学方法。具体来说，思维生长课堂包含以下几个要素：学生在课堂学习中的主体地位和主动性发挥是体验思维的基础；学生已有经验是思维的出发点；学生自主提出的问题是思维的激发点；学生自主寻找方法、进行推理、生成结论为主要过程；学生所获得的结论可以更好地指导生活，也可以在生活中检验。

由体验思维教学模式总结出的"三阶段、六环节"教学操作模式，不断尝试为学生打开思维空间，借助每一次新的生成总结出的方法引领学生深入探索核心知识，在这种不断尝试与反思的过程中，将结论与方法迁移到对其他新知的学习中。在"尝试、生成、迁移"中，学生的思维能力不断提升。

1. 三阶段：尝试、生成、迁移

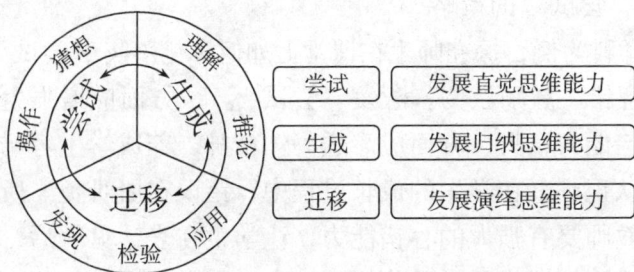

图1.4　"三阶段"教学操作模式

（1）"尝试"：学生在尝试中，基于已有经验，不断尝试探索，形成反馈机制，不断修正错误。思维的初始阶段就是"尝试"，因此要发展学生的直觉思维能力。

①"尝试"阶段三要素

第一要素，核心知识问题化，核心内容任务化。在新旧知识联系、课堂与生活联系的基础上，将需要学生自主探究的核心知识转化成问题，在问题的引领下激发学生学习的兴趣。问题化的核心知识引入方式，不仅变革了学生学的方式，更对教师的教提出了更高的要求。问题的提出需要注意以下几个方面：问题的提出要在学生对其最感兴趣或急需解决时；问题语言的组织需要简洁明了无歧义，不给后续的尝试研究活动造成不必要的人为误导；问题情境的创设无论采用故事、新旧知识沟通等何种形式，均需充分贴近核心知识本身，而非单纯的氛围营造。

第二要素，给学生探讨问题的时间和空间。尝试，除了需要热情，更需要充分的时间支持和空间协助。教师在设计整体教学环节时，要根据核心知识的难易程度、执教班级学生的年龄和知识基础等，预留足够的时间，同时预设应对时间差的方案。

第三要素，主动尝试意识和合理的尝试方法。通过激励、指导等语言和方法，鼓励学生主动、大胆去尝试。在尝试的前、中、后等环节，结合学生尝试的方法和结果，帮助其梳理出独立尝试、合作尝试、汇报尝试结果等方面的方法，如通过对比发现问题、利用转化尝试解决、先思后做再反思梳理过程等。

②深化"尝试"的策略

以语文学科为例，探究师生在课堂上如何深化落实"尝试"。

a.营造容错、激励氛围，激发"尝试"。一方面应增强生本理念，锤炼教师的容错能力；另一方面应渗透集体精神，养成学生容错习惯。教师应该清楚地认识到，在学生的成长过程中，错误在所难免。所以学生在回答问题时，教师要有强大的容错能力，让学生在表达见解后，能够获得教师的肯定和赞许。课堂教学必须构建安全、和谐的课堂氛围，教师要鼓励学生自主发现、自主建构。学生在安全激励型的课堂氛围中不断进行尝试、互动、交流、合作，才能实现思考的无限可能性。以《父亲、树林和鸟》教学为例，课后题中有这样一道判断题："父亲曾经是个猎人"，你如何看待这种说法？发表个人见解之前，教师要创设一种宽松的、学生敢说的讨论环境，只要有理有据说明看法即可，答案无对错之分，更无好坏之别。只要学生经历了深入思考，并有属于自己的个性化见解，教师就要及时给予肯定。在这样的环境中，学生的"尝试"冲动就会越来越强，想法就会越来越全面、越来越深刻。

b. 注意课堂留白，助力"尝试"。课堂留白是为了让学生学会思考，这样课堂呈现的内容才会丰富多彩。教学中的留白，即在强调尊重学生主体地位的基础上，教师不要急于评判或者给出结论，给学生的想象、思考腾出空间，让学生适当地自我设计、塑造个性。留白留的不仅是思考的时间，更是思维的空间。恰当留白在一定程度上为学生的学习活动提供了更多可能性，为学生思维矛盾点的撞击提供了更多机遇，是促进深度学习的重要路径。在何处留白、留多少白，教师从备课到上课结束需要依据学情不断调整。例如，教学《司马光》这篇文言文时，在学生理解文意的基础上，教师会抛出一个问题：文中的"众"和"群儿"意思相同吗？这个问题看似不难，但是三年级的学生想表达清楚并不是一件容易的事情，所以教师要给学生充分思考的时间。这个过程不仅是训练学生分析能力的过程，更是促进学生深度学习的过程。

（2）"生成"：解决问题，得出答案。这是学生运用已有经验、方法，主动思考，以推论、理解作为主要方法，形成、获得新的认识的阶段。这个过程强调对学生归纳思维能力的训练。

①"生成"阶段三要素

第一要素，创设学生主动思考的环境和氛围。生成的前提一定要源于学生的思考，在宽松的课堂氛围中，在教师正确的引领下，学生才敢于表达自己的观点。

第二要素，生成来源于合适的问题。有适当难度的启发性问题，加之有条理的思维路径、有价值的思维目标，才能帮助学生运用已有经验、方法，结合实际问题主动思考。例如对高年级学生来说，思维的起点需要有一定的挑战性。统编教材六年级下册第二单元三篇课文分别是《鲁滨逊漂流记（节选）》《骑鹅旅行记（节选）》《汤姆·索亚历险记（节选）》，这些都是享誉世界的儿童文学作品。以教学素材为依托，引导学生为整本书的人物关系绘制思维导图，生成导图的过程可以训练学生的分析判断能力、逻辑思维能力。想要为一本书绘制一幅精美的思维导图，不仅要精读整本书，还要深入思考书中的人物关系，这对学生们来说绝对是一个不小的挑战。而思维导图最大的好处就是能够让学生清晰地理解作者写书的结构，帮助学生理清思路。学生通过深入思考，依托这个框架，也就很容易看明白文本呈现了哪些人物，他们之间的关系是怎样的，作者是如何一步步按照逻辑由浅入深地讲述故事的。思维导图能够让它们有序地联系起来。知识点通过图形化方式呈现，脉络会更加清晰，更有条理及层次感，便于学生理解记忆。这种思维导图的设计要针对课本知识，"愤启悱发"的难度适合高年级学生的知识储备和发展意愿，能更好地训练学生思维的系统性和深刻性。

第三要素，动态生成。动态生成主张课堂教学必须构建生成性的探究活动过程，这个过程强调发展学生的归纳思维能力。思维能力的生长很容易陷入一个误区，那就是静态思考，或者是僵化性思考。生成过程不应是千篇一律或墨守成规的，必须有符合具体情境的动态生成过程，这就需要在该阶段重视思维模式动态化的培养。比如"追问"这一方式，可以结合学生实际，进行更好的动态生成。首先，在无疑处"追问"。比如在数学五年级上册《可能性》的教学中，在新知学习之后，可设计默契游戏，提供三种颜色的卡片，每位学生手中各持一张，按要求（从举起的卡片中任意抽一张，不可能是蓝色卡片）举起。当老师提出要求后，持有红、黄两色卡片的同学都举了起来。其实这个答案没错。但是此时教师追问："所有黄色卡片放下，只举红色卡片符合要求吗？"学生会下意识地说不符合。当教师有意识地给学生留出思考时间后，一定会有同学激动地说道"符合"，接着将自己的想法迫不及待地陈述出来。当大家恍然大悟后，老师继续追问道："还可以怎样举？""只要怎样举，就能符合要求？"这样的设计突出了矛盾点，注重了层递性，提高了思维水平。其次，向深处"追问"。比如在亿以内数的写数教学中，针对写几个 0 这个难点问题，老师首先让学生根据要求写出这组数——560 800、560 080、560 008，然后追问"这些数中 0 的个数有什么区别""到底谁决定了 0 的个数"等，引导学生在回答中自主生成了对问题间的区别和联系的理解，体验了思维的乐趣。再次，为广度"追问"。比如在教学"一批大米重$\frac{7}{16}$吨，每周用去$\frac{1}{16}$，能用几周？"这道题时，教师提问"有没有多余条件""去掉后该怎样解决此问题"，得到答案"$1 \div \frac{1}{16}$"；继续追问"用足条件怎么解"，得出答案"$\frac{7}{16} \div (\frac{7}{16} \times \frac{1}{16})$"；改变条件再追问"一批大米重$\frac{7}{16}$吨，每周用去$\frac{1}{16}$吨，能用几周""可以用几种方法解决"，得出普通思路"$\frac{7}{16} \div \frac{1}{16}$"和契合分数意义的思路"$1 \div (\frac{1}{16} \div \frac{7}{16})$"。看似简单的问题，通过不同的列式要求，让学生的思维更加开阔，加深其对核心知识的理解。

②深化"生成"的策略

"生成"是深度学习下的生长和建构，具有丰富性和生成性，象征着深度学习开始走向更高水平。

a.思维过程可视化，促进"生成"。传统教学模式中，学生思考的过程往往是不可见的，而且教师和学生都更多地关注答案，从而忽视了答案的生成过程。然而，学生思维的发展并不来自"答案的累积"，而来自"生成答案的思维方法和过程"。"答案的累积"只是增加学生的"感性答题经验"，而不能提高学生的"理性解题能力"，所以一旦题目发生变化，学生便无法应对。因此，我们就必须变"强调答案"为"强调答案的生成过程"，变"依靠感性经验答题"为"运用理性思考解题"。这就要求我们必须把看不见的思维的过程和方法清晰地呈现出来，以便更好地理解、记忆和运用。可视化的思维更有利于学生理解和记忆，可以有效提高学生的效能感。

b.设定具体情境，推动"生成"。具体的情境可以让学生身临其境，这对于知识的生成可起到催化剂的作用。合理地筛选情境创设的素材，有利于为学生营造更加生动且更具有真实性的情境。对小学生来说，当其将情绪和情感带入具体的氛围中时，他们更容易通过模仿和回忆，对不同情境下表达的语音语调进行精准把控。因此，教师应当从多种类型的情境创设素材中选择学生更为熟悉、更具有实践应用价值的资源，从而提升情境创设的质量，为学生的口语交际训练奠定基础。

（3）"迁移"：将获得的新的认识在新的情境中加以应用。这样做既能巩固新的认识，又能检验新的认识，进而完成对经验新的积累。它是一种学习对另一种学习的影响，是一种情境中获得的技能、知识和态度对另一种情境中知识、技能和态度产生的影响。这一阶段主要培养学生的演绎思维能力。

① "迁移"阶段三要素

第一要素，定位迁移方向。其具体的迁移方向又可分为两大方向，即知识层面方向和能力层面方向。这就要求学生在获得新知后，可以在知识层面举一反三，并能获得不限于单一知识领域的应用能力。

第二要素，形成迁移路径——由迁移意识的养成到迁移方法的掌握再到迁移方法的运用。教师可以通过语言，如"用这种方法我们还能解决什么问题""学会了这个内容，你觉得我们可以继续探究什么问题"等，帮助学生养成主动迁移的意识。在每节课的学习中，除了对知识进行归纳总结之外，还要留给学生归纳方法的时间，以便为下一次的主动迁移提供可能。迁移的运用则可帮助学生感受迁移价值。例如，语文六年级下册第二单元提出"借助作品梗概，了解名著的主要内容"，从一篇到一部，把握主要内容的要求再提升。教师在教学中要把握住这个提升点，结合课后练习，帮助学生梳理梗概，同时引导学生默读梗概，用小标题的方式归纳梗概的内容，从而了解原著的主要内容。这个语文要素，与外国文学名著单元的习作要求以及"快乐读书吧"都是关联在一起的，教学时可将三者整合，让学生自主阅读整本著作，学会把握主要内容写梗概，不断加深对作品的理解。迁移应用，使读写能力同步提升。再如，语文六年级下册教材每个单元的语文要素中，都可以看出重视引导学生由读到写、从阅读中学习表达的要求。如"民风民俗"单元，在阅读时让学生分清内容的主次，领悟表达方法，体会作者是如何详写主要部分的。"科学精神"单元的要素是"体会文章是怎样用具体事例说明观点的"，直接从阅读引向表达。除了单元中的总体安排，读写结合理念渗透在教科书的各个角落，我们在教学中要发现和挖掘，引导学生在阅读中不断体会写法，获得不同角度、不同层面的感悟和启发，并能够迁移运用到自己的习作中去。

第三要素，调节迁移的时长。迁移可以在当堂完成，即充分利用课堂教学的时间进行课程设计，植入迁移的环节，还可以将这个场景拓展到课堂之外，如在课后活动作业中植入迁移的任务及工作等。

② 深度"迁移"的策略

迁移可使深度学习走向更深处，高阶思维发展水平得到进一步提升。

a. 巧妙运用反例，实现"迁移"。学生已有的知识经验对新知的学习有正迁移或负迁移作用，教师在教学中经常的做法是：促进正迁移，防止负迁移。然而"负迁移"往往是防不胜防的。因此，对于"负迁移"，更好的做法是巧用，即利用负迁移，创设问题情境，由学生自己在解决问题的活动中发现隐含着的新问题，从而培养学生思维能力的生长。

b. 注重类比学习，推进"迁移"。所谓类比，就是由两个对象的某些相同或相似的性质，推断它们在其他性质上也有可能相同或者相似的一种推理形式。这种方法主要基于迁移理论的相同要素来说，即只有当学习情境与迁移情境存在某些共同成分时，一种学习才会影响到另外一种学习。两种学习、经验、技能之间具有共同因素、要素、成分，是迁移最基本的前提条件。这就要求教师在教学中，应该深度挖掘教材文本，注重学生中的典型事例，从而引导学生发现学习材料的相同要素，促使学生进行有效迁移。"三阶段"建构起课堂学生思维生长的模型，即由学生尝试解决问题开始，运用方法推论，生成新认识，迁移应用对新认识进行检验与积累，为下一个思维发展过程的展开奠定基础。三环节之间并非机械推进，而是相互贯通、相互促进的。尝试的结果自主生成，生成中遇到问题再尝试，尝试与生成环节相互贯通；生成的结论进行迁移，得到应用、检验，又反过来提升生成的质量；迁移进而引发新的思考，产生新的发现和尝试的愿望。经历三个阶段的学习，体验完整的解决问题的思维过程，学生的思维在三阶段中螺旋上升、不断生长，深度学习得以真实发生。

2. "六环节"：真实情境创设—学生问题激发—师生互动推理—自主结论生成—迁移检验应用—收获总结反思

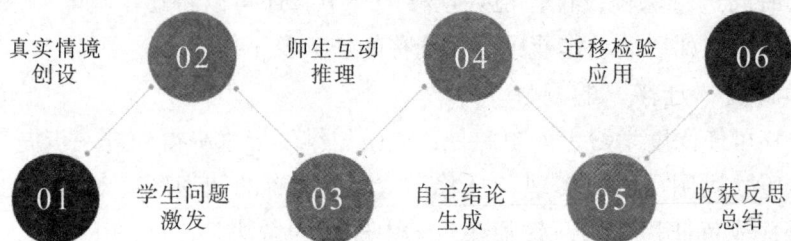

图1.5 "六环节"教学操作模式

下面以数学课《负数》的学习为例，呈现六环节的完整过程：

（1）真实情境创设。教师创设真实情境引入教学，目的是唤起学生实际生活经验和知识积累，激发问题意识和学习兴趣，使学生能够联系前摄经验思维，在真实情境中解决实际问题。

真实情境，需要具备以下要素：①源于生活的真实需求；②服务于解决现实生活的真实问题；③能够有效打通学习和社会生活、学生经验之间的关联。以《负数》一课的学习为例，学生由温度中的零上、零下，电梯的地上、地下很好地理解了相反意义，从而对负数有了初步认识。这只是基于"新课导入"的初级阶段，紧接着创设真实体验的学习情境——在"慧眼看生活，小小调查员"实践活动中，研究家庭一个月的收支情况，并召开一次"家庭收支报告会"。在生活情境中，理解、运用负数的知识，解决实际问题，引领学生在逐渐深入的学习体验中进行知识建构。

（2）学生问题激发。教师在教学过程中，通过各种教学环节的设置激发学生自主发现问题，让问题的提出成为学生思维的源动力。

建构主义认为，知识不是通过教师传授的，而是学习者在一定的情境中，借助他人（包括教师和学习伙伴）的帮助，利用必要的学习资料，通过主动建构的方式获得的。因此，课堂教学中，教师要充分挖掘学生思维生长点，系统地给予学生发现和提出问题的机会，并给予恰当的帮助，让学生在真实的情境中自主发现并提出问题。《负数》一课的学习，激发学生提出"相反意义的量（收与支）怎样表示"这样的问题。这成为推进课堂深入研究的关键，成为思维的生长点。

（3）师生互动推理。学生在问题的刺激下，在教师的指导下，通过与教师、同学互动，进行讨论、探究，寻找解决问题的思路和方法，推理条件与答案之间的因果关系。

课堂教学的本质是师生对话，师生沟通交流越顺畅、越深入，学生由简单思维进阶到复杂思维、构建知识意义的效果就越好。例如《负数》中用课堂实验、验证推理、师生合作解疑等方法，展开深度充分的讨论、验证 0 的归属问题，进而理解收支平衡的意义。

（4）自主结论生成。学生对推理的结果进行概括，完成答案，生成对问题新的认识。这是思维生长的显性体现，表现为对新知识的理解、概括、表达，也是新经验积累的体现。

学生所学的知识不是碎片式、杂乱无章的信息，而是有逻辑、有体系、有结构的知识。学生也并不是孤立地学习知识，而是在老师的引导下，把握知识之间的有机联系，根据当前的学习活动逐步建构自己的知识结构，强调自主生成、自我建构，使深度学习真实发生。例如《负数》中由 0 的归属问题的探讨，明确了 0 既不属于正数也不属于负数，它是正负的分界线，学生由此体会到"标准"的重要性，提升了归纳思维能力。

（5）迁移检验应用。学生将生成的结论进行迁移应用，一方面对结论的理解更加深刻，另一方面也是对结论的检验。

在深度学习中，迁移运用就是一种深度的思维显性实践活动。迁移运用的核心就是引导学生关注结论经验的生成，并在结构化知识运用中达到举一反三、学以致用的效果。举例来说，《负数》一课的结尾，当以 160 厘米为标准，那么 162 厘米可记作 +2 厘米，158 厘米可记作 –2 厘米，原来标准也可以变化，进而引发学生的再思考，训练了演绎思维能力。课后延伸拓展环节中回应课前创设的真实情境，链接生活实际迁移应用：调查自己家一个月的收入、支出情况，并作好记录，记录后对数据进行分析，把自己的感受与家人说一说，用数学日记记下自己的感受及开支建议，在发布会上作一次家庭收支报告。

（6）收获总结反思。学生对学习过程、学习收获进行梳理、总结、反思，将新知、旧知进一步形成联系体系，加深对解决问题的方法、推理过程的感悟。

在总结反思的过程中，学生把知识、技能学习的成果与思维训练的过程紧密融合，形成新的经验和积累，并在新的学习活动中，不断应用于实践并检验，为新的体验思维过程确立了新起点。总结反思积累的过程，也是思维能力内化发展的过程。

六环节使学生完整地体验了思维的过程。在体验中，思维的广度、灵活性、深刻性、敏捷性、独创性、批判性等品质得到较好训练。在实际应用中六环节比较灵活，有些环节可以融合，可以舍弃，即不要求每节课都环节完整，但要求突出重点，要在单元教学中体现完整的过程。

思维生长课堂教学体系的研究，就是把困扰课堂教学改革的难点问题作为新的突破口，有针对性地设计解决方案，不断实践、验证、提升。经过调研，"上课愿意积极思考、敢于发表自己见解""思考过程中能够主动运用思考方法"的学生比例逐年上升。这也说明，促进深度学习的思维生长课堂实践研究，对学生的终身发展具有重要意义。我们将在此基础上继续发展、优化教学模式，全面提升学生的高阶思维能力和思维品质，在思维生长课堂研究深度和广度上再求突破。

（杨兴永）

三、思维生长课堂教学策略研究

建构思维生长课堂，其充分条件来源于课堂教学策略的改变。我们一要转变教师的教学方式，要从传统教学中的"备教材"转变为"备"学生体验思维过程、提高思维能力的活动组织，围绕学生思维生长开展教学活动。二要转变学生学习方式，倡导以学生为主体的探究、合作，促进学生思维能力的提高。思维生长课堂的实施策略至关重要，它不仅可以从根本上解决课堂上面临的思维重难点问题，而且可以更好地运用教育资源，推动学校培养素养型人才。

（一）"促进学生思维生长"教学策略五大维度

我校通过"十三五"课题研究，初步总结出促进思维生长的教学策略，进一步明确了深度学习要更加注重学生"深层次理解能力"的培养，因此在深化研究中，我们致力于进一步促进学生高阶思维生长教学策略的研究。在课堂中，借助学生的"认知冲突"，调动"思维兴趣"，激发深度学习动力；用尝试问题解决、解释深层意义驱动学生对所学知识进行深加工，推动学生深度学习发生；以"核心问题"和"问题链"为抓手，引发学生深度思考，实现理解性学习，让学生真正体验深度学习的过程，从而转变学生学习方式，提升学生综合运用知识及解决问题的能力。

通过研究，我们总结出促进学生思维生长教学策略涵盖五个维度：主动思考、理解建构、迁移应用、质疑反思、评价创造。

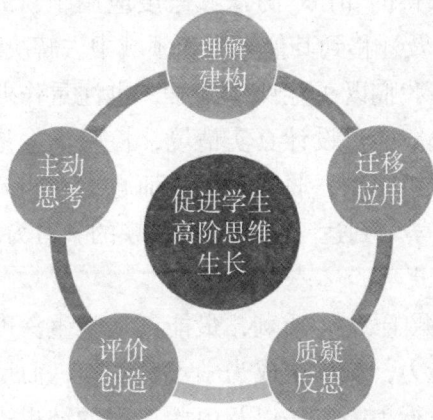

图1.6　思维生长课堂教学策略五大维度

1. 维度一：主动思考

主动思考就是学生在面对学习内容和学习情境时，能够主动行动，这是培养学生学习意愿的起点。面对素养时代学习环境，学生只有具备良好的主动思考能力，才能体验学习过程的积极性和主动性，提高自我效能感。我们通过营造容错、平等、激励的课堂交流环境，让学生在安全激励型的课堂氛围中大胆尝试、积极互动、主动思考，有效地激发了学生深度学习动力的产生和思维的自觉性。

2. 维度二：理解建构

在深度学习的过程中，学生需要把学习内容的每个要素、层次、规定在思维中暂时分割开来进行考察和研究，搞清楚局部的性质、局部之间的相互关系以及局部与整体的联系，这就是理解建构。

我们在课题研究中，在各学科备课中都聚焦思维挑战性驱动问题的设计。学生解决问题的过程就是深度学习的过程，更是思维生长的过程。高质量的驱动性问题，有效地激发了学生学习的内驱力，促使学生思维进阶，让学生的思维力由表到里、由浅入深、由难到易、由低阶到高阶，从而把握知识点的本质，为知识的迁移应用打下基础。

3. 维度三：迁移应用

在核心素养教育背景下，迁移应用是学生学习能力提升的重要环节，即将学习过程中所获得的知识、方法和态度应用于新的学习活动和解决真实问题的情境中，以及迁移到其他学科和领域中去解决综合性的问题。

在课题研究中，我们既关注课堂教学，也注重作业设计，打造课堂内外的"双迁移"。我们通过设计真实情境，检验学生是否能够有效关联所学内容，主动调动积极思维，联系实际从而自主解决问题。这是高阶思维发展的体现，是深度学习到达一定阶段所呈现的学习力。

4. 维度四：质疑反思

"学起于思，思源于疑。"质疑，最能调动学生深度学习的积极性，发展学生的创新思维能力，使学生成为学习的主人，而反思是学生对自己在学习过程中的决策、行为、方法以及由此产生的结果进行审视、分析、调整的能力。毫无疑问，培养反思能力是学生认识学习过程、完善学习环节的有效途径。

5. 维度五：评价创造

创造性思维是思维能力的核心，是以新颖的、独特的方法解决问题的思维过程。这种思维不仅能揭露客观事物的本质及其内部联系，还能在此基础上产生新颖、独创的思维成果。而评价是对一定的想法、方法和材料等作出的价值判断的过程。

（二）普适性"思维生长课堂"教学策略

我校在总结"十三五"课题研究成果时，通过案例研究方式初步总结出"思维生长课堂"八大教学策略，助推深度学习更加注重学生"深层次理解能力"的培养，从而驱动学生对所学知识进行深加工，转变学生学习方式，提升学生综合运用知识及解决问题的能力。我们研究了推进学生高阶思维的主要教学策略，让学生真正体验深度学习的过程，让深度学习在课堂中真正落地，借助学生的"知识理解"和"思维潜能"激发动力，用尝试解决问题、解释深层意义推动学生深度学习的发生；以"核心问题"和"问题链"为抓手，引发学生深度思考，实现理解性学习。通过案例研究，我们总结出能够推进学生高阶思维生长的教学策略，同时注重策略的可操作性、灵活性、层次性、调控性，进而通过教学策略的研究，提高教学效率与教学质量，促进学生思维生长。

"思维生长课堂"建构，以体验思维过程为主要教学方法，以转变教师教学方式为突破口，提高思维能力培养的质量，促进学生思维品质的不断提升。"思维生长课堂"的普适性教学策略如下：

1.把"达成思维生长点和体验思维过程"作为教学目标

教师备课时再次明确学生学习的重难点，寻找能够激发学生积极思维、主动探索的刺激点，把它作为思维生长点，采用问题驱动的方式，将核心知识问题化，引导学生体验思维过程。

2.营造积极思维的氛围，鼓励大胆尝试

课堂教学必须构建生成性的探究活动，鼓励学生自主发现、自主建构。尝试、互动、交流、合作是学生思维生长的必经阶段，要努力营造宽松激励型的课堂氛围。

3.设置真实的问题情境，引导学生提问

课堂教学要了解并激活学生原有生活经验和知识技能，为新的学习找到出发点，引导学生提出问题，这是为进一步的学习体验设置"抛锚点"。学生主动提出问题，是学习的重要一环。

4. 于结论处追问，推动学生深入思考

结论初步形成后，需要经历检验和论证。于结论处追问，能促进学生对知识进行多角度、进阶式的思考，将学习引向深入，拓宽思维的深度、广度，激发思维潜能。

5. 表达带动推论、概括，推动思维过程逻辑化

学习讲究知其然更要知其所以然。在经历学习的过程中，学生对新知识的理解、概括需要用表达说明并验证。学生通过表达，不断地思考，补充完善，最终内化领悟并明晰思路，这个过程就是逻辑思维训练的最好体现。

6. 强调方法教学，引导学生掌握思维工具与方法

思维工具是提高思维效能、延伸思维深度、将抽象思维过程具象化的有力武器。掌握工具、方法，学生思维生长才会有更好的支撑。

7. 突出过程性评价，多维度评价思维生长

学生学习的兴趣、意志力、学习习惯和态度等直接影响其思维的活跃度，因此，应多角度地关注学生的课堂学习，全面衡量学生的学习效度和思维生长的程度，利用评价激发学生产生积极思维的动力。

8. 全流程落实思维能力培养目标

从教学设计、实施直到作业布置，全流程围绕思维生长进行教学设计。教学目标不仅强调学习知识点，而且更为强调学生对思维过程的体会。教师在教学过程中应鼓励学生思考，帮助学生找到思维的方向与方法，协助学生进行深度思考后的有效交流，让学生形成不断思考的习惯与能力。

（三）学科特质的"思维生长课堂"教学策略

我们通过研究获得了很多普适性的方法，同时针对不同学科，归纳总结了具体的教学策略。

1. 语文学科思维生长课堂的教学策略

我们根据语文学科具体教学的思维发展着力点，从培养识字与写字、阅读与鉴赏、表达与交流、梳理与探究等维度，研究总结了不同学段具体的教学策略。

第一学段

思维发展着力点：

① 培养学生识字过程的思维能力，可以具体到低年级学生的识记能力、迁移能力和积累能力。

② 培养学生阅读过程的思维能力，可以具体到低年级学生初步的感知能力、理解能力和信息提取能力。

③ 培养学生习作过程的思维能力，可以具体到低年级学生认识事物的能力和表达事物的能力，其中要特别注意引导学生大胆想象，初步训练学生的创造性思维能力。

④ 培养学生口语交际过程中的思维能力，可以具体到低年级学生的倾听能力、复述转述能力和初步的沟通交流能力。在这个过程中，要鼓励学生开动脑筋从多个角度思考问题，着手培养低年级学生的发散性思维能力。

对应教学策略1——直观形象式识记

① 教具是教师常用的教学工具，也是给予学生直观体验的实物。我们通过使用教具，在识字教学中引入生活实践，以更好地提升学生的学习兴趣，并给学生留下深刻的印象。我们通过设计精美的生字卡片、使用实物教具教学等手段来加深学生对字义的理解。

② 采用游戏、多媒体课件、文字配图、实践活动等方式，提高学生的识字兴趣。

③ 教授汉字的构字特点等规律性知识，通过看图、观察、阅读等一系列方法，完成学生识记能力和迁移能力的训练。汉字的构字方法有象形、会意、形声等，教学中可以将这些规律性知识点与理解字的音、形、义等教学目标结合起来，选择典型字例让学生分析，把识字过程变为思维活动的过程，有效地提高他们分析字形、理解字义的能力。

对应教学策略2——融会贯通式理解

① 在语言教学中，既要注重语言知识的学习，还要强调思维能力的发展，通过不断阅读使学生的语言运用和思维发展相结合，实现表达能力的提升和思维能力的发展。

② 在学生学会说几句连贯的话之后，教师要结合阅读教学抓好从

读到说这一环节,指导他们有重点地说一两句话,学习如何将书面语言转化为自己的语言,逐步掌握语言表达的一般规律。这不仅是语言运用能力的提升,也是思维能力的提升。

③ 信息提取能力包括搜索信息的能力和处理信息的能力,要引导学生学会借助工具书,比如在阅读过程中遇到识字障碍,要学会使用字典。

对应教学策略 3——情境结合式积累

① 低年级习作大部分是看图写话,具体形象,不仅有利于观察,而且有利于思维的发展、想象力的培养。想象能力的培养是教学工作中的重要内容,教师应适时启发学生,提出问题,引导学生探求问题,给予学生展开想象的空间与时间,为学生想象力的提升创造有利条件。

② 培养学生的观察能力。观察能力是日常生活中经常运用的能力之一,如学生要能够较好地观察事情发展的过程、事物的特征及细节等,这都需要教师在教学过程中设置情境,合理地使用图片、教具等实物,有针对性地训练培养学生的观察能力。

③ 注意培养学生的思维品质。在教学中要引导学生在习作之前,先在脑海中建构一个框架,并口头表达习作内容,这样可以培养学生思维的正确性,并训练学生思维的灵活性。

对应教学策略 4——多维发展式表达

① 引导学生主动倾听别人讲话,积极思考。教师可以口述题干或者原文内容,并提出问题,由学生给出答案,这样不仅能够培养学生的倾听能力,还能更好地训练学生的思维能力。

② 语言表达能力是语言学科训练的重点,教师应创设更多语言交流的教学环节,为学生提供大量语言交流的训练机会,同时也能促进学生的思考。

第二学段

思维发展着力点:

① 语文课标中明确提出:第二学段要"会写汉字 1600 个左右,对学习汉字有浓厚兴趣,热爱汉字文化。书写过程即识字过程,学生

应养成识字的主动性和跟随记忆，将写与记有效结合起来。书写应规范、端正、整洁，写字姿势正确，养成良好的书写习惯"。

② 初步学会默读，学习略读，会提问，保持专注，带着问题理解内容。对不理解的地方提出疑问，整合推断，填写"事实—问题—答案"表格。

③ 观察事物特征，追踪事件发展，能够通过书面语言记录下自己的所见所闻所思所感，将自己的观点和自己观察到的事物及事件表达清楚。

④ 在学生口语交际的过程中发展思维能力，培养中年级学生的倾听能力、复述转达能力、语言表达能力，在这个过程中要努力训练学生如何将话说得准确、流利、有条理。同时，还要训练学生的说话语气、方式和基本的口语礼貌。

对应教学策略1——系统规律式识记

① 授之以渔，自主学习。简单机械的记忆学习是枯燥的，效率是低下的。我们要充分利用构字的特征规律，引导学生从构字方法入手去理解每一个字的形成过程。这不仅能提升识字效率，还能培养学生举一反三的能力——将这种认知扩展到其他识字学习中去。

② 从生活中发现，由抽象到具象。利用丰富多彩、生动活泼的图片帮助学生理解字的含义，使抽象的生字变得形象化；根据所学的生字，让学生在生活实践中找到相对应的实物，让字词教学具体化、生活化。联系语境，创设丰富多彩的教学情境，采用随文识字等多种方法，引导学生深化认识和理解。

对应教学策略2——质疑推断式理解

在课堂阅读教学过程中，引导学生思维向更深层次迈进，设计有层次感的梯度教学环节，让整个学习过程呈现递进节奏。在阅读教学中，教师要通过这样的梯度教学内容练习，教会学生阅读，引领学生拾级而上，培养学生的思维能力，使学生成为真正的思考者。在真实的教学对话场中，以问题为思维的路标，通过自问、提问、追问营造一个共生、共创、共享的教学对话场，激发学生深度思维生长，在阅读与实践中体验、思索，提升思维力。

① 阅读时，教师提醒学生注意力集中，带着好奇心去阅读，帮助学生一边阅读一边与自己对话，在问答中完成整本书阅读。阅读文本时引导学生预测故事情节的发展，猜测人物的心理活动和下一步可能出现的行动，通过不断发问、探寻答案的教学方法，来完成学生的思考过程。教师应致力于培养学生自主提问及发现问题的能力，使其能够在以后的学习中独立完成该过程。

② 学生在阅读时，会遇到很多不理解的地方，在这种情况下，教师可引导学生根据文本中的故事自行思考。如：你在事件发生的过程中发现了哪些细节？这些细节有助于你解答问题吗？你还找到哪些信息？你还有哪些疑惑？教师提醒学生持续记录脑海中知道的信息和心中的疑问。随着阅读的进行，教师引导学生不断发现新出现的信息点，并将其运用到问题的解答中。

对应教学策略3——衔接过渡式积累

中年级的作文是低年级写作和高年级写作之间一个过渡阶段，所以我们在对应的教学策略中要把握住这一要点，并展开相应的教学工作。

① 做好从段到篇的过渡。低年级注重词句，高年级注重篇章，而中年级需要加强段的训练，并逐步过渡到篇的训练。

② 重视片段练习。片段是篇章的重要组成部分，如何将片段写得内容翔实、条理清晰是教学中要着重练习的部分。

③ 初步进行命题作文的训练。在中年级的前期要注意从写话过渡到写片段，在中年级后期则要从写片段逐步过渡到写成篇的文章。此时，命题作文的训练也迫在眉睫，可以在该阶段进行初步的导入训练。

④ 巧妙使用"习作例文"。有的教材，在中年级安排了"习作例文"，通过"习作例文"提示作文训练的重点，体现了读和写的结合。

对应教学策略4——循序渐进式表达

① 优选教学材料，精心设计教学情境，鼓励学生多说，并努力在教学中使用更为贴近学生生活的内容，以便于学生理解，同时也可以让学生将训练的结果应用于实际生活。

② 寻找恰当的口语训练方法，使学生会说。口语训练实际上是一项口脑并用的训练，如何做到"心到口到"，而不是"心有说不出"，

就需要在训练过程中考虑到思维能力和表达能力的有效衔接。

③在教授学生倾听、思考、表达的方法时，还要考虑互动，即如何与人沟通，延续并完成好口语交流的活动。教师应多使用不同的具体教学环节来完成这一过程，并告知学生一些常用的应答方式。

④生活是最好的老师。我们的语言活动来自生活，应用于生活，语言的学习大部分并不是在课堂上，而是在生活中。丰富多彩的生活就是口语训练的大课堂、大题库。

第三学段

思维发展着力点：

①培养学生识字、写字过程的思维能力，可以具体到高年级学生的识记能力、积累能力和审美能力，增强深刻性、批判性和独创性的思维品质。

②培养学生阅读过程的思维能力，可以具体到高年级学生阅读的辨别力、想象力、词汇能力、批判能力、分析能力、概括能力、推理能力、创新思维能力、解决问题能力等。

③根据小学高年级段学生思维特点，习作板块从"积累""观察""运用"三方面制定教学目标和实施策略，侧重"运用"，注重读写结合，在情感、体验、生活等积累的基础上，联系身边的人和事，不但使用作文技巧，而且注重真情流露，使表达有血有肉，让作文自然生成。在这个过程中，学生从感性认识开始，经过一系列的分析与综合、比较与分类、抽象与概括等思维过程，实现质的飞跃。

④根据《义务教育语文课程标准（2022版）》和语文教材内容设计，将口语交际的培养目标分为"倾听""表达""交流"三个部分。随着学生抽象逻辑思维、辩证思维的不断完善，小学高年级口语交际教学，可以侧重培养学生的表达能力，强调倾听后的表达，即用语言来表现对所听内容的认识，用大方得体的"说"来展现自己的观点和思想，通过开展各种口语交际活动，不断推动学生的思维发展。

对应教学策略1——艺术审美式识记

①识字、写字教学更强调自主性，培养学生识字、写字的主动性。

学习容量加大，书写量提高，可以通过开展"我爱你，汉字"实践活动等方式，了解汉字文化，学习搜集资料的基本方法，提高学生对汉字文化的认识和鉴赏能力，培养思维的深刻性和批判性。

② 学习欣赏经典碑帖，了解历代经典型书家和书艺的成就，初知书法发展历史轨迹。能够临摹书法作品，运用所学知识进行简单的创作，积极倡导自主、合作、探究的学习方式，进行书法展评赏析，感受书法之美，增强自信，培养学生认真负责、持之以恒的精神。在发展书写能力的同时，发展思维能力，学习科学的练字方法，活学活用，举一反三。

对应教学策略2——精准剖析式理解

① 要充分利用旁批、问题清单、导学案等材料，引导学生自主提问，并尝试从内容、写法、启示、结构等不同的角度去发现、思考问题；利用问题清单，找出好的问题，并对这些问题进行分类，寻找途径逐一予以解答。

② 提升阅读的连续性和速度。阅读时要集中注意力，遇到不懂的词语不要停下来，不回读；尽量连词成句地读；充分利用关键语句，快速地略读后带着问题再进行有针对性的二次精读。在精读过程中，要根据问题定位所要阅读的部分，并基于问题剖析出答案。

③ 阅读时，把握主要内容，运用联系上下文、抓住关键词、结合背景等阅读方法体会优美的语言和含义深刻的句子，对比发现文章中的异同点，在阅读中了解文章的表达顺序，体会作者的思想感情，初步领悟文章的基本表达方法，加强对学生阅读方法的指导，引导学生逐步学会精读、略读和浏览。

④ 在抽象思维的训练中，应该让学生还原思维过程，通过"识字—解读—理解词语—调动背景知识—理解句子—分析—比较—批判—归纳—想象—推理—判断—创新—解决问题"等过程，增强学生独立思考和批判性思考的能力。

⑤ 通过开展语文阅读课（对比阅读、群文阅读、整本书阅读等）和语文实践活动，如制作思维导图等，培养学生语文阅读的理解能力、对比分析能力、批判能力、创新思维能力。

⑥ 加大对经典文学、名著的阅读，通过开展一本带多本的"1+X"阅读模式加强学生对语言文字的积累。

对应教学策略3——细节挖掘式积累

① 积累。在教学活动中，指导学生不断积累与文化相关的语言材料；以小组为单位，依据课文和课外阅读内容，进行情景剧编撰，引导学生针对一个主题从不同的写作角度入手，选择不一样的素材；在经典阅读中学习写作方法，并指导学生在阅读中有意识地多读一些同题文章，学会多角度构思一篇文章。

② 观察。在观察过程中，对细节的定位和识别是极其重要的，我们可以通过不同角度的观察，去发现表象下的本质，通过总结掌握其内部规律。

③ 运用不同选材，训练思维。写事作文能围绕中心选材，把事情经过写具体写生动；写人作文抓住一件事或几件事，通过外貌、语言、动作、神态等细节描写，体现人物的品质、性格、特长等；写景作文要选择一处自然景观，从不同方面写出它的独特之处，可插入收集的古诗名句等内容；想象作文根据一段话或一组画面展开合理想象，说明一个道理和一个问题。要提醒学生恰当运用过渡语、过渡句或者过渡段，学会运用总分、并列等段式。

④ 提高语言表达能力。名言、警句等都以极其凝练的语言来表达丰富而有哲理的内涵，恰当引用这样的语句，能增强表达效果，使语言更具感染力。

⑤ 观察生活，发现生活。生活是一切素材的源泉，也是我们运用知识的最终试验场。我们要指导学生努力观察生活，从生活中去发现。

对应教学策略4——逻辑辩证式表达

① 听老师的问题，通过提取其中的重要信息，练习围绕一个意思，用一段完整明白的话，具体、有层次、富有情感地表达自己的意思。

② 就一个问题提出自己的观点，并阐述清楚，且分享时语气平和。

③ 进行应对时，恰当使用学过的段式，如总分段式、分总段式、总分总段式、并列段式、因果段式、顺承段式等；合理使用部分修辞

手法，如比喻、拟人、反问等；合理使用部分带关联词语的句式，如"虽然……但是……""即使……也……""不是……而是……"等。

④ 在表达自己的观点时，合理运用语调、语速、重音、停顿等技巧，辅以恰当表情。

2. 数学学科思维生长课堂的教学策略

我们根据数学学科不同的思维过渡路径，研究发现了与之对应的具体的教学策略。思维迁移路径有以下两种：从直观思维向形象思维过渡；从形象思维向抽象逻辑思维过渡。与此同时，我们还根据不同年级层次划分学段，制定了有针对性的教学策略。

第一学段

思维发展着力点：

① 从直观思维向形象思维过渡。直观思维是低年级学生思维的主要形式，他们的思维是凭借事物的具体操作和感知进行的。我们要从这一直接的经验中帮助学生形成适合他们自己的形象思维。

② 增加有效思维时间。思考、分析和推理等过程所消耗的时间就是思维时间，要充分利用这些时间来进行思考，消化和整理自己看到、读到、听到的知识，以真正实现有效思维的目的。

③ 思维内容由浅入深。人类的思维呈现出由浅到深的梯度过程，对信息的加工、知识的理解与运用等均是如此，而且能够在这一基础上建构起自己的思维体系与思维习惯，同时解决遇到的稍复杂的问题。

④ 增强思维灵活性。思维灵活性是指可以根据不同的情境和变化及时找到解决的思路与方法，并提出更简洁的、更新颖的方案或设想。

对应教学策略1——多感官式体验

① 设计教学环节。让学生亲自使用教具，观察事物，深入体验等。

② 引导学生在做的过程中提升信息敏感度。可以让学生在拼摆或体验后，将自己收获到的数据或方法绘制成实物简图。

③ 帮助学生整合经验。画线段图、示意图以及语言描述都能帮助学生梳理自己之前的直观感知，也可以给学生创造更多举一反三的

机会。

对应教学策略 2——激趣质疑式引入

① 增强情境的趣味性。将与学生生活联系紧密、符合低年级学生特点的故事情境引入教学，设计更为丰富的教学环节，以此引导学生积极参与课堂互动。

② 提出的问题少些"是什么"，多些"为什么"。通过教师的提问，促进学生形成独立发问的思维习惯。

③ 关注知识得来的过程。有意识地增加此类内容的学习时间，学习之后重视学生对于整个过程的完整描述等。

对应教学策略 3——举一反三式拓展

① 进行思维拓展。对学生来说，那种不把一切都说透，留给他们一定的想象空间和一定的思考、创造余地的故事和讲解往往是最有趣的。可以让学生续写故事，也可以组织全班进行情景剧演出，还可以使其与家长交流学习内容等。

② 知识串烧。每隔一段时间，教师为学生提供几个有联系的知识点，让学生讲讲它们之间的关系；可以根据低年级学生的特点，将这些知识编成故事讲出来，或者用画笔画出来。

③ 变化情境。以一年级的《找规律》一课为例，学生通过观察实物发现规律，然后过渡到寻找图形和数字的排列规律，最后在生活中寻找动作、声音等规律。通过这一系列的情境变化，学生能灵活运用知识解决问题。

④ 增加信息量。为学生提供大量信息，教给学生从大量信息中发掘有价值的信息进而寻找解决问题的方法。

第二学段

思维发展着力点：

① 在具象思维的基础上，逐步向抽象思维过渡。小学低年级学生仍是以具象思维模式为主，但进入中年级，随着学习知识的不断积累、智力的不断生长，学生的抽象思维能力有了较为明显的成长。a. 学生思维材料的不同。低年级以表象作为思维材料，而中年级以抽象的数

学概念作为思维材料。b. 思考活动形式的不同。低年级主要是具体的运算，而中年级是法则运算。

② 学生的思维品质在发展。主要体现在：a. 思维活动自觉性产生。低年级学生做完一道题，往往不易说出自己是怎样想的，因而很少检查或验算结果是否正确；而中年级学生大多清楚甚至能比较完整地说出分析推理过程，有一些学生还能自觉检查结果，寻找错误原因，表现出一定的自觉性。b. 思维独立性增强。到了中年级，学生已能开始独立地组织自己的思维活动，盲从意识逐渐减弱，独立思考、独立钻研的能力有了明显的发展。在课堂中，经过老师启发，他们可以展开讨论，大胆发表不同的意见或见解。c. 思维灵活性提高。思维的灵活性在低年级时就已开始萌芽，如摆小棒可有几种不同的摆法。到了中年级，由于思维的自觉性和独立性的增强，我们就要重视学生的思维训练，通过一题多解等来推动其思维灵活性的发展。d. 思维深刻性增强。进入中年级后，学生的数学概括能力、空间想象能力、推理能力和运用法则的能力都有不同程度的提升。

③ 辩证思维开始萌芽。进入中年级后，学生初步体会到矛盾的双方在一定条件下可以互相转化，从而领悟到应该用运动和发展的观点去观察分析事物。

对应教学策略1——迁移应用式归纳

① 操作、思维、语言的完整统一。中年级学生的思维仍处于由具象思维向抽象思维的过渡阶段。教师在具体的操作中仍要考虑学生思维能力的高低，考虑操作是否有效，并通过操作、思维、语言表达的有效结合，使学生形成清晰的理解，并将这种理解概括归纳出来，形成抽象的概念。

② 新知与旧知相联系。从已知到未知，这就需要教师引导学生在已学知识的基础上进行类推，如学过除数是一位数的除法，以此为基础就可以类推除数是两三位数的除法。

对应教学策略2——思维风暴式强化

① 激发学生思维的自觉性。要让学生养成自觉思考问题的习惯，并给予学生充裕的思考时间，引导其独立思考寻求答案，最终形成一

个自问自答、周而复始的闭环。

② 强化学生思维的敏捷性。数学不仅要求准确，还要求速度。学生在学会了如何解答问题之后，就需要训练思维速度。教师可以使用简便易行的练习方式来完成思维敏捷性的训练。

③ 强调学生思维的灵活性。机械教学的最大弊端就是容易使学生思维丧失灵活性。我们在教学过程中，应给予学生展开发散思维的空间，引导学生用不同的路径解决问题，鼓励学生质疑问难。学生提出疑问，经过共同讨论，疑问得到了解决，这时学生对这个知识就真正贯通了，思维品质也得到了发展。

④ 训练学生的语言表达能力。语言是思维交流和呈现的工具，它和思维是相辅相成的。我们的课堂教学应明晰这一点，并不断提高学生对思维过程阐述的准确度和逻辑性。

对应教学策略3——逆向辩证式思考

① 适时提出相反思路，引导学生逆向思考。

② 数形结合，利用线段图等将抽象的内容具体化。

③ 建立相应的奖励机制，培养学生的辩证思维能力。

第三学段

思维发展着力点：

① 从形象思维向抽象逻辑思维过渡。逻辑思维能力是通过对事物的分析理解，逐步推断出结论的一种能力，是学生学习过程需要不断掌握提高的一项关键性能力。小学高年级，学生的数学思维开始具备抽象逻辑思维的特点。抽象逻辑思维是脱离了直观形象，依靠概念、判断和推理所进行的数学思维。

② 思维的灵活性增强。思维需要有更强的灵活性，这就对学生的思维提出了更高的要求，即学生要能够从不同的角度、层次，使用不同的方法来解决问题，要有能不断变换方式方法的能力。

③ 更为广阔的思维和更为深刻的思维。更为广阔的思维要求对思维的广度进行扩展，不能只拘泥于一点或者几个细节。更为深刻的思维则要求学生对事物发展的规律要有更为深刻的理解和判断。

④ 思维创造性增强。创造性思维有别于一般意义上观点的思考，是极具创造性的。它不仅需要学生对客观事物的本质规律有深刻的理解，还需要有新颖的更进一步的思考见解。

对应教学策略1——情境实践式应用

① 发掘教材中的思维要素，教给学生思维方法。以实际操作为依托，在教学中充分创设各种真实情境，去引导学生进行分析、概括、归纳，逐步培养学生的逻辑思维能力。

② 数形结合，强化思维。将数量关系与空间形式有效结合，充分翔实地解释两者间的数形联系，实现具象与抽象的统一。

③ 从生活中发掘素材。从我们的日常生活出发，举例说明所要学习的知识点，并将其最终应用于解决实际生活问题之中。

④ 协助学生梳理思维脉络。随着学习的深入，知识点越来越多，而复杂问题的解决需要学生对使用的知识点有系统性的认知，所以我们要梳理知识逻辑，把学习的知识点进行串联，充分理解它们之间的关系。

对应教学策略2——发散问题式促思

① 在教学中设置发散式问题。教师提出问题后，引导学生多角度、多方面思考，让学生提出不同的问题，从不同的角度去理解，沟通知识间的内在联系。

② 复杂问题简单化。复杂问题往往是由多个简单问题构成的，只要抓住了复杂问题的构成结构，就能将其分解为一系列简单问题，并逐个击破。

③ 树立良好的教学观和学生观。在和谐民主的氛围下，鼓励学生从不同角度思考问题，并通过不同途径解决问题，更好地培养学生的发散性思维能力。

对应教学策略3——关联建构式转化

① 强调知识的深度加工。在教学概念类、规律性的知识时，可先利用直观感知，然后从理性上完全理解并准确掌握概念，从而把握事物的本质。培养深刻而灵活的思维品质，就需要对学习对象进行深度加工。

② 重视知识与经验的转化。在教学中要重视唤醒与调动，重视个体经验，通过教学活动对经验和实施过程进行整合与优化，促进学生的思维不断深入。

3. 英语学科思维生长课堂的教学策略

《义务教育英语课程标准（2022年版）》指出：思维品质指人的思维个性特征，反映学生在理解、分析、比较、推断、批判、评价、创造等方面的层次和水平。思维品质的提升有助于学生学会发现问题、分析问题和解决问题，对事物作出正确的价值判断。

3—4年级

思维发展着力点：

① 能根据标题、图片、语篇信息或个人经验等进行预测。

② 能通过对图片、具体现象和事物的观察获取信息，了解不同事物的特点，辅助自己对语篇意义的理解。

③ 能根据图片或关键词，归纳语篇的重要信息，注意观察、识别所学语篇中的语言和文化现象。

④ 能就语篇信息或观点初步形成自己的想法和意见，能根据个人经历对语篇内容、人物或事件等表达自己的情感。

⑤ 初步具有问题意识，知晓一问可有多解；能注意到不同的人看待问题是有差异的，能从不同角度观察周围的人与事。

对应教学策略1——激趣导课，温故引新

① 根据学生基于主题的已知与未知，确定教学目标和教学重难点，为设计教与学的活动提供依据。

② 创设语境，让学生在新旧语言知识之间建立联系，在语境中学习词汇、句式、简单的语法和语篇。

③ 运用设疑导入、音乐导入、实物导入、故事导入、游戏导入等多样课堂导入方式，迅速集中学生注意力，调动学习积极性。

对应教学策略2——观察联想，自问起思

① 通过图片、实物等多种方式，让学生在词语与相应事物之间建

立联系。

② 活用插图设计预测活动，揭示课题或引导学生体验词汇、句式意义，培养学生的联想思维能力。

③ 善于从学生的心理和生理特点出发，设置循序渐进的问题，多为学生设计开放性问题，鼓励学生表达自己的疑惑。

对应教学策略 3——变式训练，思维搭桥

① 通过分类等方法加深对词汇的理解和记忆。

② 设计归纳活动，促进学生内化词汇、句式与简单的语法。

③ 对学生的认知结构进行重建与改组，发挥典型例题和变式训练的关键作用。

对应教学策略 4——创设情境，有效交际

① 联系生活设计交流活动，让学生积极运用所学英语进行表达和交流。

② 设计情境延伸活动，进一步巩固所学。

对应教学策略 5——评价反馈，理解运用

① 设置分层任务，实时评价反馈，潜移默化传递主题意义。

② 以语言理解类活动为基础，加深语言知识的学习，从感知与注意到获取与梳理，再到概括与整合。

③ 以应用实践类活动为保障，促进知识向能力转化。

5—6 年级

思维发展着力点：

① 能在教师引导和启发下，主动观察所学语篇中语言和文化的各种现象。

② 能对获取的语篇信息进行简单的分类和对比，加深对语篇意义的理解；能识别、提炼、概括语篇的关键信息、主要内容、主题意义和观点。

③ 能比较语篇中的人物、行为、事物或观点间的相似性和差异性，并作出正确的价值判断；能从不同角度辩证地看待事物，学会换位思考。

④ 能根据语篇推断作者的态度和观点，能就作者的观点或意图发

表看法、说明理由、交流感受。

⑤ 能对语篇内容进行简单续编或改编等。

⑥ 具有问题意识，能初步进行独立思考，避免盲目接受或否定；能就语篇的主题意义和观点作出正确的理解和判断。

对应教学策略1——习惯培养，学法指导

① 引导学生根据需要进行预习，对所学内容主动复习和归纳。

② 引导学生对学习过程和效果进行自我评价。

③ 引导学生借助拼读规则拼读生词。

对应教学策略2——情境创设，以旧促新

① 创设情境，在情境中让学生运用已有语言积累和生活经验完成新的学习任务。

② 在学习内容与学生个人经历之间建立有意义的联系。

对应教学策略3——语篇研读，理解意义

① 以语篇研读为逻辑起点开展有效的教学设计。

② 深挖文本信息，设计听力活动，帮助学生理解语篇意义。

③ 引导学生养成按意群阅读的习惯。

④ 教师要对语篇的主题、内容、文体结构、语言特点、作者观点等进行分析，让学生建立文体特征、语言特点等与主题意义的关联。

对应教学策略4——巧设问题，训练思维

① 设置分析性问题，引导学生分清主次信息，聚焦关键问题，确认观点与意图。

② 设置开放性问题，引导学生结合生活经验和知识储备展开联想，表达个人观点。

③ 设置评价性问题，引导学生对情感、观点、立场等作出正确的价值判断。

④ 设置创造性问题，鼓励学生换位思考，形成新想法与新假设。

对应教学策略5——知识内化，深度交流

① 提供图表、思维导图等工具，让学生借助思维可视化工具归纳、整理所学内容。

② 提炼语篇中的结构化知识，挖掘文化内涵和育人价值。

③ 立足综合语用，设计仿写、续写活动，引导创造性表达。

④ 聚焦评判思维，设计讨论活动，达到深度交流。

（刘中）

四、思维生长课堂思维工具开发利用和评价实施

思维工具是落实义务教育阶段学习者思维能力培养的重要载体，其本身具有直观性、逻辑性和整合性，可以实现隐形思维显性化、零散知识结构化以及新旧知识整合化，并可有效培养学习者的核心素养。评价是检测学生是否形成预期培养目标的重要手段，良好的评价能够引导课程与教学朝着有利于素养养成的方向改进，能够让学生积极投入并进行主动建构，使学生学会自我调节，掌握学习自主权。

深度学习的思维特点是基于问题的多维知识整合，将孤立的知识要素联结起来，引导学生将知识以整合的、情境化的方式存储于记忆中，这就更需要相应的思维工具和评价体系的支撑。

（一）思维工具的开发与利用

在开发与利用思维工具的过程中，各学科教师深入了解学生的前摄经验，理解新知识的类型，指导学生在新旧知识、概念、经验间建立联系，同时注重引导学生将他们的知识归纳到相关的概念系统中，并在反思的基础上构建属于自己的新的认知结构。基于此，课题组深挖教材，不断尝试并积累，努力寻找有效手段。由于具有较高的易用性和较强的实用性，以作批注、思维导图和概念图等为代表的思维可视化工具受到了我校师生的广泛欢迎，并逐渐成为推动思维生长课堂发展、实现深度学习的重要抓手。

1. 圈画批注，迈向深度学习的必由之路

批注，是指读者在阅读过程中，将自己的所思、所感、所惑以符号和文字的形式在文中进行标记，以帮助自己理解文本和深入思考。批注是一种个性化的学习方式，更是思维可视化的有效工具。

如语文统编版教材四年级上册第六单元首次提出"学会运用批注的方法阅读"。教材把"批注"作为读书能力的提升点特别提出来，其重要性不言而喻。它既是读书的好方法，也是助力逻辑思维能力培养、迈向深度学习的必由之路。在教学《桥》一文时，老师让学生评价小说的表达特色，感受小说语言之精妙。学生的批注内容很丰富。有的学生的批注是这样的："'像泼、像倒'惜字如金，简简单单的四个字让我们感受到雨之大、情况之危急，烘托了紧张的气氛。"有的学生这样批注："一个'舔'字，运用拟人化的手法，让我仿佛看到洪水如魔，时刻准备着吞噬这些村民的性命。"还有的学生这样批注："'洪水已经在路上跳舞了'，跳的是死亡之舞，情况岌岌可危。"学生在交流个人评价的过程中，不仅对文章内容理解得更为深刻，对微型小说的表达特色也有了更深的认识。与此同时，学生在批注的过程中，会形成独特的思想，陶冶情感，学会探究，因而使质疑、评价、创造等高阶思维能力得以逐步提高，语文核心素养的提高也就水到渠成了。

批注仅限于语文学习吗？当然不是，经过实践我们发现，批注在英语、数学学习中同样适用并且好用，只是不同学科的批注侧重点不同。如数学的批注，主要用于解决问题，包括：符号式批注，利于学生把握问题的本质；画图式批注，帮助学生建立形象的表征；小标题式批注，帮助学生明确解题的思路；自然语言式批注，凸显学生个性思维特点。

2. 思维导图：思维激发与整理的有效途径

思维导图是一种可视化的知识表征工具，它的核心思想就是既运用左脑的词语、数字、逻辑等功能，同时也运用右脑的色彩、图像、符号、空间意识等功能，将思维痕迹用图画和线条画出来并形成发散性结构，从而把形象思维与抽象思维很好地结合起来，进而最大程度地激发大脑的联想与创造力。

思维导图的适用性非常广泛，如语文学科中常借助思维导图开展阅读教学活动，使学生明确文章脉络、归纳重点、了解中心思想，进而提升阅读效率以及语言表达与逻辑思维能力，解决学生惯于运用线性思维的问题，培养其捕捉事物本质的能力。在解决长文短教这一难题时，也可运用思维导图梳理故事情节，解决情节反复、难以梳理的痛点。

在数学教材中，每一单元的知识点都是连贯系统的，单元之间或者不同学段之间的知识都具有联系，但学生往往难以理清所学知识的整体脉络，教学中就可以指导学生使用思维导图构建单元知识点。思维导图亦可应用于小学数学复习课上。教师引导学生从一个中心词开始，随着思维的不断深入，联想出一系列相关的知识，然后形成一个有序的图式。这样不仅能丰富教学形式，增强趣味性，还能起到梳理、巩固和提升的作用，从而培养学生的发散思维和创新意识。

写作一直都是小学英语教学的一个关键环节，良好的写作素养有助于帮助学生通过英语知识来表达思维。通过思维导图的方式展开教学并使思维形象化，能够同小学生认知特点相契合。通过思维导图进行写作表达，学生的观察力、发现力、记忆力等都能被激发起来。学生在主动参与和创造生成的过程中，能达到自主建构知识的目的，同时可提高高阶思维能力。

3. 概念图，迁移应用的有效表征

概念图是一种由概念节点和连线所组成的一系列概念的结构化图示。概念图中的节点表示某一命题或知识领域内的某一概念；连线则表示节点概念间的内在逻辑关系。概念图作为知识表征的工具，以简洁明了的形式表现复杂的知识结构，形象地呈现各知识点之间的联系。在学习新知识的过程中，可以通过画概念图使新概念所表达的信息不断地和学习者已有的概念发生作用，并加入到学习者已形成的概念结构之中，并且按"渐进分化"形成一个更为紧凑的认知结构。概念图在语言学科上的作用尤其显著。

《义务教育英语课程标准（2022 年版）》提出，学生需要掌握的语言知识包括语音、语法、词汇、功能和话题等内容。这些内容一般以单元（主题）的形式被分散编排在小学各年级英语教材中。尽管采用了同主题集中的形式，学生获得的很多知识仍是零散的。这就意味着学生形成结构化的知识网络非常重要，而概念图就是一种很好的使知识形成结构化网络的工具。

如新单词的学习。新单词通常都是为每课的主要内容服务的，因此单词间都有一定意义上的联系。学习时，首先将新单词写在一张纸上，并观察它们之间的关系；其次，用圆圈（或其他图形）把单词圈起来；再次，

根据它们之间的关系，在单词间用箭头（直线）画出连接；最后，在箭头上尽量用已学过的知识表达它们之间的关系，完成概念图，并根据概念图进行口语练习。

利用概念图，首先帮助学生很好地构建了结构化的知识网络，弥补了学生知识零散不成体系的不足；其次，在接下来的口语练习中，利用概念图可以有效帮助学生组织表达的内容，提示对话话题，为学生的表达搭建脚手架，同时可以减少学生无话可说、表达不畅等问题。学生在表达前使用概念图，也可以帮助他们迁移应用旧知，理清思维脉络，形成良好的思维习惯。

除批注、思维导图以及概念图以外，我们还开发与利用了许多具备学科特色的思维可视化工具。比如语文学习中借助圆圈图开展字词教学，强化学生对生字词的理解记忆，从而避免机械式抄写和单调的识记，更好地调动学生的学习参与度和积极性。数学学习中，学生喜欢用小棒和点子图帮助自己理解计算算理，喜欢用线段图帮助自己分析题意、解决问题等。

经过研究和探索，思维可视化的教学思想和方法已经渗透到教师的日常教学中，学生也常常将可视化工具运用到自己的课堂笔记、作业和活动记录中。学生对教师的课堂教学越来越感兴趣，对学习内容的理解越来越准确，思维品质得到了优化，学习效果也明显提高。

（二）思维生长课堂的评价实施

思维生长课堂的评价对象是学生的思维发展情况。思维发展应包括思维的主动性、思维水平、思维习惯、思维品质四个主要维度。以往的课堂评价模式多以定量的方式评价学生学习的效果，比如学生有效的回答次数、小组合作的时间等。本研究立足思维生长的发生、发展过程，采用定量评价和过程评价双向模式，既有对核心知识的定量评价，也有对思维达成的过程评价。多元的评价模式使核心知识内化、思维发展显性化，可以更好地为教育教学服务。

在课题研究中，我们致力于评价量规的设计。评价量规的设置有利于项目的再深化、再研究，从而实现项目可持续研究的生态循环；也便于一线教师从实际出发，实事求是地进行评价，取得比较一致的评价结果，从而提高评价的科学性。我们的评价研究经历了1.0版本到2.0版本的迭代升级。有效的评价方法和形式不仅提升了教师的教学水平，还能够调动学生学习的积极性，成为学生学习的重要动力。

1.1.0版本——形成了三大学科思维生长课堂教学评价标准

为了更好地记录与回溯思维生长课堂的教学情况，我们在市级"十三五"规划课题研究期间，制定了详细的语文、数学、英语三大学科的思维生长课堂教学评价标准。该标准下，我们针对学生学习状态和教师教学行为两个领域进行打分。其中学生学习状态下设三个评价维度，分别是思维状态、体验思维过程、学习效果；教师教学行为下设五个评价维度，分别是教学目标、促进体验思维过程的策略、课堂思维氛围的营造、信息技术与课堂教学的深度融合、教师素质。

我们针对每个维度都提出了明确的评价要点，并制定了相应的评价量表。三大学科的思维生长课堂教学评价标准有效地指导了课堂教学，教师由教授知识转为关注、促进学生的思维生长，学生由被动的参与者变为主动的学习者。该评价标准是衡量学生思维水平的重要尺度，是检验学生学习效果的必要手段，也是优化教师教学行为的关键方法，在教与学的活动中起到了极大的导向作用。

表1.1 甸柳一小语文思维生长课堂教学评价标准

指标 I	指标 II	评价要点	权重	评价结果
学生学习状态（50）	思维状态	1. 学生积极、主动、充分、有效地参与到教学活动的各个环节。 2. 学生具有良好的课堂学习专注力，能独立思考，乐于倾听，敢于质疑，勇于表达自己的见解。	15	

续表

指标Ⅰ	指标Ⅱ	评价要点	权重	评价结果
学生学习状态（50）	体验思维过程	1. 学生学习体验完整的思维过程，包括问题驱动、提取信息、分析信息、推论、概括表达等语文学习活动。	20	
		2. 听、说、读、写等语文实践活动充分、扎实。学练结合，突出学生圈画、标记、批注、朗读等学习方法。		
		3. 能将学习活动与生活经验相结合，养成良好的读书写字习惯，初步掌握学习语文的基本方法，完成各年级表达要求。		
	学习效果	1. 达到既定的课时学习目标，解决思维矛盾，实现思维生长。学生在语言文字运用、教材内容的理解、表达方法的学习或学习策略等方面有新收获。	15	
		2. 学生语文素养得到提高。提高了听说读写的能力，掌握了本年级课标要求的学习方法，获得了审美享受，受到了思想启迪，学习思维得到了拓展和延伸。		
		3. 学生带着继续学习探究的愿望走出课堂，创造精神和实践能力得到培养，思维的积极性、专注力、条理性、深刻性得到提高。		
教师教学行为（50）	教学目标	1. 把学习的难点作为体验思维过程的生长点，从课程标准、学生基础、教材内容三方面确定思维生长点。	10	
		2. 目标设计源于学生的认知障碍点、思维冲突点、情感体验点和智慧生成点，针对学生的共性问题和有价值问题进行设计。		

续表

指标 I	指标 II	评价要点	权重	评价结果
教师教学行为（50）	促进思维过程的策略	1. 课堂有效提问的策略。教师设定问题情境，打开思维生长的空间，推动深度体验思维过程。 2. "小组合作"的思维策略。有效运用"自主·合作·探究"的学习方式。 3. 可视化的展示与表达讲述策略。运用多种方式将课堂知识架构和思维过程可视化，鼓励学生主动参与表达。	10	
	课堂思维氛围的营造	1. 教师要耐心倾听，对学生的表现进行积极评价，激发学生思维潜能，营造民主、宽松、和谐的氛围。 2. 结合思维生长点创设教学情境，营造安全、互信、具有激励作用的学习氛围，激发学生的学习兴趣。 3. 为学生提供思考的时间和空间，充分解放学生的口、手和思维，最大限度地引导学生在活动中学习，在合作中提高，在主动中发展。	10	
	信息技术与课堂教学的深度融合	正确熟练地使用现代信息技术媒体，借助网络环境，提供语文教学资源，将课堂知识架构和思维过程可视化，更好地优化、整合课程，实现人机交互、师生互动、生生互动，充分发挥学生的主体作用。	10	
	教师素质	教态自然大方，语言准确简练；能够灵活处理课堂中动态生成的各种情况，具有渊博的知识和深刻理解知识的能力；板书合理，书写规范。	10	
综合描述			总分	
			等级	

表1.2 甸柳一小数学思维生长课堂教学评价标准

指标 I	指标 II	评价要点	权重	评价结果
学生学习状态（50）	思维状态	1. 学生积极、主动、充分、有效地参与到教学活动的各个环节。	15	
		2. 学生能独立思考；能专注于研究的过程；在交流、讨论、讲题过程中，敢于发表见解、提出疑问；乐于倾听别人的意见，采纳正确的建议。		
	体验思维过程	1. 学生主动进行观察、实验、猜测、推理、验证与交流等数学学习活动，初步具有创新意识。	20	
		2. 学生关注所学习的内容，主动地收集、加工学习信息，通过独立思考、小组讨论、生生交流、全班反馈四个环节深度体验思维过程。		
		3. 在参与知识的发现、探索、推导过程中，学会解决问题的方法，提高思维的探究水平。		
	学习效果	1. 通过积极思维、操作验证，充分体验思维过程，理解和掌握所学知识和基本技能。	15	
		2. 能运用所获得的数学思想和方法、工具主动地分析和解决问题，实现思维能力的内在生长。		
		3. 获得积极的情感体验，激发数学学习的兴趣，提高数学素养。		
教师教学行为（50）	教学目标	1. 依据课标要求，从学生实际出发，确定思维生长点，体验思维过程。	10	
		2. 把学习的难点作为体验思维过程的生长点，从课程标准、学生基础、教材内容三方面设计教学活动。		

指标 I	指标 II	评价要点	权重	评价结果
教师教学行为（50）	促进思维过程的策略	1. 以思维矛盾点和关键问题解决为课堂教学线索。	10	
		2. 以小组合作的方式为课堂的主要组织形式。		
		3. 创设问题情境，把教材中的主要问题转换成一系列具有启发性的问题串，并进行追问，引导学生从中发现问题、提出问题、解决问题。		
	课堂思维氛围的营造	1. 教师要耐心倾听，对学生的表现进行积极评价，激发学生思维潜能，营造民主、宽松、和谐的氛围。	10	
		2. 结合思维生长点创设教学情境，营造安全、互信、具有激励作用的学习氛围，激发学生的学习兴趣。		
		3. 为学生提供思考的时间和空间，充分解放学生的口、手和思维，最大限度地引导学生在活动中学习，在合作中提高，在主动中发展。		
	信息技术与课堂教学的深度融合	正确熟练地使用现代信息技术媒体，借助网络环境，更好地优化、整合课程，将课堂知识架构和思维过程可视化，拓展学生学习的空间，实现人机交互、师生互动、生生互动，提高思维的显性化互动频率。	10	
	教师素质	教态自然大方，语言准确简练；能够灵活处理课堂中动态生成的各种情况，具有渊博的数学知识和深刻理解知识的能力；板书合理，书写规范。	10	
综合描述			总分	
			等级	

表1.3 甸柳一小英语思维生长课堂教学评价标准

指标Ⅰ	指标Ⅱ	评价要点	权重	评价结果
学生学习状态（50）	思维状态	1. 学生积极、主动、充分、有效地参与到教学活动的各个环节。	15	
		2. 学生具有良好的课堂学习专注力，乐于倾听，能够独立思考，乐于与他人进行话题交流，敢于发表见解。		
	体验思维过程	1. 能感知英语语境，通过理解感知、内容识记、方法总结、小组交流等体验英语思维过程。	20	
		2. 听、说、读、写活动充分，生生、师生互动得当，能运用接受性学习、探究性学习和合作学习等方式，能发挥学习自主性和主动性。		
		3. 能将学习知识与生活实际相结合，初步掌握中英语言表达基本方法，能理解中英文化差异，完成各年级表达要求。		
	学习效果	1. 达到既定的课时学习目标，学生理解教材内容、清晰表达见解、综合运用句式等能力得以自主生成，英语语言技能达到相应级别。	15	
		2. 有效掌握听记、拼读、标记、朗读等学习方法，养成良好的听说读写习惯，通过小组合作交流学习让思维得到拓展和延伸。		
		3. 获得积极的情感体验，专注学习，乐于思维，能带着继续学习探究的愿望走出课堂，有成就感。		
教师教学行为（50）	教学目标	1. 依据课标要求，从学生实际出发，创设学生思维生长点和体验思维过程的时机。	10	
		2. 教学活动把学习的难点作为体验思维过程的生长点，从课程标准、学生基础、教材内容三方面确定思维生长点。		

续表

指标 I	指标 II	评价要点	权重	评价结果
教师教学行为（50）	促进思维过程的策略	1. 在课堂上创设语言交流情境，为学生提供充足的思维生长空间。运用各种问题策略打开思维生长空间，引导学生深度体验思维的方式与过程。	10	
		2. 以小组合作方式体现英语语言教学的实践性和交际性，落实"自主、合作、探究"的教学模式。		
		3. 在教学中准确、多样、有效地实施评价活动，将课堂知识架构和思维过程可视化，鼓励学生主动参与表达，体验学习和成功的愉悦。		
	课堂思维氛围的营造	1. 创设有助于师生对话、沟通的教学情境，营造安全、互信、具有激励作用的学习氛围，激发学生学习兴趣。	10	
		2. 教师能耐心倾听，运用积极的课堂管理语言，激活学生的求知欲，并鼓励和培养学生发现和解决问题的能力，体现思维的发展性和生成性。		
		3. 给学生充分的思考时间，在回答问题、讨论、表演、完成学习任务时，引导学生积极参与，发表独到的见解，增强英语学习兴趣。		
	信息技术与课堂教学的深度融合	正确熟练地使用现代信息技术媒体，借助网络环境，更好地优化、整合课程，将课堂知识架构和思维过程可视化，拓展学生学习的空间，实现人机交互、师生互动、生生互动，提高思维的显性化互动频率。	10	
	教师素质	教态亲切自然，语音准确，语调规范，语言准确简练；能够灵活处理课堂中动态生成的各种情况，具有渊博的英语知识，善于和学生沟通；板书合理，书写规范。	10	
综合描述			总分	
			等级	

2.2.0 版本——设计出促进深度学习的思维生长课堂教学评价标准

评价是实现课题推广及可持续性研究的重要一环，我们在市级"十三五"规划课题研究成果的基础上，以促进学生深度学习、培养高阶思维为核心，深化研究，制定了详细的促进深度学习的思维生长课堂教学评价标准。

我们针对学生课堂表现和教师教学行为两个领域进行打分。学生课堂表现下设五个评价维度，分别是主动思考、理解建构、迁移应用、质疑反思、评价创造；教师教学行为下设五个评价维度，分别是核心知识理解、思维生长点确立、挑战问题设计、思维策略使用、生成效果反馈。我们针对每个维度都提出了明确的评价要点，并设计了相应的表格。这两方面的评价，有利于推进教师教学方法的改革，不断强化将教知识转变为培养思维能力的观念，引导学生重视对知识的理解应用及参与知识的形成过程，并形成良好的知识结构，从而促进学生的深度学习和高阶思维能力的持续生长。

表1.4　促进深度学习的思维生长课堂教学评价量表

日期：	课题：		执教教师：	评价教师：	
指标Ⅰ	指标Ⅱ	评价要点		权重	评价结果
学生课堂表现（50）	主动思考	1. 学生积极、主动、充分、有效地参与到教学活动的各个环节。课堂交流积极充分，合作探究的氛围浓厚。		10	
		2. 学生具有良好的课堂学习专注力，能独立思考，乐于倾听；敢于质疑，勇于发表自己的见解，采纳正确的建议。			
	理解建构	1. 学生深度学习，体验完整的思维过程，包括问题驱动、提取信息、分析信息、推论概括、表达等学习活动。		10	
		2. 学生关注所学习的内容，主动地收集、加工学习信息，通过独立思考、小组讨论、生生交流、全班反馈四个环节深度体验思维过程。			

续表

指标 I	指标 II	评价要点	权重	评价结果
学生课堂表现（50）	迁移应用	1. 达到既定的课时学习目标，解决思维矛盾，实现思维生长。学生在学习运用、教材内容的理解、表达方法的学习及学习策略等方面有新收获。	10	
		2. 课堂互动高效，并能生成有价值的成果。能运用所获得的学科思想和方法、工具主动地分析和解决问题，实现思维能力的内在生长。		
	质疑反思	1. 学生敢于质疑，表达有深度，见解独到，掌握了本年级课标要求的学习方法，获得了审美享受，受到了思想启迪，学习思维得到了拓展和延伸，学科核心素养得到了提升。	10	
		2. 学生带着继续学习、探究的愿望走出课堂，创造精神和实践能力得到培养，思维的积极性、专注力、条理性、深刻性得到提高，乐于思考，有成就感。		
	评价创造	1. 学生能回答老师设置的开放性问题，在真实情境中解决问题，拥有创造性思维。	10	
		2. 对一定的想法、方法和材料等能作出价值判断。能在小组合作学习中进行自评、他评、小组评；根据老师布置的评价任务，多角度地进行评价。		
教师教学行为（50）	核心知识理解	1. 立足核心素养的整体性发展，教师对核心知识的把握富有深度和层次，能根据学习内容和学情设计恰当的学习目标；目标明确具体，可操作性强。	10	
		2. 教学内容的安排切实服务于教学目标的实现，注重内容整合、教学资源的合理利用与开发，创造性地实现教学内容的最优化。		

指标 I	指标 II	评价要点	权重	评价结果
教师教学行为（50）	思维生长点确立	1. 把学习的难点作为体验思维过程的生长点，从课程标准、学生基础、教材内容三方面确定思维生长点。 2. 结合思维生长点创设教学情境，营造安全、互信、具有激励作用的学习氛围，激发学生深度学习的兴趣。	10	
	挑战问题设计	1. 教师设定问题情境，设计具有挑战性的问题，采用层次鲜明、具有逻辑关系的"主问题+问题链"的教学模式，打开学生思维生长的空间，推动学生深度体验思维过程。 2. 教师要耐心倾听，对学生的表现进行积极评价，激发学生思维潜能，营造民主、宽松、和谐的氛围；为学生提供思考的时间和空间，充分解放学生的口、手和思维，最大限度地让学生在做中学，在合作中提高，在主动中发展。	10	
	思维策略使用	1. 从学生的真实学习入手，运用"主动思考能力""分析理解能力""迁移应用能力""质疑反思能力"四大思维策略进行教学。 2. 有效运用"自主、合作、探究"的学习方式、可视化的展示与表达讲述策略，运用多种方式将课堂知识架构和思维过程可视化，鼓励学生主动参与表达。	10	
	生成效果反馈	1. 在课堂教学中能抓住学生的生成特点，有思维能力培养意识；借助网络环境、大数据分析，采集关键教学行为，实现教学模式转型。 2. 在教学中借助思维导图、实物模型等多种思维工具的开发和使用，调动学生学习参与的积极性，培养学生的高阶思维，从而引导学生实现深度学习。	10	
综合描述			总分	
			等级	

评价量表从不同角度记录与再现了教师的教学策略及关注学生高级思维发展情况。通过对教师教学行为和学生课堂表现的观察，明确教师是否在课堂设计时能有意识地、有针对性地关注学生思维的培养，学生是否在学习过程中收获了知识，改进了学习方式，在实践活动中获得了丰富的经验，拓展了思想方法，提高了思维水平。课堂评价方式的确定，可以减少评价的主观随意性，提高评价的客观性。同时，将教学行为与学习过程本质特征具体化，提高了深度学习思维生长课堂教学评价的全面性。

（王亮）

第二章

思维生长课堂教学目标设计

一、低段思维生长课堂教学目标设计

以数学学科为例

一、二年级的学生天真懵懂，思维深度较浅，分析、理解能力十分有限。因此在低段的数学课堂上实现高阶思维的培养，看起来十分困难。真正接触下来会发现事实恰恰相反，这一阶段的孩子们对知识充满好奇，勇敢质疑，想法天马行空，形象思维强。这些不正是思维生长所需要的优秀品质吗？在经历了一些教学探索后，我们发现，设计好每堂课的教学目标是第一步且是至关重要的一步。在低段数学课堂教学目标设计方面，我们归纳了以下要点：

（一）以激发学生学习兴趣为原则

我们都知道，学习兴趣浓厚的学生会主动、认真地进行学习，这样也有助于教师对其思维能力的培养。激发学生的学习兴趣和学习热情非常重要，尤其是在小学低段。丰富教学形式、增加教学趣味、降低教学难度等就是我们在设计教学目标时要优先考虑的。当学习数学的热情被激发后，学生自然就会将更多的精力和热情投入到数学学习中，每节课教学目标的达成就相对简单。

（二）坚持以学生为主体

核心素养强调以人为本，思维生长亦是指学生通过自己的积极思维，主动提高思维能力，实现思维能力的内在生长，所以学生必须成为教学目标的行为主体。而对于低段学生来说，要实现思维生长，仅仅成为教学目标的行为主体是不够的，教师还必须关注到低段学生的思维起点。因为，数学知识是前后衔接、环环相扣的，学生获得知识的思维过程也是如此。所以，老师的教应基于学生的学，教师要找准学生的思维起点。只有确定学生"现在在哪里"，才能知道学生"能够到哪里"，才能设计出真正可以实现的教学目标。而思维起点的找寻并不是那么容易的，我们需要做的是真正走进学生的内心世界，而课前调查、与学生聊天、课后及时反思等都是寻找学生思维起点的好方法。

（三）发展适合低段学生的关键能力

教学目标设计的行为客体有很多，包含知识与技能、数学思考、问题解决、情感态度等方方面面，而适合的才是最好的。比如，从知识与技能方面来说，小学低年级数学教学是为了培养学生的基本数学概念和基本运算能力。至于其他方面，以下关键能力需要得到我们的重视：

1. 良好的学习习惯

低年级是学生形成良好学习习惯的最佳时期。有了良好的学习习惯，才能提高学习效率，达到事半功倍的效果，同时，也有利于其他能力的提升。

2. 学生的口算能力

口算是生活中最常用的计算形式，口算训练贯穿小学阶段始终。培养学生口算能力的最佳时期是低年级，一、二年级重点学习的加减乘除口算足以为以后学习笔算、估算和简便运算打好坚实的基础。因此，小学数学教师应当把培养低年级学生的口算能力作为一项重要的教学任务。

3. 学生的动手操作能力

低年级学生主要依靠感知觉来促进自己对事物的认识与理解，即学生有了"感受"才能真正"理解"。教学"长方体和正方体的认识"时，我们先介绍常见的牙膏盒、粉笔盒等事物，然后让学生摸一摸，最后鼓励学生尝试用硬卡纸做一个长方体或正方体。学生有了看、摸、做等活动体验，对抽象的长方体和正方体自然有了感性、具体而充分的认识。

4. 学生的语言表达能力

数学学科要求学生说话准确、精练。低年级阶段，教师就要根据教材有计划地严格训练学生说话，要鼓励和引导学生用语言表达思维。比如，对于看图解决问题，学生不仅要学会看图，而且还要用自己的语言将题意表达出来。这样的语言表达练习有利于及时纠正学生思维过程中的缺陷，形成更为完整的解题思路。

5. 学生的自主学习能力

对于活泼好动的低段学生来说，一板一眼的理论知识传输，远不如一堂动手实践的课堂有效。例如，学习20以内的加减法时，学生有了10以内的计算经验，老师提供充分的学具，让学生借助工具摆一摆、画一画、量一量，不仅能降低知识的理解难度，而且能提高学生的知识掌握率。

培养和提高低年级学生的学习能力是一项平凡而艰巨的工作。以上这些关键能力，我们需要有意识地将其放在教学目标的设计中，持之以恒地渗透，坚持不懈地训练。只有如此，才能使学生在认知和思维方面得到全面的发展，才能为学生未来接触更高层次的数学知识打下坚实的基础。

（四）选择真实情境作为教学目标的行为条件

教学目标行为条件是指学生完成指定的学习活动或任务的特定限制或范围等，包括场地及情境、协助学生完成任务的主体、可使用的教具学具、时间限制和提供信息等。

小学数学教学目标涉及情境设计时，首先应让学生在尽量真实、与相关数学问题紧密联系且宽松民主的氛围下学习，尤其对于低年级学生来说，这样的情境既贴近生活实际，又具有一定的挑战性，更有利于激发他们的学习动机和发散思维。其次，借助小组合作，即通过学生间合理分组，强调自主合作探究。教师进行恰当引导，为学生交流提供条件，以利于学生拓展彼此的思维空间。再次，设计教具、学具时，要提供小学生现实生活中熟悉的、真实的，且在以后工作生活中要用的教学用具，提供的教学用具及其他教学材料还应该是多样的。比如在教学《三角形》一课时，我们不只准备了不同大小、种类的三角形纸片，还准备了生活中这一形状的物体，以及用于拼摆三角形的小棒等，让学生充分感知三角形的特征。

（五）经历体验探索，培养高阶思维

《义务教育数学课程标准（2022年版）》将目标行为动词分为两类：一是"了解、理解、掌握、运用"等描述结果目标的行为动词，二是"经历、体验、探索"等描述过程目标的行为动词。低年级学生处于形象思维为主向逻辑思维为主逐步过渡的阶段。在这个阶段，因具体形象思维占优势，学生在很大程度上还依靠动作思维。因此，我们在设计教学目标时要充分运用"经历、体验、探索"，通过实际操作，增加真实体验，充分运用眼、耳、手、口等各种感觉器官，让学生感知数学问题，理解数学的各种概念。

教师不能让学生只学习一个静态的、结果化的知识，而应该让学生去经历知识的动态产生过程，要让学生知道这个知识是如何产生的。学生自己探索而得来的知识往往掌握得非常牢固，而通过系统化的打造，能让学生真正通过数学知识的探索，形成良好的综合能力及数学核心素养，从而促进高阶思维发展，达成教学目标。

（六）尊重个体差异，鼓励个性化思维

认知的发展水平包括知识的发展水平和思维的发展水平。学生的学习一定是基于自身已有的知识和思维发展水平来建构的，这也就解释了为什么在同样的班级里，同样的老师教授着同样的教学内容和教学方法，学生的学习效果却是千差万别的。

教学目标是否达成，评价任务怎样设计，对学生的行为程度该如何界定，这些都应尊重学生间的差异。对于班上不同思维水平的学生，应在基本要求的基础上，设计差异化目标。学生思维的生长不是一蹴而就的，它是一个不断延续的过程。我们需要给予不同思维层次的学生肯定与赞美，以鼓励学生更加积极主动地构建自己的思维空间和个性化思维，培养创新型人才。

思维生长课堂中，教学目标的设计是一项系统工程，它是为促进学生"用数学的眼光观察现实世界，用数学的思维思考现实世界，用数学的语言

表达现实世界"而提出的，呼唤每一位数学教师对教学目标的设计加以重视。接下来，我们将在课堂教学目标设计的研究中继续努力探索，提升设计能力，踏实走好每一步。

（王晓姣）

以劳动教育学科为例

劳动是创造物质财富和精神财富的过程，是人类特有的基本社会实践活动。《义务教育劳动课程标准（2022年版）》的颁布与实施，不仅完善了教育的培养目标，还优化了课程设置。劳动教育是引导学生热爱劳动、热爱劳动人民的教育活动，是中国特色社会主义教育制度的重要内容，是全面发展教育体系的重要组成部分。劳动课程的目标就是培养学生的劳动核心素养，即"劳动观念""劳动能力""劳动习惯和品质"及"劳动精神"。教学目标对教学活动起着导向、激励、调节和测评的作用，是教学活动的出发点和归宿点。我校"培养学生思维能力生长"教学目标在低年级劳动教育中的设计与落实，不仅关注了学生劳动核心素养的培养，还重视了学生思维能力的培养。

（一）教学目标设计的依据

劳动思维生长课堂的目标设计，要基于课程标准的要求和学生实际。

1.课程标准学段要求是教学目标设计的基础

课程标准在课程总目标的基础上，明确了第一学段的学段目标，围绕"日常生活劳动、生产劳动和服务性劳动"三个方面，安排了"清洁与卫生""整理与收纳""烹饪与营养""农业生产劳动""传统工艺制作"五个任务群的学习内容。

思维生长课堂的教学目标也要在落实课程标准学段目标的基础上，在培养学生思维能力方面深入研究，从而落实学段目标的要求，更好地实现学生思维能力的生长。

2.学生实际是教学目标设计的重要依据

学生是学习的主体，学生的劳动观念、已具备的劳动能力、劳动思维现状以及学生个体在劳动学习中的差异等，都是我们进行教学目标设计的重要依据。在设计教学目标前，教师要对学生的各个方面进行系统了解，有针对性地进行设计，这样的目标才是有的放矢的，才是可实施的。

（二）依据劳动素养要求设计教学目标

劳动素养要求是对学生在完成阶段性劳动课程学习后需要达成的素养表现的总体刻画。也就是说，劳动素养要求就是通过劳动课堂教学达成教学目标后学生的素养表现。

课程标准对第一学段提出了明确的素养要求："在简单的日常生活、生产劳动中，认识到人们的衣、食、住、行、用都离不开劳动，懂得人人都要劳动的道理，积极主动参与班级劳动，初步体会劳动对日常生活的重要性；能在力所能及的劳动实践中体会劳动的艰辛和快乐，初步形成喜欢劳动、积极参加劳动的态度。"这是劳动观念方面的要求。"在完成清洁与卫生、整理与收纳、烹饪与营养等劳动任务的过程中，初步掌握基础知识、基本步骤与操作方法，初步形成个人生活自理能力；在简单的工艺制作劳动、农业劳动中，初步掌握简单的手工技能，会使用简单的工具，能照顾身边常见的动植物。"这是劳动能力方面的要求。"能做到不浪费粮食，爱护学习用品、生活用品等，懂得珍惜劳动成果；在劳动过程中遵守劳动纪律和安全规范；初步养成'自己的事情自己做'、认真负责、有始有终的劳动习惯和品质。"这是劳动习惯和品质方面的要求。"能在劳动过程中不怕脏、不怕累。"这是劳动精神方面的要求。

依据以上素养要求，我们的教学目标设计就要根据教学内容，从劳动观念、劳动能力、劳动习惯、劳动品质及劳动精神几个方面进行设计。当然，因为教学内容不同，教学目标也会在四个方面有所侧重。

例如，在二年级"清洁与卫生"任务群教学中，我们安排了用扫帚扫地、用拖把拖地的劳动任务教学。根据教学内容，学生需要达到的素养表现为掌握扫地、拖地的劳动方法，养成讲究卫生的意识和习惯，在劳动过程中感受劳动的快乐，愿意参加劳动。这是我们教学的基本目标。与此同时，结合学校培养学生思维生长的目标，我们对课堂教学目标进行了细化和调整：

1. 学习使用扫帚、拖把等工具，进行扫地、拖地，掌握扫地、拖地的方法。

2. 在劳动过程中，感受劳动的辛苦和成功的快乐，愿意用自己的劳动美化我们的生活环境。

3. 在使用工具劳动的过程中，感受不同工具的使用方法，积累清洁卫生的经验，养成勤劳动、会劳动的好习惯。

这里的教学目标，就不仅仅是学会干，而是让学生在情境中发现工具可以帮助我们解决问题，并且在以后的实际生活中能选择恰当的工具，熟练地解决问题。

（三）借助学校课程体系和资源开发，设计可持续发展的教学目标

《义务教育劳动课程标准（2022 年版）》明确指出："构建以实践为主线的课程结构，倡导丰富多彩的实践方式。"劳动课程强调学生直接体验和亲身参与，注重动手实践、手脑并用，知行合一、学创融通，倡导"做中学""学中做"，激发学生参与劳动的主动性、积极性和创造性。因此，引导学生从现实生活的真实需求出发，亲历情境、亲手操作、亲身体验，经历完整的劳动实践过程是十分重要和必要的。

为了更好地设计和完成劳动教学目标，学校根据实际进行课程的设计和资源的开发，这也是教学目标设计的关键。换言之，教学内容与教学目标设计要一致。

我们学校的劳动教育汲取中华优秀文化的滋养，以"幸福小管家"为主题，构建了系列劳动实践活动，结合春节、端午、中秋等传统节日，充分利用家庭、学校和社会资源，为学生创设劳动实践活动场景，引导学生在实践场景中感受劳动中蕴含的丰富的文化内涵，提升对劳动的认识和劳动实践能力，最终实现学生的自我服务、自我管理和自我成长。

例如"农业生产劳动"任务群，要求培养学生具有种植和养护常见植物的意愿，初步具有关心、照顾身边常见动植物的责任心和农业生产安全意识，知道劳动需要长期坚持的道理。根据学校课程开发情况，学校不具

备农业生产基地，我们就开发了以水培和花盆土培种植模式为主的劳动课程资源，建立了校园生态长廊。与之相适应，在教学目标的设计方面，就在学会扦插（或播种）浇水、施肥、捉虫等一般种植方法的基础上，增加了"人工授粉"等一般农业基地忽略的教学目标。起初学校种植长廊缺乏昆虫授粉，同学们种植的植物只开花不结果。同学们通过长期观察、探究，发现问题，并想出解决方法：通过人工授粉，使种植的黄瓜、辣椒等植物结果；通过掐掉部分花果的方式，解决花盆种植果子较小的问题。这就是通过实际课程开发，使学生种植能力和解决实际问题能力得以提高的实例。

（四）把劳动实践作为教学目标设计和落实的主要途径

劳动教育的目标就是要培养学生的核心素养，也就是劳动素养。劳动素养主要是指学生在学习与劳动实践过程中逐步形成的适应个人终身发展和社会发展需要的正确价值观、必备品格和关键能力，是劳动课程育人价值的集中体现，主要包括劳动观念、劳动能力、劳动习惯和品质、劳动精神。我们以立德树人为根本，培养学生牢固树立"劳动最光荣、劳动最崇高、劳动最伟大"的观念，引导学生热爱劳动，尊重普通劳动者，形成勤俭、奋斗、创新、奉献的劳动精神。实现这一目标的途径，就是实践活动。劳动实践教育能够培养学生具备满足生存发展需要的基本劳动能力，使学生形成良好劳动习惯。因此，劳动教育目标要知行合一，要逐步建立新颖高效的劳动教育体系。在这种情况下，设置适合学生的劳动实践项目就十分重要。

1. 劳动素养目标的设计和落实，始于生活化劳动实践

劳动重在实践，在课堂上的学习最终要落实到生活中去。我们结合学生日常生活，为每个年级设计有梯度的"幸福小管家"劳动实践活动，让学生在劳动实践中积累生活经验，在自我服务劳动中实现自我觉醒、自我觉悟、自我认知，让学生走出课堂，亲历劳动过程，在生活中劳动，在劳动中增长技能，养成劳动习惯，提升独立生活能力。最终，学生的劳动学习、实践要落实到实际生活中，形成生活技能，这就是我们设计并要努力实现的教学目标。

2. 劳动素养目标的设计和落实，成于科学化劳动实践

小学生的认知特点决定了劳动课程要科学、有趣。

首先，劳动教育应充分重视各学科知识的应用，进行课堂、课程、活动一体化设计，让劳动更科学和有趣。"财务小管家"与数学、"传统民俗小管家"与语文、"出行规划"与综合实践活动、"居家打理"与活动竞赛等充分结合，体验活动不断与课堂、课程深度融合，引导学生在做中学，在学中做。

其次，结合学生生活和学校实际，开发并利用家庭、学校、社会资源，设计劳动实践项目，科学构建学校、家庭、社会一体化劳动教育样态。

对于学生劳动实践的评价也要科学化。以学生的劳动行为和劳动成效为对象，通过学生劳动表现、劳动交流、劳动情况记录、劳动展示等对学生的劳动学习情况进行综合评价。通过活动评价表及综合素质评价报告等，对学生参加劳动次数、劳动态度、实际操作、劳动成果、创造能力、实践能力等几方面进行评价，为学生建立《成长档案袋》，促进学生全面发展。这些科学化的实践活动设计，是劳动课堂教学目标设计和落实的成功之本。

综上所述，劳动是人类的本质特征，是创造社会物质财富和精神财富的根源，也是联通教育世界与生活世界、职业世界的重要环节。劳动教育的性质告诉我们，劳动源于生活，重在实践。学生的劳动思维，源于劳动实践。学生只有在实际劳动中，才能发现问题、解决问题，形成劳动能力，积累劳动经验。学生劳动思维的培养，基于劳动实践活动，成于劳动实践活动，在梯度提升的过程中不断发展。

（高云）

二、中段思维生长课堂教学目标设计

以语文学科为例

新课标指出，义务教育语文课程培养的核心素养"是学生在积极的语文实践活动中积累、建构并在真实的语言运用情境中表现出来的，是文化自信和语言运用、思维能力、审美创造的综合体现"。思维能力是核心素养中的关键能力，是指学生在语文学习过程中的联想想象、分析比较、归纳判断等认知表现。将核心素养目标具体化，设计学科单元教学目标和课时教学目标，是思维生长课堂落实课程标准的具体举措。

结合新课标要求和多年实践研究，我校思维生长课堂将学生思维能力培养作为教学目标。促进学生深度学习的思维生长课堂，将促进学生高阶思维发展作为教学目标。基于此认识，我们在小学语文中段思维生长课堂教学目标设计中，将教学目标的设计重心从单方面突出"知识与技能""理解与记忆"的"显性学力"向突出"思考力、问题解决力、表现力、创造力"等思维生长课堂教学目标转变。

（一）指向核心素养的教学目标与基础学力的关系

2018年1月，核心素养开始进入课程，走进中小学，课程教学改革进入核心素养新时代。中国当代教育家钟启泉指出：基础学力的形成，有两条运行路径。一是从"体验与实感""兴趣与意欲"向"思考力和问题解决力"以及"知识与理解"推进运动；二是从"知识与技能""理解与记忆"向"思考力和问题解决力""兴趣与意欲""体验与实感"延伸运动。这种表层与深层的循环往复，正是培养扎实的基础学力所需要的。

教学目标作为教学的出发点和归宿，是课堂的风向标。基础教育改革要实现从"知识与技能、过程与方法、情感态度与价值观"三位一体的课程功能到核心素养的过渡，教学目标需要转变，避免只重"知识与技能"，割裂语文学科素养，而应将结构化知识作为语文核心素养的载体，培养学生的文化自信、语言运用能力、思维能力、审美创造能力，引导课堂关注学生的"学习方法、思维方式、思考力、创造力、问题解决能力"等，促进学习方式的变革。

（二）思维生长课堂教学目标设计的依据

思维生长课堂教学目标的设计主要基于对语文课程标准、学生学情和教材内容的分析，应确保教学目标的科学性、实践性。

1. 依据语文课程标准

课程标准中的课程目标是制定教学目标的直接依据。思维生长课堂在深刻理解课程理念、研读课程内容、把握课程实施建议和学业质量标准的基础上，将宏观的课程目标转化为以核心素养为导向的可观测、可操作、可评价的具体教学目标，以反映学生预期的综合素养表现。基础型课程在全面落实国家课程标准的基础上，突出思维能力培养，不断提高学生的思维品质。通过梳理学生思维能力培养的目标体系，把促进学生思维能力生长作为课堂教学目标，采用促进学生能力生长的教学策略，建构促进思维生长教学模式，培养学生基础学力，实现能力根基性生长。

2. 依据学情

以核心素养为导向的教学目标强调关注学生的全面发展。教师在设计目标前要做好学情分析，从学生个体特征和学习价值两个维度出发，在分析学生的认知水平、学习风格、生活经验、语言储备、潜在困难等因素的基础上设计教学目标，旨在让每个学生都能获得充分的发展。

3. 依据教材

我国《义务教育课程方案和课程标准（2022年版）》对教材编写提出明确要求："教材编写须落实课程标准的基本要求，基于核心素养精选素材，确保内容的思想性、科学性、适宜性与时代性。创新体例，吸收学习科学的最新成果，强化内容间的内在联系。创新教材呈现方式，注重联系学生学习、生活、思想实际，用小故事说明大道理，用生动案例阐释抽象概念，增强吸引力和感染力。加强情境创设和问题设计，引导学习方式和教学方式变革。充分利用新技术优势，探索数字教材建设。关注学生认知发展特点，强化教材学段衔接。"

由此可以看出：第一，教学目标的研制基于教材，很大程度上就是基于课程标准；第二，按照要求编写的教材，涵盖研制教学目标须回应的学科育人的问题。思维生长课堂的教学目标，主要以教材作为依据，具体体现为通过梳理一册教材中的单元导语、语文要素、课后思考练习，以及《语文园地》中的重点栏目（如"日积月累""字词句运用"等）、口语交际、习作等内容，明确本学期的教学目标，再把上下册合起来研读，弄明白每个年级的教学目标，然后比对课标中学段目标的表述，制定出每个学期、每个学年的教学目标。

（三）思维生长课堂教学目标设计的转变

1.目标指向真实情境，向问题解决能力转变

问题解决能力是提升学生核心素养的一项重要能力，它强调个体综合运用知识和方法解决现实世界中的真实问题或模拟现实情境的问题，迁移运用所学知识。目前老师们培养学生的问题解决能力，主要通过大单元学习，在创设真实情境的基础上，以"学习活动"为依托；通过项目化活动，以合作学习为主要课堂学习方式。

以小学语文四年级上册第三单元为例，老师在本单元开展制作《校园植物图志》的项目化学习活动，创设了以下真实情境："九月刚入学的新生们，还没见过校园植物最美的样子，春日垂柳依依，五月榴花似火，七月玉兰轻盈飘逸……所幸，它们已经被细心观察的同学们记录在了书页里。《校园植物图志》，一张图，一首诗，为读者展开校园植物的世界，一个随四时荣枯而生生不息的校园。让我们踏遍校园里的每一个角落，与每一株植物亲密接触，为自己的校园谱写一份图文并茂的《校园植物图志》。这既是一次连续观察的探索与研究，又是一次与草木的深度联结，更是一种归属感的培养。"

在这个真实情境中，教学目标设计为：观察学校绿植，制作一本《校园植物图志》。这个教学目标的设计，指向提升学生的问题解决能力，让学生变为连续观察植物变化的记录者，变为完成一部兼具科普性和文学性的植物手册的创作者。同时，教学目标还指向学生的核心素养，主要体现在以下三点：在阅读与写作中，提升学生语言运用能力；有计划地完成项

目，提高学生思维能力，培养思维品质；不断完善修改自己的作品，达成一定的审美创造水平。

再以小学语文四年级下册第二单元为例，本单元以"自然与科技"为主题，编排了三篇精读课文《琥珀》《飞向蓝天的恐龙》《纳米技术就在我们身边》，以及一篇略读课文《千年梦圆在今朝》。老师创设真实情境：以"走进科普世界：解锁你不知道的秘密"为主题统摄整个单元，以争当科普小达人为核心驱动任务，先后设置了"任务发布：争当科普小达人""探寻自然的'前世今生'""述说大国的科技腾飞""'发明'让生活更美好"等一系列学习任务，引导学生了解更多的科学知识，激发其探究科学的兴趣以及科普宣传的责任感，并通过实际行动为科普贡献自己的力量。

在"走进科普世界：解锁你不知道的秘密"这一学习任务群的统领下，单元教学目标设计如下：

（1）学习认读 41 个生字，读准 3 个多音字，正确书写 45 个生字，会写 47 个词语，积累一组具有新意的词语。

（2）阅读一组科普文章，通过提出问题并尝试解决的方式，深入理解重要科普信息，并借助思维导图等方式梳理信息。

（3）结合交际语境及对象，通过讲故事、新闻发布会等方式清楚、准确地宣传科普知识，分享自然奥秘及科技发展动态，激发自身科普宣传的责任感，培养科学兴趣。

（4）发挥想象，写一写自己想要发明的事物，借助思维导图等形式向同学介绍其样子及功能。

在以上教学目标中，第三条和第四条主要指向学生解决实际问题的能力。

2. 目标指向思维过程，向高阶思维能力转变

课堂中高阶思维活动的发生应作为教学目标重点关注的对象。教师将高阶思维的发展作为明确的教学目标，贯穿课堂教学的始终。在这个过程中，学生形成积极的内在学习动机，掌握学科的核心知识，理解学习的过程，把握学科的本质及思想方法，体现了课程标准中对正确的价值观、必备品格、关键能力这些核心素养培养的要求。

具体可概括为：小学低段的学生，以形象思维为主，在思维能力培养方面，教师要促进学生思维从"记忆"向"理解"发展，积累"应用"经验；小学中段，抽象逻辑能力水平较低，教师要重点培养学生的"理解"能力，向有层次的"建构"发展；小学高段，抽象逻辑能力开始发展，要重点培养学生"深度理解"能力，促进思维向"评价"和"创造"发展。

对于小学生而言，"理解、建构、评价和创造"是高阶思维能力的直接体现。学校依据各学科最新版课程标准和学科核心素养，以各学科的核心知识学习目标为依托，努力培养学生的高阶思维能力，梳理低、中、高三个学段的高阶思维生长目标体系，力求目标层次清晰，学科能力训练与思维能力发展有机结合，各年段的思维能力发展目标体现由简单到复杂、由单因素到多因素、由具体形象思维到抽象逻辑思维、由低阶向高阶再上升到更高水平的发展趋势，全面促进学生高阶思维能力的生长。

以统编教材三年级下册第八单元为例，本单元的学习主题是"故事留声机"，创设的情境任务是"开展趣味故事展演会"，用一个主题将本单元的语文要素进行有机统整。三年级学生的思维正处于形象思维到抽象思维的过渡时期，能够对"美"有初步的认识和见解，并且三年级学生的自我意识逐渐发展，具备借助支架独立学习、对他人的学习成果作出评价的能力。因此，老师由三年级学生的学情入手，创设学生感兴趣的学习主题"故事留声机"；通过"留声"故事，引起学生的学习兴趣，从而在学习的过程中理解、欣赏故事的"趣"，再由"开展趣味故事展演会"引发学生对"趣"的思考，学习写"趣"的方法，试着创作自己的趣味故事；最后让学生通过故事展演走进"趣"，感受文章的美，从而积极完成学习任务，提高审美能力，达到学习目的。

设计的单元学习主要目标如下：

（1）认识32个生字，读准6个多音字，会写25个字，会写22个词语。

（2）分角色朗读课文，交流故事中的有趣情节，体会人物特点。

（3）能借助提示，按顺序复述故事，不遗漏重要情节。

（4）能自然、大方地讲故事，认真听故事，能记住故事的主要内容。

（5）创编童话故事，并用修改符号修改习作。

这一任务群的教学目标的设计，体现了教学目标从低阶到高阶的过渡。

从单元目标具体到课时目标，以三年级下册《西门豹治邺》一课为例，教学目标设计为：

（1）认识"豹、娶"等11个生字，会写"豹、派"等15个生字，会写"管理、人烟"等12个词语。

（2）默读课文，能根据课文提示梳理故事情节，简要复述课文内容。

（3）能借助描写西门豹言行的句子，说出西门豹的办法好在哪里，感受他的智慧。

在"把握课文主要内容"的目标中，恰当地运用课文中的"矛盾冲突"，通过厘清冲突了解课文的"脉搏"，培养学生的逻辑性思维；"能抓住人物对话和心理活动、环境描写来体会西门豹的人物形象"这一教学目标，目的在于细解冲突，培养学生的批判性思维；联系课文内容体会描写西门豹言行的句子，目的在于培养学生的想象思维能力等。

3.目标指向思维工具，向表现力转变

思维生长课堂注重提供"学习支架"——作为一种策略性思考程序，可以帮助学生更好、更有效地进行思考，同时持续提升学生的思维品质。小学语文课堂教学中，教师常引导学生通过思维导图等形式进行学习探究。

四年级下册第一单元以"乡村生活"为主题，编排了三篇精读课文《古诗词三首》《乡下人家》《天窗》，以及一篇略读课文《三月桃花水》。四篇文章从不同角度向我们展现了乡村生活的多姿多彩，包括恬静优美的田园风光、天真烂漫的乡间儿童以及幸福和谐的农家生活，表达了作者对乡村生活的喜爱与赞美之情。本单元的单元目标设计如下：

（1）学习认读20个生字，读准2个多音字，正确书写40个生字，会写26个词语，丰富自身的词语储备库。

（2）阅读描写乡村生活的经典文学作品，采用边读边想象、联系生活实际等方式描绘乡村图景，并借助关键语句初步感受作者对乡村生活的向往和热爱之情。

（3）关注单元课文中生动形象的描写，通过摘抄、赏析以及诵读等方式，丰富言语积累，并尝试运用生动优美的语言描写自己印象中的乡村景致。

（4）结合实际生活，回忆自己喜欢的乐园，并借助思维导图描绘乐园的样子，表达自己快乐的感受，在此过程中可以借鉴单元课文中的精彩表达。

（5）通过阅读与创作文学作品，养成从生活中捕捉美好的习惯，培养审美情趣，提升审美品位。

在这个单元目标中，第四条指向学生的思维工具，旨在通过思维导图、鱼骨图、柱状图、气泡图等提高学生的表现力。

4. 目标指向生活，向实践性转变

教学目标应体现核心素养的实践性。学科实践作为学习方式变革的突破口，为核心素养背景下回答学科如何育人问题提供了新的范式。具体而言，可以通过"做中学""用中学""创中学"来实现对自主、合作、探究三大学习方式的迭代升级。

以三年级下册第七单元为例，本单元的学习主题是"世界奇妙游"，创设的情境任务是"制作自然探索手记"。由三年级学生的学情入手，创设学生感兴趣的学习主题"世界奇妙游"，通过引导学生接触奇妙的大自然，引起学生的学习兴趣，从而让学生在学习的过程中感受语言的生动优美；再由"制作自然探索手记"引发学生对大自然的好奇心，激发学生继续探索大自然的兴趣，引导学生观察、感受自然；最后让学生通过制作手记感受大自然的美，从而完成学习任务，提高审美能力。

本单元的学习目标设计如下：

（1）认识24个生字，会写35个字，会写49个词语。有感情地朗读课文，背诵指定的自然段。

（2）理解课文内容，了解课文是从哪几个方面把事物写清楚的，在阅读与交流中感受大自然的奇妙。

（3）能体会课文语言表达的好处，能借鉴课文的表达仿写句子，掌握围绕一个意思把一段话写清楚的方法。

（4）能查找资料，初步学习如何整合信息，有条理地介绍一种事物，能用修改符号修改习作。

在这个单元学习目标中，教师设计了"制作自然探索手记"实践活动，让学生通过实践落实单元语文要素。

总之，语文课程核心素养是一个整体，由此演绎、细化而成的语文课程总目标和学段要求，同样是一个相互关联、秩序清晰的整体，它们贯通

课程内容和学业质量水平，是课程实施、课程评价、课程改进的质量标准和衡量尺度。思维生长课堂的教学目标设计，以核心素养为导向，落实课程总目标和学段要求，通过对单元目标和课时目标进行细化，向基础学力转移，不断提升学生的思维能力和思维品质。

（时明丽）

以综合实践活动学科为例

小学中段综合实践活动（主要指主题探究活动）目标的设计与细化，主要表现为针对不同水平的学生实际，在主题活动的内容、方法、成果呈现方式等方面提出不同的"达成度"要求，体现了目标要求对不同水平学生的"达成适用性"。

我校尝试以课程设计引领综合实践活动的开展实施。在优秀的综合实践活动课程设计案例中，课程目标的优化设计从课程总目标和学段目标出发，从整体上把握认知性目标、技能性目标和情感性目标之间的相互关系，引领学生灵活运用其他课程所学知识进行技能训练，在实践中获得自身发展，促进相关知识技能的学习与运用，使学生在实践中感知、领悟，带动学生核心素养提升。这种以活动为主要形式、以问题解决为目标的教学模式，与我校思维生长型课堂"经历即成长，体验即生长"的教学理念也是高度一致的。

（一）以生为本，问题引领，确定目标导向

综合实践活动的四大目标为"价值体认、责任担当、问题解决、创意物化"，其中"问题解决""创意物化"均指向高阶思维能力。针对小学生身心发展特点，教师统筹设计综合实践活动目标，以满足儿童的发展需求，依据学生的思维起点进行合理的目标设计，可以起到事半功倍的教学效果。

成功的目标设计能激发学生思考的积极性，培养和发展学生的思维品

质与学习能力，促进学生对新知的学习和运用。综合实践活动更应该突出学生的主体地位，结合学生思维发展规律，利用灵活多变的问题来实现目标；在问题的驱动下激发学生的思维，提升学生的能力，打造新课标下的高效课堂。教师在授课过程中要当好引导者，通过问题的设置提高学生的参与度，让每个层次的学生都能主动钻研和探究。

我们以"走进农贸市场"项目式学习为例，学生是提出问题、探究方法的学习主体。教师引导学生构思选题，鼓励学生提出感兴趣的问题，及时捕捉活动中学生动态生成的问题，组织学生就问题展开讨论，确立活动目标和内容。活动中，我们以实践研究为铺垫，不断提炼并开发研究主题。我们从学生的兴趣点切入，带领学生走进农贸市场、农家小院、养殖场……让学生在体验的过程中发现问题，提出自己认为有意义的研究主题，如"家乡物产推荐""蔬菜大世界""市场营销策略"等。这样一来，学生有机会进一步深入了解自己身边的日常事物，从而为实践活动的有效开展奠定良好的基础。

教师引导学生将这些问题进行筛选、归纳、分类，最终确定年级研究的主题和各小组的子课题。在主题确立并实施的过程中，我们还发挥社区优势，组织学生开展"走进市场、走进企业、走进社区"的活动。学生通过采集信息、实地考察，不仅亲身体验到改革开放给生活带来的变化，同时积累了大量第一手的活动资料，为课程资源的开发、整合和课程体系的构建奠定了基础，也使自己的问题意识、探究合作能力得到了有效提升。

以学生为主体，给学生更大的自主性，是突破学生能力发展瓶颈的必要做法。这样做，学生才能真正有机会变被动参与为主动设计活动主题、确定学习目标，更加顺畅地进入到活动情境中去，为顺利开展活动奠定基础。

（二）创设情境，融合生活，落实目标设计

综合实践活动课程目标的设计要从学生实际出发，缜密地考虑课程的特点和课程资源等方面的因素，了解学生特点，合理确定每一个主题及每一个阶段的活动目标，做到定位准确、难易适度、重点突出、循序渐进、表述清晰。

教师应创设真实、有趣的学习环境，在知识的整合、学生经验的聚焦等方面有所突破。以四年级"探究秋的足迹"制作实践手册这一活动为例：在活动准备阶段，教师结合学生已有经验，为学生提供"探究秋的足迹"这一活动主题以及提出问题的机会；从学生的真实生活和发展需要出发，让学生从生活情境中发现问题、生成问题，并通过收集证据进行思维统整，从而解决问题。教师创设真实的情境，让学生亲历多种多样的活动方式，引导学生积极参与活动过程，在现场考察、设计制作、实验探究、社会服务等活动中发现和解决问题，体验和感受学习与生活之间的联系。教师加强对学生活动方式与方法的指导，帮助学生找到适合自己的学习方式和实践方式。例如，如何观察、测量，如何记录、比较……教师的指导应重在激励、启迪、点拨、引导，让学生对自己感兴趣的问题进行探究，最后为自己制作"一本书"。对学生来说，这也是一次新鲜的挑战和体验。学生感兴趣，活动就成功了一半。

学校开发以培养学生高阶思维能力为主的综合实践活动课程，厘清高阶思维能力的类目，以细化的目标为导向，创设活动情境，精选课程内容，预设教学方式，目的是培养学生自主探究课题、综合解决问题的能力，使学生积累丰富的生活实践经验，促进学生综合素质的形成和提高。

（三）关注素养，发展能力，促进思维生长

2022年版课程纲要要求教师"坚持素养导向，体现育人为本""重视必备品格和关键能力培育"。思维能力的提升需要以综合实践活动课程为载体，通过亲自体验、亲自实践而获得。要想让思维的火花绽放，目标设计显得尤为重要。教师在目标设计中要因材施教，把握学生的不同特点，构建多元、优质的学习环境，引领学生思维发展。

不同的人从不同的角度进行探究，会得到不同的结果。同样，在教学实践中，我们引导学生多角度地探究知识、认识事物，让事物特征立体化、多角度地呈现出来。为了能够使学生全面地探索新知，教师在设定目标时，要引导学生进行合作探究学习，从多层面不断探讨和创新小组合作学习方式，从而全面提升小组合作学习效能，拓展思维空间，提升思维能力。

在实践活动中，学生通过自由结合、集体协作来完成研究内容，共同体验成功的乐趣。如在《细观察　巧设计》的教学中，教师引导学生从日常学习生活或与大自然的接触中提出具有教育意义的活动主题，使学生获得关于自我、社会、自然的真实体验，建立学习与生活的联系，指导学生学习如何观察、怎样设计观察记录表。学生分组进行实践活动，从自身成长需要出发，选择活动主题。教师则根据实际需要，对活动的目标与内容、组织与方法、过程与步骤等作出动态调整，使活动不断深化。

学生综合实践能力的发展是渐进的、螺旋式上升的。教师在课程实施过程中要根据课程的主题内容和学生能力的层级水平进行针对性培养，以拓展学生的发展性思维，为其终身学习打下良好的基础。

高阶思维能力是学生应对未来的关键能力，而优质的综合实践活动课程可作为培养学生高阶思维能力的良好抓手，它有着更大的培育学生思维生长和核心素养的空间。学校开发的以高阶思维能力为目标取向的综合实践活动课程，应细化课程目标，优化课程内容，创新学习方式。其中，目标导向尤为重要。只有目标统摄下的主题内容、学习方式、评价方式的选取，均指向高阶思维能力，才能确保课程各要素之间的一致性。在目标引领下的实践活动中，学生获得关于自我、社会、自然的真实体验，建立学习与生活的有机联系，在实践体验中促进能力提升及思维生长，使核心素养培育落到实处。

（刘希）

三、高段思维生长课堂教学目标设计

以英语学科为例

教师要想在教学中促进学生思维生长，就必须在教学目标设计中重视课堂问题设计。思维基于问题产生，学生的学习是其已有经验与所学知识相互碰撞的过程，问题是为二者建立联系的纽带。教师应聚焦当前英语阅读教学目标设计，找到相应的教学策略。

（一）聚焦思维品质发展，提升问题设计能力

　　为发挥小学英语绘本教学对学生思维品质培养的作用，教师应转变自身的教育理念，肯定英语绘本培养学生思维品质的价值，基于学情和教学内容的分析，设定以发展思维品质为核心的教学目标，使课堂问题设计指向的目标能够有效达成，能够在教学中提升培养学生思维品质的意识，明确问题设计对培养学生思维品质的重要意义。在绘本教学过程中，无论是学生对内容的感知与理解，还是基于主观经验而产生的创造性想法，都需要教师通过课堂问题设计与学生交流互动，使学生紧跟教师的思路积极思考。以绘本阅读教学"Lorna Is Upset"为例，教师先通过"Why is Lorna upset？"的提问引导学生思考洛娜的思想状态和遇到的问题，了解整个绘本故事的背景，然后通过"What do the teacher do to help Lorna？"的提问引导学生思考，洛娜是如何在老师的帮助下解决自己遇到的问题的，最后通过设计问题"How to solve a problem？"引导学生思考总结出解决问题的方法和流程，让学生在对一个个问题的思考中提升思维能力。

　　教师要意识到问题所在，学习研究有关学生思维品质培养和问题设计的相关理论，并将所学理论运用到实际的教学中去，提升自身的问题设计能力。同时，教师集体之间可共同交流探讨，以优秀的教学课例为依据，围绕学生思维品质的培养，分析如何在一堂课中开展有效的问题设计，推动学生思维品质的提升。

（二）关注高阶思维问题，深入理解文本内涵

　　在小学英语绘本教学中，教师倾向于以绘本内容中所包含的浅层信息为出发点来设计问题，忽略了指向高阶思维的问题设计对学生思维品质培养的重要价值。虽然小学生的语言及思维能力发展水平较低，但教师能够借助高层次的问题设计，启发学生进一步深入理解文本内涵，关注绘本的主线内容，探讨知识之间的内在联系，挖掘浅层信息背后的深层含义，感受绘本所传达的主题意义，全方位提升学生的思维品质，收获良好的阅读教学效果。比如在"Lorna Is Upset"这一课中，教师不仅设计问题引导学

生对绘本内容的细节进行阅读和理解，还设计了高阶思维问题"What have you learned from Lorna？""What do you want to say to Lorna？"让学生透过绘本的情节去思考主人公的优秀品质，思考应该向主人公洛娜学习什么，从而引导学生对绘本进行更深层次的思考和研读。

以布鲁姆的认知发展目标为依据，高阶思维问题对应的是分析类问题、评价类问题和创造类问题。分析类问题指学生在已实现对绘本初步理解的基础之上，教师为帮助学生进一步剖析绘本内涵、深度分析内容情节所设计的问题。教师在设计分析类问题时要把握问题的逻辑关系，以保障问题设计的有效性。教师可立足于绘本文本事件的原因探究和情节前后逻辑关系的思考，调动学生的思维，把握语篇中的重点内容，共同探讨其本质内涵。评价类问题指向学生批判性思维能力的培养，使其辩证地看待某个观点，树立正确的问题意识，发挥处理与组织信息的能力，成为一个富有判断力的读者。在绘本教学中，可引导学生围绕人及事物、故事情节、主要观点等细节展开评价。创造类问题指向最高层次的思维层级，是指学生在完成对绘本内容信息整体理解和内涵探讨的基础上，教师为引导学生进一步挖掘并升华绘本主题意义、发挥学生的想象力和创造力所设计的问题。创造类问题可从改编情节、创编结尾、形成个性化的观点和作品等方向开展设计。

还需强调的是，教师在提出高阶思维问题时要注重营造民主融洽的课堂氛围，引导学生自由表达观点和看法，开展交流合作学习，将学生置于课堂的主体地位。同时，此类问题对学生的语言表达和认知发展水平的要求较高，为学生提供了自主表达见解的机会。教师要为学生做好相关铺垫，留出充足的思考时间。

因此，教师在问题设计的过程中，要通过深入理解文本内涵，挖掘有利于学生高阶思维品质培养的绘本内容，基于学情，多角度地开展问题设计，在低阶思维问题的基础上，提出富有创造性的高阶思维问题。

（三）遵循学生认知发展规律，设计层次性问题

在小学英语阅读教学的课堂上，教师所提出的各类问题要层层递进，注重向高阶思维能力过渡，针对教学目标、教学内容、学生思维发展和教

学过程的各个环节设置梯度化的问题，把握知识之间的横向联系，引导学生思维能力不断生长。

不同层级的问题对学生思维能力的提升是循序渐进的。以绘本阅读教学"Lorna Is Upset"为例，在初步感知绘本故事内容时，我们首先提出"Where is Lorna？ How is Lorna？ Why is Lorna upset？"等问题，让学生了解故事的时间、地点、主人公等基础信息，然后提出"What does the teacher do to help Lorna？"（老师做了哪些事情来帮助不开心的洛娜），这是对知识进行整合与运用的应用分析类问题，是对思维的进一步深化。在阅读教学的最后，我们提出"What can we learn from Lorna？ What should we do？"（通过这个绘本我们从洛娜身上学到了什么？我们该怎样做？），这是探讨文本主题意义、发展学生创造力的评价创造类问题，是对思维的拓展升华。

教师在读前、读中、读后不同的教学阶段均可以设计多级思维层次的问题，由低阶思维问题引申到高阶思维。也就是说，教师在进行问题设计时应逐级提出不同层次的问题，把握各层次问题之间的关联性，使学生由浅入深地实现对知识的整体性思考。

（四）分析绘本情节逻辑，形成递进关联的问题链

问题链，是指教师为实现一定的教学目标，根据学生已有的知识经验，针对学生学习过程中可能产生的困惑，提出的具有系统性的一连串问题。问题链的设计是师生共同完成探索过程的关键。教师可以在读前、读中、读后的环节设计出前后连贯、相互衔接的阅读问题链。

以绘本阅读教学"Lorna Is Upset"为例，在读前阶段，基于学习理解类活动，我们通过导入式问题链帮助学生初步感知文本内容，增加其阅读兴趣。我们引导学生观察插图，设计"Where is Lorna？ How is Lorna？ Why is Lorna upset？"导入式问题链，指向插图信息理解，借助问题使学生有意识地感知插图信息，对内容展开进一步预测。

在读中阶段，我们设计了探究式问题链："What does the teacher do to help Lorna？ What do Lorna and Matthew do for the question in their class？ What do Lorna and Matthew do for the question after that？"启发学生梳理文

本情节逻辑，挖掘语篇的内在联系，了解老师是怎样帮助不开心的洛娜的，以及洛娜和马修又做了哪些事情来解决开车上学不环保这个问题的。

在读后环节，基于迁移创新类的活动，我们设计了反思性问题链："Is the Walking Bus a good idea？ Why is it a good idea？ What do you want to say to Lorna？"启发学生思考故事的主人公是如何发挥自己的聪明才智来解决生活中的实际问题的，引导学生对所学内容进行反思、评价及创新，发展学生的高阶思维能力。

不同教学阶段的问题链设计，有助于教师引导学生从低阶思维的训练过渡到高阶思维的提升。

（五）追问生成性问题，跟踪学生思维过程

课堂教学中的生成性问题是保障师生多元互动的重要条件。在教学过程中，教师不仅要关注教学设计中的预设性问题，还要重视课堂上提出的生成性问题对培养学生思维品质的重要性。问题需要教师提前预设，但超越教师预设而动态生成的问题更是活跃课堂气氛、发挥学生能动性的重要因素。

首先，教师应深入解读文本，为生成性问题的提出与回答增加知识储备。只有深入解读文本，对文本内容拥有自己的个性化理解，教师才能跟随学生的思路共同探究问题。

其次，教师应确立学生的课堂主体地位，认真倾听学生对某个观点的想法，营造和谐融洽的课堂氛围，尊重学生独特的见解，使其自由地表达观点，促成生成性问题的产生。比如在"Lorna Is Upset"这一课的教学中，学生在看到"So many students come to school by car. It is bad for the environment."后提出疑问"为什么开汽车会导致全球变暖"，教师解释道："汽车排放的尾气中有二氧化碳等气体，过多的二氧化碳会导致全球气温上升。"

最后，教师应发挥自身的主导作用，保证生成性问题的科学性，跟踪学生的思维过程，当学生的思考偏离问题主线或仅围绕浅层内容时，教师应借助生成性问题对学生的思路予以调整，对其回答的要点进行追问，了解学生思考问题的倾向，启发学生独立修正答案，保证课堂问题设计的有效性。比如，学生在说到要向主人公洛娜学习时，教师可追问"我们应学习她的哪些优秀品质""我们如何在学习生活中践行这些优秀品质",以引导学生树立正确、积极的价值观和人生观。教师应将学生置于课堂教学的主体地位,关注学生回答问题时的构思,及时追问,重视生成性问题对学生思维发展的价值。

(六)搭建语言支架,促成语言与思维同步发展

教师在设置分析、评价、创造等高阶思维类型的问题时,基于原有的铺垫,学生往往能够提出各类新颖独特的观点。但由于此类型的问题大多是开放性的,学生在用英语表达自我观点时常因语言能力水平的限制而不能正确表达或只能用中文表达,学生难免会对这类问题产生畏难心理。这不仅影响学生语言能力的发展,而且会阻碍思维品质培养目标的实现。产生这类教学现象的原因主要在于小学生思维和语言发展的不平衡性。在小学阶段,学生的思维从具体形象性逐步向抽象逻辑性过渡,学生有能力基于对绘本的整体认知表达出自己深层次的思考,但小学生刚刚接触英语学习,其语言能力经常会阻碍观点的表达,影响其对高阶思维问题的回答。针对此问题,教师可在问题设计阶段,通过对学情的准确把握,为学生搭建语言表达的逻辑框架,降低其语言表达方面的困难,并引导其迁移应用到相关情境的对话中,准确描述出自己的观点,实现思维品质的培养目标。比如,在提问"我们可以在洛娜身上学习到什么"时,教师可以为学生搭建语言框架"We should do..."并给出参考用词 clever、courage、responsibility 等,然后再提出需要学生预测故事情节和表达自我观点的问题。这样既能为学生提供语言支架,减少其在语言输出方面的障碍,又可以培养学生的批判性思维能力,引导学生独立思考,增强以一分为二的观点看待问题的意识。

综上所述,思维品质是一个人的思维特性,体现了一个人在思维逻辑、创新、品格等方面所表现出来的特征和水平。英语绘本阅读教学是促进学生思维生长的有效途径。教师在教学目标设计上要激发学生思考的活力,无论是在导入环节还是授新环节,都需要创设趣味情境激发学生思考;教师的阅读教学需要立足文本,引导学生从多角度对文本进行深入解读,除了挖掘细节问题,更应该通过思维导图提升学生的逻辑思维和发散性思维

能力。教师需设计任务、板书，引导学生从文本走向生活，促使学生创编文本，从而发展创新思维，帮助学生实现与阅读材料的最大互动。教师要从学生的实际学习基础和能力出发，有效运用各种方法，大力培养学生的阅读思维品质。小学英语教师应促进学生英语学习技能、思维品质、文化意识等的全面发展，除了让学生获得基本的理论知识外，还可以发展和提升其他技能，促进学生思维生长。为了提高课堂教学的价值、有效实现教学目标，小学英语教师要创新教学模式，建设智慧课堂，让学生积极参与学习，确保教学活动高效开展。小学英语阅读课堂要促进学生思维生长既是《义务教育英语课程标准（2022 年版）》的要求，也对学生形成英语终身学习能力具有十分重要的意义。教师要引领学生积极主动地在问题驱动下体验思维过程，调动学生已有的知识储备与生活经验，加强对语篇的理解、分析与评价，促进学生深度学习的发生，构建小学英语思维生长型课堂。

（李继恩）

以音乐学科为例

苏联著名教育家苏霍姆林斯基说："音乐不是培养音乐家，首先是培养人。"音乐课是人文学科的一个重要领域，也是实施美育的主要途径之一。近年来，随着"双减"政策的落实和 2022 年版艺术课程标准的颁布，音乐教学更加注重培养学生的音乐素养，提高学生的音乐审美能力，丰富学生的精神世界，这就凸显了体验式音乐教学目标设计在学生思维生长中的重要作用。

（一）设计聆听体验目标，启发学生音乐鉴赏思维

音乐是具有普遍性和感染力的艺术形式之一，是人类通过特定的音响结构实现思想和感情表现与交流的必不可少的重要形式。随着素质教育的发展，学生音乐感受能力与欣赏能力的培养越来越被重视。聆听不仅仅是

依靠听觉器官来听，而是在听的过程中体验音乐所传递的情感深意，感受音乐的核心内涵，提高自身的音乐素养。

1. 设计有逻辑的问题目标，让思维有条理

学习的过程并非简单的信息加工过程，需要一定的支架帮助学习主体实现主动建构。在确保学习者主体的前提下，学习活动必须有一个引领的过程，这个过程需要以已有的经验作为基础，这种经验可以是知识型的，也可以是体验型的，音乐课堂更倾向于后者。

例如人音版五年级《晨景》一课，学生虽具备一定的知识积累，但由于生活经验不足，其思维往往停留在对声音、环境的创设中。在以往的教学中，普遍的做法是教师用一张图片或者一段声情并茂的介绍让学生了解音乐背景。这种做法忽略了学生的主观思考，而在上课伊始创设富有吸引力的情境，可以带给学生一种身临其境的体验。

（1）你听，这是哪儿？你是怎么听出来的？这是怎样的晨景？你听到了哪些声音？（教学目标：通过情境体验认识和了解音乐的特点。）

（2）你眼前的画面是怎样的？它是一开始就很清晰，还是由远及近的？音乐的哪些要素带给你这样的感受？（教学目标：能体会音乐描绘的画面，了解音乐的基本特征。）

课堂问答环节是培养学生思维能力的助推器，高质量的问题设计和目标设计能引领学生积极认真地思考，帮助学生深入理解和掌握所学的知识。在过去的音乐课堂中，激发浅层思维的提问占了绝大多数，而且类型单一，直接削弱了学生的思维活跃度，愿意举手回答问题的学生越来越少，甚至很多问题都变成了教师的自问自答。简单而直接地让学生先去体验，再通过对音乐片段的分析，引出下一个问题，让问题之间相互衔接，更容易被学生接受。在聆听中，学生思维的发展过程，是从点到面、从认识碎片化音乐到理解完整作品的过程。

2. 设计有趣的情境目标，让思维延伸

通过创设音乐情境，让学生在聆听和思考中感知音乐，同时，设计有导向性的问题，引导学生将听到的内容和自己的理解有机整合，不仅能提升学生的鉴赏能力，还能提高其思维水平。乐曲融合了交响乐团演奏中各种乐器的音色，聆听原声或现场模拟的声音可以作为教学手段，让学生对

音乐有深入的理解和认识。体验式教学是目标设计中的重要内容，也是音乐教学中常用的策略。它不仅能够激发学生自身的音乐体验，强化学生音乐实践的能力，也能够让学生快速融入音乐情境和教学中，在一定程度上丰富学生的音乐精神世界。

3. 在聆听中发挥想象力，让思维生长

在音乐教学目标设计中，教师应更多地关注学生的学情，从学生实际出发，通过有效的课堂活动发展学生的思维能力。有效的活动必须围绕教学目标展开，在学生已有的知识储备基础上进行，并根据学情提出不同思维层次的问题，针对重点教学内容设计递进式的问题。这样不仅能引导学生更加积极地思考、交流、讨论及互动，从而得出最终的答案，而且能让音乐课堂成为学生思维碰撞的乐园。

体验式教学就是这样一种互动的交往形式，它重视师生的双边情感体验。教学过程既是师生进行信息交流的过程，也是师生进行情感交流的过程。通过交流，师生加深了对彼此的理解，教师热爱学生，学生尊重老师；通过交流，老师欣赏学生，倾听学生的意见，接纳其感受，包容其缺点，分享其喜悦，让学生体验到亲切、温暖的情感，从而产生积极的情绪和良好的心境，在积极向上的精神状态下愉快地学习；通过交流，学生能主动克服困难，奋发进取，从而促进思维生长和教学目标的实现。乐曲中每一个乐器的声音出现在不同的旋律和节点中，汇聚成了一首清晨的交响曲。教师可以让学生在聆听中思考作者的用意，也可以让学生充分发挥想象力，探索更深的音乐内涵，使其思维不断优化和生长。

（二）设计感知体验目标，让学生真正把音乐"玩"起来

1. 感知节奏的乐趣

传统单一的音乐教学模式，注重知识性内容，忽略了学生在课堂中的体验，限制了学生的音乐想象能力、审美能力的发展。体验式音乐教学的感知体验目标突出了学生能力的拓展，从不同的角度让学生对音乐作品以及内涵进行感受和分析，使音乐教学更加现代化和人性化。

在课堂中设计感知体验目标，并持续应用体验式教学方式，会给学生带来全新的音乐学习体验，因为学生可从不同视角学习音乐，通过体验的

方式领略不同音乐作品的深层次内涵。对教师而言，可深化课堂互动形式，并在互动过程中了解学生对音乐课程的掌握情况，并根据学生的动态反馈及时调整课程内容及形式，这在某种意义上推进了教学活动的实施，有效提升授课效果。音乐鉴赏和感知不只是让学生聆听音乐作品，还给学生提供更多演绎体验的机会，给学生带来全新音乐感知体验。比如，通过身体律动感受各种有趣的节奏就是其中最常见的内容。人们常说，节奏是音乐的灵魂，节奏作为音乐的构成要素，其轻重缓急的变化或重复，是音乐最重要的表现手段之一。对于小学阶段的学生来说，节奏的体验能让他们获得更为直观的感知体验，对培育他们的音乐核心素养、提升其审美情趣、启迪其智慧与创造力具有重要意义。

踏着音乐的节拍进教室，我们创编了儿歌《脚步节拍》："青石板，板石青，青石板上钉银钉；银钉多，数不清，一颗一颗亮晶晶。"老师引导学生保持踏步和拍手恒拍，一直走到座位面前。（教学目标：能用身体、表情体现出音乐的情绪，感受音乐节拍的特点。）

在这个过程中学生体验到的是整齐的步伐、快乐的节奏、团结的力量、参与和自信，这为上课时保持积极性奠定了基础。而在接下来的课堂学习中，保持恒拍作为重要的教学手段，不仅可以配合音乐带动全体学生参与进来，还可以在音乐游戏中引导学生相互配合。这种互动能让学生更真切地感知到音乐带来的快乐。

另外，感受节奏还可以通过学生相互之间的节奏游戏，比如"拍手—拍腿—拍肩"，或"拍手—拍对方的肩—拍手"，也可以借助课堂小乐器让声效更加丰富，所以教学目标的设计应更多地针对游戏内容。比如人音版五年级《春雨蒙蒙地下》一课，教学目标可设计为"通过课堂小乐器体会音乐表现的情景"，因此可以在节奏练习中加入沙锤，模仿下雨的声音，还能为歌曲的表现增添色彩。再如人音版六年级《丰收锣鼓》一课，教学目标可设计为"通过尝试演奏乐器，理解音乐的民族特点"，教师可以为学生呈现民族管弦乐队中的鼓，并让学生尝试敲击，通过感知节奏来体验这个乐器的音色特点，并了解它在中国民族音乐中的重要地位。

2. 从游戏中体验音乐的魅力

设计有趣的感知体验目标，激活学生的思维，并在体验式学习氛围中不断提高学生的音乐鉴赏能力，提高其审美积极性。体验式教学为学生营造了更接地气的学习氛围以及空间，有助于学生和音乐创作者实现心灵层面的共鸣，还可使学生充分领略音乐作品的审美价值及情感内涵。此外，学生在体验和感知中也会不由自主地参与到课堂活动中来，他们的音乐素养也会在潜移默化的轻松氛围里实现提升。

对于小学阶段的学生来说，他们非常喜欢游戏。游戏既可以让他们的身心得到释放，抒发情感，也可以激发其创新意识和思维，使其身心获得更好的发展。基于此，在教学目标设计中，教师要多为学生创设游戏情境，借助趣味游戏让他们获得音乐体验。在创设游戏情境时，要确保游戏内容与教学内容相契合，以起到辅助教学的作用，并鼓励学生积极参与到游戏情境中来，从而获得真实的体验。

比如学习与火车有关的歌曲，教师可以先为学生创设游戏情境，吸引他们全身心地参与到音乐学习中来。在学习相似乐句时，让学生一边表演小火车，一边像"散落的花瓣"一样在教室里随意走动，当听到相似乐句后原地不动，反复体验乐句的特点。

（1）小火车跑远了，它在跑过的路上能看见很多很多的美景。请注意老师的这个动作（边说边做撒花的动作），我们给这个动作加上音乐，（清唱）"4 3 2 ｜ 1 - ｜"。

你们唱得很棒！现在，你们可以像散落的花瓣一样，跟着节拍随意地走动，听好是跟节拍哦。老师会唱很多个"5"，当你们听到"4 3 2 ｜ 1 -｜"时立即停下，在原地做刚才的这个动作（撒花），听清楚了吗？

我们试试，请注意，脚步要轻轻地，尽量往外围走，同学之间不要碰到。准备1，2，跟节拍（带领学生反复体验）。

（2）老师要把"5"换成"3"（用柯尔文手势为学生示范），我们再玩一次吧！准备，1，2，跟节拍（教师的语速始终在节奏中）。

你们太棒了！看来这样难不住大家，我要增加难度了，想不想挑战？（学生此时的积极性很高，充分参与到游戏中来。）

请听好，1，2，跟节拍，1 1 3 1 ｜ 5 5 6 5 ｜（引导学生一起做动作）4 3 2 ｜ 1 - ｜。

我们班的同学真是太厉害了！请大家回到原地（轻轻地归位）。刚刚我们唱的就是歌曲的歌谱，现在老师当火车头唱歌谱的前面部分，你们当小火车接后面的。（教学目标：通过参与音乐游戏活动，感知乐句的特点。）

这些游戏看似随意，其实是让学生在放松的心情下，高度集中注意力，关注音乐的特点，体验音乐在自己身上发生的变化，在游戏中潜移默化地学会完整的歌谱。学生在无形中获得的感悟和力量，会改变他们的思维方式，丰富感知与审美体验，从而提高音乐素养。

（三）创新思维模式，在体验中产生情感共鸣

在小学音乐课堂中，融入体验式教学目标的设计，强调学生个性的施展以及能力的发挥，其突出特点是为学生创设音乐情境，引导学生解决问题，逐步实现思维模式的创新。这种教学方式使师生的距离逐步拉近，也可使学生更好地参与音乐活动，同时有利于培养学生积极的审美情趣。在音乐课程中，激发学生学习兴趣非常关键，体验式教学目标设计就是从学生的兴趣出发，通过活动体验的方式，增强学生对音乐的感性认知，丰富学生的情感体验，促进学生认知和情感的协调发展。

1. 在合唱中享受人声交响

音乐教材中含有大量的多声部作品，随着年级的变化，作品内容愈加丰富，这就要求学生不仅要在音乐中体验，更要在体验中创新。在音乐教学目标中，合唱的形式能够让学生在学习中形成团结意识，构建音乐核心素养，促进学生音乐理论、音乐能力持续化提升，对学生的学习和生活具有重要的意义。在合唱的体验中，学生逐步认识到自身在音乐方面存在的不足，养成正确的学习习惯，实现音乐能力显著提升。尤其是在合唱教学的良好作用下，学生对于音乐的感知能力稳步增强，能够逐步掌握音乐的节奏，体验到音乐的独特魅力；能够保持正确的心态，更加积极主动地投入到课程学习中去。

人音版六年级《转圆圈》是云南少数民族撒尼族儿歌，表现了撒尼族儿童在月光下欢快舞蹈、转圆圈的生动情景。全曲只用了1、3、5三个音，但结构完整，表现力丰富。歌曲虽然是二声部，但六年级学生识谱能力强，学唱环节相对轻松，故教学目标可设计为"认识乐曲中常见的音符，能通过律动、声势、舞蹈等表现歌曲，并进行简单的二次创编"，以更好地引

导学生来体验音乐的特点。

（1）在夜晚，撒尼族的人们不管是大人还是小孩，都经常会在村寨的空地上点起篝火，拉起圈来唱歌跳舞。就像我们现在一样，大家围成了一个圈。这首歌曲就表现了云南撒尼族儿童围成圈跳舞的情景。

（2）歌曲中哪三个音出现得最多？

（3）月亮是怎样出来的？在月亮没出来之前我们的声音要弱一些，月亮慢慢出来之后我们的声音也随之强一些，那可以用一个什么符号来表示？月亮升起，我们的天空慢慢恢复了平静，这时候我们的声音又慢慢变弱，又可以用什么符号来表示？

通过这些体验，教师就能引导学生把期盼的心情和慢慢恢复平静的心情融入到自己所唱的歌曲之中。最终围成一个圆圈边唱边跳时，学生不仅能够体验音乐和舞蹈的乐趣，也能领悟到民族音乐的魅力，对多元化的音乐学习也就有了更深的理解。这些体验，不仅能使学生产生情感上的共鸣，更开拓了学生的思维，激励他们去思考、去探索。

2. 在创编中提升思维能力

在音乐教学中，创编体验活动是一项非常重要的内容，可以帮助学生有效地参与到课堂中去，体会音乐学习的内容和性质。音乐的创编活动不局限于年龄，每个年龄的学生都有自己对于音乐的理解。低年级的学生可以跟随教师的引导，发现身边的音乐，激发探究思维；而高年级的学生可以对音乐的旋律、歌词、律动等进行二度创作，这是思维能力在体验中的表现和升华。

人音版五年级《外婆的澎湖湾》一课，是大家耳熟能详的校园歌曲，其教学目标的设计可以偏重创编，如"能有感情地表现歌曲，并通过节拍的创编感受歌曲情绪"。大家可以围坐在一起，形成两个圆圈。外圈的学生打恒拍，里圈的在恒拍基础上变化出新的节拍"×.× ××"；外圈的唱歌词，里圈的在新节拍上加上词"刷.刷 刷刷"，就像大家正坐在海边沙滩上看着一片片海浪一样。这样不仅在歌曲中加入了声效，还形成了简易的二声部。这对学生们来说，一定是一次难忘的体验，他们会在音乐体验中理解节奏多变的道理，从而能在生活中发现更多奇妙的声音和节奏。

再如高年级音乐教材中，许许多多的唐诗宋词被改编成了歌曲或乐曲，这些课程的教学目标可设计为"有感情地演唱歌曲，并通过对音乐的理解和想象，创编自己喜欢的旋律"。通过对音乐教材中此类歌曲的学习和理解，教师要鼓励学生为自己喜欢的古诗词创编音乐，或者为古风乐曲创编诗词。这些不仅体现了音乐与其他学科相结合，也丰富了学生的创作体验，有利于提升学生对音乐的兴趣，拓展学生的创作思维。在音乐教学中，这样的创编活动考验的不仅是学生对音乐的理解，更是学生将作品与各项音乐要素结合的能力，可以为学生音乐综合素养的提升奠定基础。

综上所述，教学目标的设计指引整个课堂教学的思路和方向，结合相应的体验活动和教学方式，教师可以让音乐真正走进学生的内心。在教育改革的大背景下，基于核心素养的教育的功能从"知识本位"走向"素养本位"，基于核心素养的课堂教学从"被动学习"走向"能动学习"，学生的学习过程应该是学生亲自参与的丰富、生动的思维活动，是一种实践和创新的过程。通过这样的方式，学生可以获得对音乐的真实感受和丰富的情感体验。作为一线教师，我们将努力追求高质量的音乐课堂，在教学实践中不断地研究和探索。

（郭蕊）

第三章

思维生长课堂教学模式研究

一、小学语文思维生长课堂教学模式

多年的思维生长课堂实践研究，形成了"体验思维"教学模式，总结为"三阶段"，即"尝试、生成、迁移"。语文学科遵循新课标理念，一方面关注教学设计全流程中的体验思维教学模式的建构；另一方面聚焦单篇课例学习实践，形成具有学科特质的思维生长课堂教学模式。

（一）尝试

尝试，是体验思维的起点，积极主动地尝试还需要兴趣引发动机的支持。在新课标理念引领下，语文教学遵循大单元整体教学思路，为学生充分尝试提供了动力支撑。

1.提炼有思维高度的单元主题激发尝试欲望

单元主题是从学习单元中提炼出的一个或一组语文学习的意义。单元主题需要以凝练的表达方式，鲜明地呈现语文学习内容。我们用整合的思维方式构建单元任务群，提炼出有思维高度的单元主题，以单元主题为核心勾连单元教学内容，厘清单元训练序列，分散单元训练要点，为学生提供思维生长的空间场域，促进"尝试"过程生成。

以统编语文教材五年级下册第八单元为例，本单元的人文主题和语文要素共同指向"风趣与幽默"。本单元要训练学生感受风趣和幽默的语言所展现的思想情趣和艺术魅力，体会其背后所闪现的智慧，并在对这种语言的揣摩和运用中获得言语智慧的艺术化生长。教师以能力培养为出发点，统整单元内容，构建"品风趣幽默语言　探言语思维奥秘"的单元主题，以此为统领，激发学生主动尝试的兴趣，并循序渐进地引导学生进行听、说、读、写等语文实践活动，不断尝试自主学习、自主探究新知识。这有利于让学生的知识技能纵向生长、横向关联和多元联结，有利于引领学生更有效地投身于深度学习的过程，以解决语文课堂中教师教学模式化和学生学习浅表化、低效化等问题。

2.设计具有思维深度的挑战性问题促进尝试

语文课程是一门学习语言文字运用的综合性、实践性课程。深度学习中的问题设计应该具有鲜明的语用指向，从文本整体及学生参与的维度设计能够提升学生思维品质的重要问题或话题。语文教学中的高阶思维更多地表现为通过对言语作品的分析与评价，促进学生个性化的言语生成。在语文教学中，我们要激发学生思维活力，设计有挑战性的问题，在解决问题的过程中将核心知识以问题的形式加以贯穿，引发学生的认知冲突和探究欲望，使其在深度思考中解决具有思维含量的挑战性问题，不断拓展思维空间和言语空间。

例如，四年级下册《母鸡》一课的教学核心是通过品味作者精准严谨的用词，感受母鸡伟大的形象。教师准确地找到了这节课中最突出的思维生长点——老舍先生用四个词来概括母鸡的特点，母鸡真的就是这样吗？教师将核心知识以问题形式抛出，引发学生主动地阅读思考，尝试解决问题。作为思维训练的突破口，以点带面生发出去，促使学生紧紧围绕核心问题反复品读，字斟句酌地去分析作者用词的精妙，不断尝试自我解疑、生成结论、验证观点，从而获得情感体验。学生在反复尝试的过程中，思维活跃度一直保持在较高水平。

教师对核心知识进行问题化设计，化繁为简，统整提炼，冲破了碎片化、随意性的低效问题对学生思维发展产生的桎梏。有思维价值的问题，能够引领学生的深度学习，满足学生发展的需求，使其思维层次从语言表层延展至言语深处，思维品质从平庸表达过渡到高阶发展，使其在言语实践中实现感性阅读、理性思考、个性表达。

（二）生成

生成，是解决问题、得出答案、获得新认识的阶段。北京师范大学郭华教授认为，"活动与体验"是深度学习的核心特征。课堂上"学的活动"离不开教师有深度的教学引导，学生的"个体体验"离不开驱动性任务情境的创设。

1. 制定指向生成结果的教学目标

教学目标是教学的起点，也是归宿。每个单元都是一个相对独立的板块，精准定位单元教学目标显得尤为重要，但是在教学实践中教师往往存在以下问题：注重单一课时设计，缺乏整体把握；关注文本内容，缺少学情特点分析；重视知识技能落实，忽视深度学习与语文素养的达成。因此，单元统整之后的教学目标必须立足整体，高位引领，大处关照。一方面，教学目标需要从"低阶思维"走向"高阶思维"，要紧密结合分析、理解、评价、创造等高阶思维，强化体验生成的过程，培养学生问题解决能力；另一方面，教学目标要指向核心素养的培养，体现融合性。具体来说，教学目标要趋向高阶认知水平，目标间要相互关联、相互滋养、有机整合，生成过程应充分高效。

以五年级下册第八单元为例，我们在单元重构教学时将高阶思维培养作为制定教学目标的出发点，重点强调了感悟、分析、体会、运用等深度学习过程，突出了理解、迁移、创造等高阶思维能力的培养，同时兼顾语文核心素养培养要求，将文化自信、语言运用、审美创造与思维能力的培养相互融合，在关注目标综合性的同时，又凸显了学生体验思维的过程，使生成过程具体化。

表3.1　语文五年级下册第八单元高阶思维培养目标

单元主题	学习内容	高阶思维培养目标
品风趣幽默语言探言语思维奥秘	《杨氏之子》 《手指》 《童年的发现》 口语交际：我们都来讲笑话 习作：漫画的启示 语文园地：交流平台、词句段运用、书写提示、日积月累	（1）主动运用相应的阅读策略，整体感知单元课文内容，感受课文语言的风趣和幽默，体会其中蕴含的智慧。 （2）依托对具有"风趣和幽默"特质的文本的学习，受人物智慧的启发，学习在特定的情境中巧妙应答的方式方法，探索解决问题的思路，学会抓住事物的本质特征进行联想，独立发表自己的想法。 （3）感受风趣幽默的语言具有的独特艺术魅力；在欣赏漫画时关注其艺术特征，激发对类似风格作品的兴趣；进行迁移、拓展学习，尝试在自我表达时运用风趣幽默的语言。 （4）分析、感悟中华优秀文化中的言语智慧，理解不同文化背景下的共通心理，树立积极向上的文化自觉。

指向生成结果的教学目标设计，不仅能指引教学实践的方向，还为学生生成过程提供行为表现的依据。

2. 创设高效生成的驱动性学习活动

要实现指向高阶思维的教学目标，关键在于立足学生的最近发展区巧设问题并展开一系列的活动体验。教师一方面要将具有挑战性的问题融入学习活动中，促进学生对文本进行持续深入的学习；另一方面，教师要创设多维度的学习情境，以任务驱动的形式引领学生投入深度学习的体验中，进而获得深层的情感体验。驱动任务的设置要体现"思维启发—思维爬坡—思维延伸—思维多元"的动态进阶过程，有效的驱动任务能够促进学生深度思考，引领学生自然生成新的认识和规律，让思维呈现生长样态，最终促成思维与语言的共同发展。

《杨氏之子》一课是五年级下册的一篇文言文，经过多次研讨和试讲我们发现，文言文教学最关键的能力训练是读，即要以读促悟，形成任务驱动，引导学生在不同目标定位且有层次的教学环节中体验思维过程，使其观察质疑、分析综合等思维能力得到有效训练和提高。

第一环节：读准字音，读通课文——自主生成

这个环节的目标定位于：读正确、通顺。学生借助自主学习任务单，利用已有学习经验进行预习，尝试朗读。教师根据学生遇到的障碍和错误进行方法指导，引导学生发现并灵活应用多音字认读规律，如利用据义定音的方法准确地判断读音。这种运用旧知生成新的认知并形成经验的过程，就是思维生长的过程，它也影响着教师下一步教学起点的确立。

第二环节：读懂文意，读出节奏——自然生成

学生通过回顾并运用已有方法，疏通文意，达成对文本内容的感知。此环节的思维生长点在于对新的文言现象的感悟和习得、朗读节奏的自然生成。学生在观察、分析、理解的过程中，总结归纳出新的认识，朗读的节奏感水到渠成。

第三环节：理解聪慧，读出韵味——进阶生成

此环节由问题导入，继而生发讨论，引领学生体会语言背后的思维逻辑，深化对聪慧的理解。学生带着新的体会和饱满的情感再读文本，进而使文言文的意蕴融入内心，喷涌而发。

第四环节：对比阅读，深化理解——巩固生成

通过对学过的三篇文言文进行对比，引导学生在分析综合的思维过程中明确不同文本的不同着力点，条理清晰地进行类属性思维能力的训练。最后拓展阅读《世说新语》中的小故事，巩固检验学习成果并助推学生形成积累。

（三）迁移

迁移，是将获得的新的认识在新的情境中加以应用，体现在做中学、学中创。这一阶段与生活链接，能够提升学生解决实际问题的能力。

1. 知识结构化建构促进迁移应用

深度学习之"深"的最重要表征是：使知识保持长久，并能运用。将知识进行结构化统整，就好比把一个个新旧知识点连缀起来，形成一种知识链条、知识网络，让知识的池塘贯通流动起来，形成知识的长河，继而不断地再吸纳、再扩展，不断地再倾吐、再运用。因此，学生要根据当前

的学习活动逐步建构自己的知识结构。知识结构化的关键在于知识本质上是可以迁移运用的，具有强大的再生功能，拥有巨大的附加值。

比如，在教学统编语文五年级上册第二单元"提高阅读速度的方法"时，教师要关注和指导学生的阅读过程，在强化阅读速度意识的同时，引导学生循序渐进地掌握提升阅读速度的一般方法并能够迁移运用。基于此，我们设计了以下单元知识结构体系：

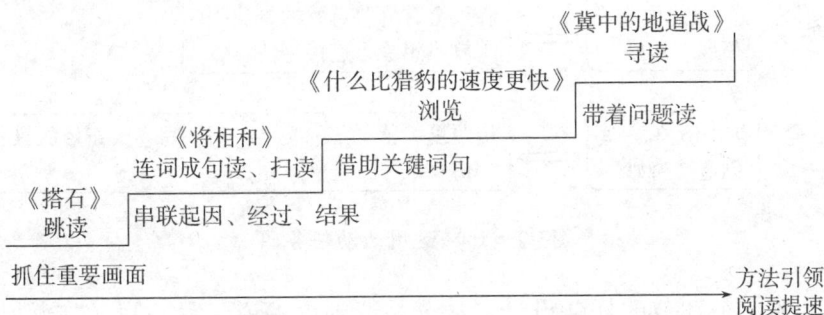

图3.1 语文五年级上册第二单元知识结构体系

第一篇《搭石》侧重学习跳读法来概括重要画面，提高阅读速度，对课文导语要求的不回读予以淡化，是学生学习初期的尝试体验；第二篇《将相和》学习连词成句读、扫读，借助串联事情起因、经过、结果概括故事内容；《什么比猎豹的速度更快》通过借助关键词句复习跳读和扫读，学习浏览，提高阅读速度，学生运用已知生成新的学习体验和收获；最后一篇《冀中的地道战》则学习带着问题寻读，即根据需要获得信息，形成迁移。学生在完成学习任务的过程中，通过不断地联系、调动、激活、运用前面的经验，以融会贯通的方式对学习内容进行组织，逐步掌握速读方法，不断提高阅读速度及理解内容、处理信息等能力。

2.深刻而有层次地突破核心知识，强化迁移应用

在深度学习中，迁移运用就是一种深度的语言实践活动。迁移运用的核心是引导学生关注文本中的表达形式，在结构化知识的学习实践中习得语言范式，达到举一反三、学以致用的效果。深度学习的课堂，一定是扎扎实实开展语言实践的课堂。

例如，教学《我们的奇妙世界》时，引导学生在阅读的兴趣点处稍作停留，他们就会发现文本表达的结构化密码，就会在任务驱动下展开迁移运用。

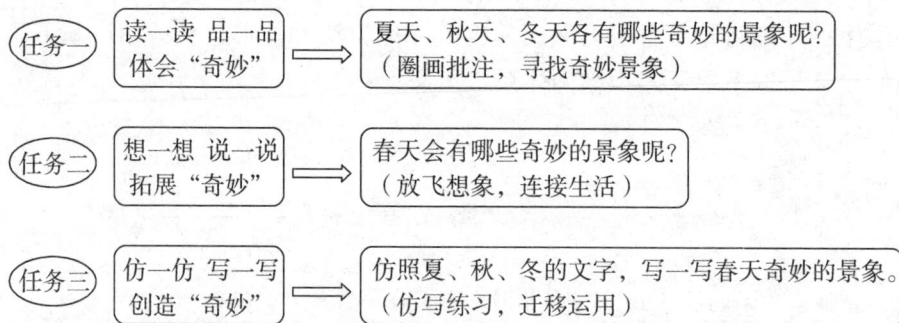

任务一　读一读 品一品 体会"奇妙" ⟹ 夏天、秋天、冬天各有哪些奇妙的景象呢？（圈画批注，寻找奇妙景象）

任务二　想一想 说一说 拓展"奇妙" ⟹ 春天会有哪些奇妙的景象呢？（放飞想象，连接生活）

任务三　仿一仿 写一写 创造"奇妙" ⟹ 仿照夏、秋、冬的文字，写一写春天奇妙的景象。（仿写练习，迁移运用）

图3.2　迁移运用活动任务图

上述三个环节的任务设计，从读一读到说一说、写一写，"奇妙"这个核心像涟漪一样不断地扩展开去。这样的片段练笔，就是一种知识结构化的迁移运用。它既是对文本内容的拓展补白，让"奇妙"从文本之中走向生活世界，也是语言形式的结构迁移，让"奇妙"从作者笔端流淌到自己笔下。这样对言语思维生长点进行迁移运用的过程，是一种有意义的深度阅读。

由此可见，"三阶段"建构起课堂学生思维生长的模型。在单元大任务驱动下，"尝试、生成、迁移"过程顺序而生。尝试的结果是自主生成，生成的结果要进行迁移应用。经历三个阶段的学习，学生便能体验完整的解决问题的思维过程，其思维就能在三阶段中螺旋上升、不断生长。

（刘锐）

二、小学数学思维生长课堂教学模式

思维能力已经成为学生核心能力的重要表现。深度学习使得小学数学课堂教学不再是简单的知识讲授，课堂教学由知识导向转变成思维导向，从而实现全面育人。

教学的目的是让学生通过学习知识发展高层次思维能力。当前，教学的主要任务已经不再是简单的知识与方法的传授，而是通过教学让学生在获得基本的知识与方法的同时，引发更多的思维活动，培养其独立思维能力，充分激活其思维生长点。学校通过思维生长课堂教学策略研究，逐渐摸索出思维生长课堂的"尝试、生成、迁移"三阶段教学模式。

（一）尝试

思维生长型课堂的建构，要求教师引导学生围绕重点学习目标积极思考、发挥主观能动性，引领学生思维向高阶发展。在思维生长课堂的尝试阶段，教师引入贴切、合理的情境问题，引发学生认知冲突，让学生在一定时间内思考、研讨，产生对问题的正确认知。

1.转化核心知识，构建情境问题

课本知识内容对于学生来说是相对抽象的，教师需要对核心知识提炼、加工，将数学内容与实际生活相结合，构建合理的问题情境，以调动学生的生活知识储备和经验，增强学生的学习兴趣，培养学生自主学习意识。情境理论认为，知识是情境性的，学习是知识与情境动态相互作用的过程。思维是对知识的组织和加工，脱离具体的问题环境，思维能力难以真正形成，即使形成也无用武之地。好的问题情境可以充分激发学习者的学习动机，成为思维发展的依托。比如，《长方形和正方形面积的计算》这节课是在学生知道了面积的含义、认识并学会运用面积单位的基础上进行教学的。课始，复习上节课内容，为本节课做铺垫。随后出示鸟巢、天安门广场图片，提出问题"这么大，还能否用摆一摆的方法来量出它们的面积"，导入新课，让学生思考解决问题的方法，由此让数学知识贴近学生的生活实际，引起学生学习新知的欲望。

构建情境问题的目的是引入问题，明确课堂的方向，找到思维生长的出发点。通过情境的感染或熏陶，学生形成感情上的共鸣，达到情理交融的境界，发现学习中的问题，明确探究的方向，产生学习的欲望和兴趣。值得注意的是，小学数学的课堂教学中，情境问题的引入应在学生对其最感兴趣或最需要解决时。问题语言的组织需要简洁明了无歧义，不给后续的尝试研究活动造成不必要的人为误导。问题情境的创设无论采用故事、生活实际、新旧知识沟通等何种形式，均需充分贴近核心知识本身，基于学生的生活经验，而非单纯的氛围营造。只有如此，才能符合学生的认知规律。这种由具体事例到抽象结论的过程，有利于学生形象思维的发展。

2. 引发认知冲突，激发探究欲望

当合适的情境问题被引入思维课堂时，学生们的思维在深度学习中会产生认知冲突。认知冲突是指认知发展过程中原有认知结构与现实情境不符时在心理上所产生的矛盾或冲突。在接触新知识前，学生对问题具有不同的认知结构，总是试图以原有的认知结构来同化新知，当遇到不能解释的新现象时，就会打破之前低层次的"平衡"而产生新的"冲突"，通过"冲突"的化解实现新的平衡与发展。当学生出现认知冲突的情况时，教师要根据授课对象年龄和认知程度以及授课内容的难度，针对课堂中出现的核心问题给学生留出充分的时间和空间。人的思维活动总是在一定的时空条件下进行，但教学中，不少教师提出问题后，往往急于讲解，不能给学生留出充裕的思考时间。课堂教学一般强调的是教学内容的共同性，而容易忽视学生思维活动的个体性。所以，教学中要给学生充足的思考时间和空间，让学生进行有效的思维训练，进而不断提高思维能力和水平。如在课堂中安排学生以小组合作的方式自主探究解决问题，尝试得出解决问题的方法，目的在于让学生主动表达提高自己的认知意愿。教师在学生探讨、表达的过程中，也要采取激励、指导等方法，帮助学生梳理出独立尝试、合作尝试、汇报尝试结果等方法，让学生多维度地对课堂问题形成正确的认知。又如，求长5厘米、宽3厘米的长方形的面积。在操作过程中，有的学生一共摆了15个1平方厘米的小正方形，从而知道这个长方形的面积是15平方厘米；有的学生沿着长方形的长摆了5个1平方厘米的小正方形，沿着宽摆了3个1平方厘米的小正方形，也就是一行摆5个，摆3行，从而知道这个长方形的面积是15平方厘米。通过多维互动引导学生尝试不同方法，培养了学生的动手操作及小组合作能力，同时也使他们对长方形面积这一核心问题有了正确的认知。

（二）生成

"生成"阶段，是学生回答问题、解决问题，运用已有经验、方法，主动思考，以推论、理解作为主要方法，形成、获得新的认识的阶段。

1.师生互动引导，促进思维提升

思维生成也叫作思维可视化，常常被称为"让思维看得见"。可视化的实质是将人们的思维过程和思维结果以某种方式呈现出来，形成能够作用于人的感官的外在表现形式，从而促进两个或两个以上的人之间的知识创造与传递。在思维生成过程中，教师要让学生的思维过程充分显现出来，提高思维训练的针对性和有效性。对于学生的思维活动轨迹，教师可以通过上课提问、课堂练习等方式使其真实地显露出来，从而进行"导思"。这个过程强调发展学生的归纳思维能力。比如，课件出示长 5 厘米、宽 3 厘米的长方形，提出驱动问题"你能求出它的面积吗"。教师让学生自己动手画一画、摆一摆，组织学生进行操作。教师点拨可以通过摆 1 平方厘米的小正方形，看看需要摆多少个。此后，通过摆出不同的长方形，引导学生探索发现、验证计算公式。

2.自主结论生成，体会数学思想

在生成的过程中，要创设学生主动思考的环境和氛围。在宽松的课堂氛围中，在教师正确的引领下，学生才敢于思考并发表自己的观点。教师要提出有适当难度的启发性问题，给出有条理的思维路径，提出有价值的思维目标，帮助学生运用已有经验、方法，结合实际问题，主动思考。在课堂教学过程中，教师要通过预设问题引导学生先谈想法，再通过追问使其想法明晰、准确，使学生在脑海中逐步构建起数学知识的主线和体系。这样做能够促使学生理解概念，体会数学思想，总结研究套路和方法，学会用数学的思维思考问题。教师要结合恰当的教学情景、丰富多彩的课堂教学活动，调动学生用眼观察、用手触摸、用脑思考、用口表达，进而培养学生的综合素养。在此过程中，引导学生实现从"有所发现"到"全面发现"、从"悟"到"顿悟"的转变。学生在经历由核心问题驱动到小组合作尝试解决问题的阶段后，得出结论——长方形的面积＝排数 × 每排个数，而排数就是长方形的宽，每排个数就是长方形的长，于是得出总结论——长方形的面积＝长 × 宽。在这个过程中教师根据新课标的精神，让学生通过自己动手和动脑获得解决问题的方法。学生经过教师启发、小组讨论及个人独立思考的过程后，获得了长方形面积的计算方法，这无形中培养了学生的认知能力、实践能力和创新意识。

（三）迁移

迁移，是指已经获得的知识、动作技能、情感和态度等对新的学习的影响。"举一隅而不以三隅反，则不复也"，是对学习迁移的最早论述。如果学习的知识不能迁移，那么学习就失去了价值。在学习过程中对知识的迁移，既是对新认识的巩固，又是对新认识的一种检验。它是一种学习对另一种学习的影响，是一种情境中获得的技能、知识和态度对另一种情境中知识、技能和态度产生的影响。这一阶段主要培养学生的演绎思维能力。

1. 定位迁移方向，培养创造思维能力

在迁移的过程中，首先要定位迁移方向。迁移的方向包括知识层面的迁移和能力层面的迁移。在知识层面，应用概念、规律、理论解决实际问题，是学习知识的目的，也是检验知识掌握情况的主要标志，还是加深理解的重要环节。思维品质的训练是培养学生思维能力的突破口。这种训练，需要教师抓住知识、方法间的渗透与迁移，引导学生进行发散式、立体化思考，培养学生一题多变、一题多解、一题多问、多题归一的能力，教给学生灵活解决问题的方法。在能力层面，在知识的教学和学生的学习过程中，教师要让学生获得多领域的能力，尤其是具有拓展性的应用能力，培养学生的创造性思维能力，如类比思维、等效思维、发散思维等。

在教学实践中，学生通过不断尝试自主生成结论后，教师引导学生提出疑问"这个发现是否准确无误""这个方法是否对计算所有长方形的面积都适用"，引出下一阶段，即对这个发现进行验证。长方形的面积计算公式是学生通过一次实验而发现的，能不能成为科学发现的结论，还必须通过"验证"这一环节。这一教学环节的设计，既渗透了科学探究的一般方法，更重要的是培养了学生一丝不苟、实事求是的严谨科学态度。

2. 重视思维过程，总结反思提升

在思维生长课堂中，迁移的应用场景不仅仅局限于课堂，也可以在课堂之外。在课堂中，充分利用课堂时间进行课程设计，需要创设丰富的、相对真实的问题情境，提供实质的潜在认知冲突，通过思维导图组织整理碎片化知识并实现思维过程和结果的可视化，最后通过变式实现思维技能运用和知识的双重迁移。教学的最终目的，是将知识发生和发展的逻辑过程，通过教师的教学过程转化为学生的思维过程，从而训练和提高学生的思维能力。数学教学，要从整体视角进行单元规划，不仅设问角度更加多元，还有利于设置挑战性任务。学生的思维过程是教学活动中最重要、最本质的过程。在课堂之外，学生对学习过程、学习收获进行梳理、总结、反思，将新知、旧知相结合形成体系，加深对解决问题的方法、推理过程的感悟。课堂感悟和课后作业尤为重要。在《长方形和正方形面积的计算》这节课课后提出问题"谈谈这节课的收获"，让学生自主总结、自我评价、反思提升。整堂课的主体性学习，首先是掌握长方形面积的计算方法，其次是学习"实验—发现—验证"的学习方法，而学习方法的指导对学生今后的发展更为重要。

"尝试、生成、迁移"建构起课堂学生思维生长的模型。"尝试"是教师引入贴切、合理的情境问题，引发学生认知冲突，让学生在一定时间内思考、研讨，产生对问题的正确认知的阶段。"生成"是学生回答问题、解决问题，运用已有经验、方法，主动思考，以推论、理解作为主要方法，形成、获得新的认识的阶段。"迁移"是在学习过程中对知识的迁移，既是对新认识的巩固，又是对新认识的一种检验。三个阶段相互贯通，互相促进，让学生在尝试中生成新知并进行迁移，让学生真正学会思考，让核心素养落地生根。

（杨婧泽）

三、小学英语思维生长课堂教学模式

2022 年版新课标对英语教学的要求和建议有了进一步完善和补充，重点强调了素质教育在英语课堂中的重要性，提出了创建活动型课堂及推动教学评一体化设计与实施等建议。结合我校思维生长课堂建构情况，我们在英语教学中逐步引导学生围绕具有挑战性的学习主题，全身心参与到有意义的学习过程中去，实现深度学习。在这个过程中，学生掌握学科的核心知识，理解学习的过程，把握学科的本质及思想方法，形成积极的学习动机、积极的态度、正确的价值观，思维品质得以发展、提高。

在思维生长课堂"三阶段、六环节"教学模式的基础上，结合英语学科的教学内容和学科特点，我们在不断尝试怎样将英语课上得更有意义和深度。

（一）尝试

思维生长课堂以"经历即成长，体验即生长"为教学主张，以"体验思维"为教学模式，把引导学生体验思维过程作为主要的教学方法。我们在开展英语教学时，将学生被动接受的学习模式转变为主动尝试的学习模式，引导学生充满热情地投入学习活动，经历学习过程，积累思维经验。

怎样才能引导学生乐于尝试呢？就英语学习而言，我们要学会在课堂上创设情境。创设学习情境是为了在教学过程中达到既定的教学目的，从教学需求出发，营造与教学内容相适应的特定场景或氛围，引起学生的情感体验，帮助学生快速、准确地理解教学内容，促进学生心理的全面和谐发展，从而提高教学效率。教材中每个单元都有一个贴近生活的主题，单元内的教学内容都围绕这个主题展开，因此教师绝不能忽视这一条线，而是要有意识地利用主题创设情境辅助教学。

1. 从兴趣点切入，设计游戏情境

游戏情境是将新知寓于游戏之中，让学生带着好奇心、探索精神，在玩中获取知识、巩固新知的学习情境。在精心设计的游戏情境下，学生的大脑受到刺激，处于兴奋状态，学生就会有较强的创造力，从而把创新意

识的培养落到实处。教师可以借助小学生们喜爱的动画人物如小猪佩奇、迪士尼公主等，创造一个充满挑战和危机的"冒险地图"，将知识技能融入冒险的关卡中，吸引学生闯关破卡；也可以结合教学内容，在上课时带领学生进行头脑风暴，快速激活学生的英语思维。以学习小学英语 PEP 教材五年级下册"Unit 2　My favourite season Part B Read and write"部分内容为例，首先呈现出本课的中心词 season，请学生通过快速说一说与不同季节对应的 weather、clothes、view、activities 等内容，尝试回忆并复现相关单词和句型，为本课的新知学习和顺利输出做好铺垫。学生在尝试中，唤醒已有经验，并通过不断尝试形成刺激反应联结，从而减少错误。当学生们进入学习情境之后，个人的自豪感和对胜利的期望能够继续推动他们积极学习和思考，进而对英语课产生期待，缓解学习焦虑。

2. 借启发式提问，设计问题情境

问题情境是教师通过设置疑问所创设的，吸引学生积极动脑、主动学习的教学情境。在英语教学中，课堂的主体是学生，教师只是起到辅助和引导作用；因此教师要尽量以启发性的问题拓宽学生的思维，通过层次分明的"问题链"设计，在现有知识和文本间搭建支架，促使学生进行探索思考，发挥学生的主观能动性，帮助学生更好地理解和表达。在设计问题时，我们可以根据教材内容逻辑结构的特点来确立核心问题。同样是以五年级下册"Unit 2　My favourite season Part B Read and write"为例，本课内容是对本单元所学内容以及相关旧知的综合运用。针对本课，我们设计了两个核心问题 What&Why。这两个核心问题是这节课的主线，What 的答案通常可以在课文中直接找到，而 Why 的答案则有一定的开放性，同学们既可以参考课文找出答案，也可以通过观察图片、推理与想象、联系生活实际等方式发散思维，从而给出合理的答案。在通过解决核心问题的方式和学生一起学习完课文之后，我们可以继续把这两个问题迁移到实际生活当中来，由理论到实际，由抽象到具体，体现出核心问题的层递性。可以让学生通过小组合作写一首小诗，来介绍自己最喜欢的季节，并阐述原因。阐述原因的过程实际上就是解决核心问题 Why 的过程。怎样把原因说得更加合理而丰富，这对学生来说是一个有一定挑战性的任务。在拓展升华环节，我们设计了本课的最后一个 Why——"为什么会有一年四季"。通过带领学生观看一个简短的科普小视频，学生可以得到答案：地球倾斜着绕着太阳公转，四季因此产生。我们课上谈论的四季是我们眼睛看到的，而在这个环节我们了解的四季是眼睛看不到但客观存在的，这时教师对学生的学习态度进行引导：我们学知识不能仅仅停留在表面，要有透过现象研究本质的意识。

通过这个过程，学生们就会明白这一堂课的学习不仅是为了得到一个正确的答案或是记住一个知识要点，更是为了从探究中得到有长远价值的技能经验，将经验化成自身能力的一部分。

3. 引导自主实践，设计任务情境

任务情境就是根据教学目标将教学内容设计为一种任务。学生在教师的帮助下，进行自主探索和互动合作的学习，并在完成既定任务的同时产生一种学习实践活动。它以建构主义学习理论为依托，围绕"真实任务"组织教学，从培养学生的创新精神、增强学生的研究性学习能力出发，实现从"维持性学习"向"研究性学习"的转变，让学生完成各种真实的生活、工作、学习任务，将课堂教学的目标真实化。教学中要以具体的任务为载体，以完成任务为动力，把知识和技能融为一体。以沪教版四年级下册"Module 1 Unit 2 Smell and taste"为例，课文通过描述 Peter 一步步引导 Joe 猜测杯子里果汁的过程，使学生发现并总结出辨别果汁的方法和步骤，即看一看、闻一闻、尝一尝，从而学会分辨果汁，初步培养学生树立"观察—猜测—验证"的科学精神。在进行教学设计时，我们创设了真实生活情境——与语篇主人公 Peter 和 Joe 一起帮助校园果汁吧识别忘记贴标签的新果汁，让学生们带着任务进入课堂，运用通过学习课文总结出的辨别果汁的方法与核心语言参与活动实践，并随着任务完成获得成功的喜悦，激发他们不断深入学习的动力。

（二）生成

生成就是解决问题、得到答案的过程，是学生运用已有经验、方法，主动思考，以推论、理解作为主要方法，形成、获得新的认识的阶段。这就要求我们的课堂教学必须构建生成性的探究活动过程，这个过程以发展学生归纳思维能力为主。

生成源于学生的思考，来自适合的问题。问题包含我们在创设情境时设计的驱动问题，以及随着学习的不断深入而产生的新的相关问题。合理、恰当的问题设计可以帮助学生运用已有经验、方法，结合实际问题，进行主动思考。要想设计出合理而恰当的问题，认真深入地研读语篇是基本前提。根据 2022 年版新课标要求，教师在开展语篇教学时，要在帮助学生掌握语篇核心词句、引导学生梳理语篇逻辑思路及总结语篇内容等基础上，本着以人为本的育人理念，深入挖掘语篇中的内涵、情感，找到语篇中蕴含的优秀价值观，鼓励学生进行理解、学习。通过分析、揣摩语篇中人物的感情色彩、性格特点、处事风格，学生们能够对所学的语篇有更深刻的理解，同时也可锻炼自己分析语篇的能力；能够根据听力内容中人物的语气判断感情基调、人物心情，也能够根据语篇中的某一句话或图片中的某个细节推测事情的来龙去脉。在进行"Season"一课的教学时，针对课文第二幅图我们提出了两个问题："What is the weather like in summer?""Why does Robin like summer?"第一个问题的答案就是课文原句："The weather is hot, hot, hot!"但是罗宾为什么喜欢夏天，文中则没有直接给出答案。我们可以启发、鼓励学生大胆地从图片中找线索，或者结合生活经验进行推理。当学生说出比较合理的答案时，教师要及时给予认可和肯定。在这个过程中，同学们的观察能力、推理能力以及表达能力都得到了进一步的锻炼。学生习得的这种分析、推理能力不仅能用于分析语篇，还能够在其以后的人际交往中发挥作用，有着长远的意义。

而在进行"Smell and taste"一课的教学时，我们首先引导学生在看、听、说的活动中，获取、梳理对话中两位小学生辨别果汁过程中所用的语言和方法，完成学习理解层面的学习目标。在此基础上，学生小组合作，运用核心语言和总结出的"Look-smell-taste"三步骤继续帮助校园果汁吧分辨出剩余的两种果汁，这是第一个生成性的探究活动；但"Look-smell-taste"这三个步骤当然不是只能用来分辨果汁，它们在实际生活中有着更为广泛的用途，我们可请学生结合生活实际谈论其他健康食物，发散思维，并进行小组合作，讨论并推荐一种或两种健康食物，描述食物的颜色、气味和味道，制作海报并在全班进行分享，这是第二个生成性的探究活动。

通过这样两个连续的探究活动，学生在问题的刺激下，在教师的指导下，通过与教师、同学互动，通过操作、讨论、探究等多种尝试活动，寻找解决问题的思路和方法，进行预测推理与实践验证。这样的多维互动，有效发展了学生的思维能力及实践能力，是思维生长的显性体现。

（三）迁移

迁移就是将习得的知识与技能在新的情境中加以应用，这个过程既是对新知的巩固，又是对新知的一种检验。2022年版新课标中对于学生运用语言的能力提出了进一步的要求，从要求学生能够基本了解、掌握语言技能，转变为要求学生能够运用目标语言和其他人进行交际对话，或能够较为清楚地表达出自己的意见等。教师可以在完成"Season"一课的学习后，鼓励学生参照课本上的对话模式，加入自己喜欢的内容，与小组其他成员创编自己的对话。教师还可以根据所学内容主题重新开展一个新的活动，例如，以课文内容为主题的小型辩论赛、短剧表演等，从而进行听说读写的综合运用，切实提高学生的语言运用能力。在学会表达自己最喜欢的季节以及原因的基础上，我们可以引导学生与小组其他成员进行合作探究式学习，在合作学习的过程中将本课的新知与已学的旧知融会贯通，最终创造出属于自己的四季赞美诗。在朗诵展示环节，学生们可以自由表达出四季之美、自然之美，同时又让大家领略到英语的语言之美。学生们通过以上练习，也从更深层次上认识到了单元主题的内涵。

我们在定位迁移方向时，可以不局限于本课或本单元内的相关内容，还可以从多个单元之间的相关内容着手，实现单元间迁移互通。单元整合的一大益处就是能够帮助学生分类、整理、总结、归纳所学的新知识，同时结合之前学过的旧知识进行正向迁移。依照以往的教学安排，教师只需按照课本顺序将教学内容传授给学生，而进行单元整合后，教师可以不拘于课本安排好的顺序，而是根据课堂需要及知识之间的关联性将课本上的知识内容进行重组，按照不同的侧重点进行讲授。以上文提到的"Unit 2 My favourite season"为例，紧接着的第三单元"Unit 3 My school calendar"学习的是十二个月份、节日等内容，第一单元是关于一天内日常行程的描述。教师可以将这三个单元合为一个大单元，主题为日、月、季的各种表述，将第二单元放在最后学习，即按照时间概念从短至长的顺序进行教学。

这样安排不仅能够明确学习内容的主题，也更容易让学生们了解所学知识的脉络，进而能够有逻辑地进行记忆。

在进行思维生长课堂的研究和实践中，我们发现深度学习对于目前的英语教学有着不小的作用，能够帮助教师培养学生的核心素养，帮助学生走向更高层次的思维逻辑，锻炼学生自主思考及自主实践的能力。基于深度学习的小学英语课堂的构建可以从研读语篇、情境创设、设问优化、知识梳理等多个维度入手。当学生们能够以活跃的状态对课堂中出现的问题、任务进行多维的、深入的思考时，深度学习课堂的构建目标就实现了。身为教师，如何引导学生提升学习英语的兴趣与积极性，促进其对知识技能的吸收和运用是不变的命题。教师在进行实践探究时要善于思考，勇于摸索，敢于尝试，结合实际学情优化教学设计，不断提高教学水平，帮助学生不断提升综合素养。

（赵静）

第四章

思维生长课堂思维工具的利用与开发

一、小学语文思维工具的利用与开发

小学语文思维工具是指帮助学生提高语文思维能力的各种方法和技巧。我校语文思维生长课堂通过创设具体教学情境，引发学生认知冲突，并充分利用"认知冲突"这一思维工具，引发思维、激活思维，提升思维能力，促进学生语文学习的自主建构。这是培养学生终身学习的习惯与能力的一种有效路径。

在思维过程中，学生要寻找并提炼学习模式和思维原理，形成新的思路，并将这些思路与结论联系起来，使得学习过程向课前延伸，向课后发展，突破学习时间与空间的限制，树立"深度学习观"。

（一）语文思维生长课堂中认知冲突的内涵与类型

认知冲突是指认知发展过程中原有认知结构与现实情境不符时在心理上产生的矛盾或冲突。思维生长课堂基于学生已有的言语认知、言语经验、言语情感开展。当新的言语学习与学生已有认知、已有经验、已有情感不符时，学生就会产生认知冲突，教师顺势引导学生深入文本、质疑文本，激发其认知冲突，语文学习才能真实发生。

根据科沃恩认知冲突模型，结合语文学习的特点，我们将语文思维生长课堂中的认知冲突分为三种类型。如表 4.1 所示：

表4.1　语文思维生长课堂认知冲突

冲突类型	冲突依据	冲突特点	冲突解决
认知差异型冲突	根据学生已有言语认知（场独立—场依存；发散—辐合）制造冲突。	"场独立型"重整体轻细节，"场依存型"重细节轻整体；"发散型"重发散轻聚合，"辐合型"重聚合轻发散。	保留：对冲突观点进行保留。 融合：对冲突进行融合处理，形成新的观点。
理解差异型冲突	根据学生已有言语经验制造冲突。	学生已有的言语经验与文本理解未知点不相符。	补充：对冲突进行补充，让观点更加完善。
体验差异型冲突	根据学生已有言语情感制造冲突。	学生的年龄、生活阅历、情感体验会导致学生不能准确把握文意。	改善：对冲突进行修改、完善，达成一致。

（二）语文思维生长课堂中认知冲突创设策略

1.激发兴趣，引发冲突

心理学家马斯洛曾说过："高峰体验就是转瞬即逝的极度强烈的幸福感，或甚至是欣喜若狂、如醉如痴、欢乐至极的感觉。"如何体现深度学习的状态呢？我们认为，教师要想方设法调动学生的学习兴趣，使学生的思维状态始终高度活跃，能积极主动进行深层次思考。在课堂教学中，教师要从学生已有的知识经验和学习基础出发，依据课文内容，设计多样的有趣味的学习活动，点燃学生学习语文的兴趣，让学生更好地学习语文。

如在统编语文五年级上册《珍珠鸟》教学中，教师就是通过激趣的语言，激发学生学习文本的兴趣，让学生在阅读文本的过程中感悟语言的妙处，积累语言的表达形式，提升学生的语文素养。

课始，教师激趣引入，让学生走近珍珠鸟。

师：文中的作者为珍珠鸟做了什么？在此基础上，让学生自主阅读课文，体会写作路径。

课中，教师激情演绎，让学生走近珍珠鸟。

师：可爱的珍珠鸟，它是怎样接近作者的？让学生认真读书，从文中找到相关句子，用心揣摩，感受珍珠鸟与作者越来越亲近的过程。

课末，教师让学生进行角色体验，明白人与鸟为什么能友好相处，懂得信赖能创造出美好情谊的道理。

2. 还原原文，激活冲突

学生的思维生长状态，一方面需要靠外部的兴趣激发，另一方面更要靠自身的调节。在教学时，教师要善于捕捉知识冲突点，设法提高学生学习的思维品质，提升学生的学习能力。对于学生不明确的地方，教师要善于制造知识冲突，促进学生思考，让学生在思辨中更好地学习与提升。

如统编语文四年级下册《母鸡》中的"笔者不敢再讨厌母鸡了"这一句的教学。师设问："作者写母鸡时，先写'笔者一向讨厌母鸡'，再写它令人生厌的三个方面。为什么结尾不敢再讨厌母鸡了呢？"通过问题引导学生关注知识的冲突点，反复阅读文本内容，让学生体会到：作者通过描写自己对母鸡看法的变化，表达了对母爱的赞颂之情。前半部分写了母鸡的无病呻吟、欺软怕硬和拼命炫耀，再现了一只浅薄、媚俗的母鸡；后半部分则描写了母鸡的负责、慈爱、勇敢和辛苦，塑造了一位"伟大的鸡母亲"的形象。作者对母鸡的情感由"讨厌"转变为"尊敬"，表达对母亲的崇敬以及对母爱的赞颂。

3. 创设情境，生成冲突

在语文思维生长课堂中，教师不仅要注重线索式的串联教学，还要注重进行有效的知识发散。在教学中，教师要通过文本中知识间的联系，及时发散相关的知识，创设情境，不断发展学生思维能力。

如统编语文五年级上册《圆明园的毁灭》的教学，教师按照文本的写作顺序，带领学生体会第二至第四自然段。这一部分详尽地介绍了圆明园的布局、建筑风格及收藏文物的珍贵，再现了圆明园当年的宏伟壮观。最后一个自然段用精练、准确的语言介绍了圆明园毁灭的经过。通过文本对照，教师引导学生进行知识发散：文章的题目为《圆明园的毁灭》，而大部分篇幅却是描绘昔日的辉煌，这是为什么呢？有效的知识发散，能让学生感悟到圆明园的辉煌已成为历史的记载，只能通过读文、感悟、在脑海中想象的方式再现，从而让学生记住屈辱的历史，增强民族使命感，激发热爱祖国的感情。

4.巧借生成，深化冲突

学生在学习新知时，在凭借原有的认知结构不能马上将其同化的情况下，或者利用原有的经验与方法不能解决新的知识问题时，就会产生认知冲突。这时教师需适时设置一些合适的问题，在新旧知识之间架起一座沟通的桥梁，从而使学生在认知冲突的基础上获取新知，实现思维的生长。

和传统课堂的听、记、练模式相比，思维生长型课堂更注重探究、生成和迁移。就语文课古诗教学来说，原来的教学模式基本上是这样的：自读古诗，纠正读音—查找作者资料或背景资料—解释字义—解释诗意—体会情感—朗读背诵。时间一长，学生们都摸清了这一套路，一说解释诗意就把解释拿来照本宣科，还没说读古诗就先急着去背诵了。这种知识型课堂的重心是讲知识，即让学生记住一些基本的事实和概念。教师引领学生重复学习着学生已经了然的知识，解读文本的思路与学生初读文本时的先期阅读思路不谋而合，学生感觉到教学不过是在"涛声依旧"式地重复昨天的故事。学生的阅读兴趣和在整个课堂中的思维兴奋点迅速减退，大家除了忙着记忆，真正愿意交流的寥寥无几。

改进教学方法唯一直接的途径，就是把学生置于必须思考、促进思考和考验思考的情境之中。在阅读教学中，抓住文本本身的矛盾，就可以激发学生积极思考。如在教学《送孟浩然之广陵》时，教师告诉学生有一种方法叫作抓住诗歌里的"矛盾"来学习。什么矛盾？"孤帆远影碧空尽，唯见长江天际流"，为什么是孤帆？长江是主干道，帆影点点，又是阳春三月，怎么就孤帆了呢？这些问题挑起了矛盾，学生思想产生了碰撞，就会进行积极思考。经过讨论，学生终于明白了那是因为"作者的眼里只有你"。这样一来，学生的认知冲突就得到了激发。

（三）学生在认知冲突中达成深度学习

除了激发学生的认知冲突，在思维生长课堂中教师还要不断深化认知，让学生充分经历探究的过程，最终达成深度学习。在教学《送元二使安西》中的诗句"劝君更尽一杯酒，西出阳关无故人"时，教师原来主要是通过抓住"更""无故人"这样的重点字词来引导学生感受作者王维对老朋友元二的依依惜别之情。思维生长课堂中除了重点字词的教学，还提供了一张唐朝时期的中国地图，从图上可以看到元二要出使的安西都护府处于现在的新疆地区，阳关和玉门关一个在南一个在北，同为当时通往西域的门户。唐代国势强盛，内地与西域往来频繁，从军或出使阳关之外，在盛唐人心目中是令人向往的壮举。但当时阳关以西还是穷荒绝域，风物与内地大不相同。作者在渭城给朋友送行，想到朋友"西出阳关"，虽是壮举，却又会经历万里长途的跋涉，备尝独行穷荒的艰辛寂寞。不仅如此，西域地区有很多少数民族部落骁勇善战，朋友出使安西沿途可能会遇到各种意外状况。因此，这临行之际"劝君更尽一杯酒"，不仅有依依惜别的情谊，而且包含着对远行者处境、心情的深情关心，包含着前路珍重的殷切祝愿。

就这样，抓住矛盾进行激发或针对文本进行质疑探究，既能帮助学生理解作品的深意，又引起他们思维的共振。"听"变成了体验思维的过程，"记"变成了生成思维的结果，"练"则变成了知识迁移的过程。在此基础上，学生又自学了其他感兴趣的诗篇，从课内走向了课外。

语文思维生长课堂只有注重学生对语文的独特理解、质疑和应用，并与思维生长合纵连横，通过动态的运行过程，才能使语文学习成为一个不断延续的过程，在深入探究中走向学生发展的"远点"。

杜威曾经说过："学校所能做和需要做的一切，就是培养学生思维的能力。"基于此，我们认为深度学习下的思维生长型课堂应运用适当的教学策略，激发学生思维动机，发挥学生潜能，让学生在具体的情境中体验、感悟、经历思维的过程，进行有效的思维活动，使学生的思维器官、思维心理得到训练，思维技能、思维品质得到培养，最终提升学生解决实际问题的能力。

（刘楠）

二、小学数学思维工具的利用与开发

思维能力是小学数学核心素养中的重要部分，思维工具能有效影响思维活动、提高思维效能、延伸思维深度。学生掌握工具、方法，思维生长才会有更好的支撑。为此我们数学教研团队进行了小学数学思维工具利用与开发的专项研究。

（一）思维工具的认识

思维工具，是借助一定步骤和程序进行传授与训练，帮助人们有效开发智能，提升思维的广度、深度、准确度与清晰度，在必要时打破已有模式形成新模式的方法与技能的总称。思维工具不同于认知工具。认知建构主义认为，学习不是被动接受信息的过程，而是学习者根据自己的经验背景，对外部信息进行主动选择、加工和处理的过程，强调学习者个体对信息的加工。思维工具是引导和优化个体信息加工过程的策略和方法。学生在运用思维工具进行思考时，将思维工具提供的思维策略不断内化，从而提升自身的思维能力。学习者可以将思维工具中承载的思维策略或方法内化，以便于迁移到新的问题情境中去。因此，工具的可内化性是思维工具区别于一般认知工具最为关键的特性。

（二）数学思维工具的利用与开发

1.画图——"以画促思"学数学

画图这一思维工具是在儿童天性和学科本质之间架构起的一座桥梁。画图可使抽象的数学知识直观化、形象化，促进学生在画中思、在做中学，从而培植学生的学习兴趣，激活他们的思维能力和创造潜能。《义务教育数学课程标准（2022年版）》将几何直观作为核心词之一，提倡利用图形描述和问题分析，其导向是能画图尽量画图，实质是将抽象的数学思考对象图形化。为了全面促进数学思维的展开，我们数学教研团队借助"画图"这一思维工具，开展"以画促思"数学课堂实践研究。

"以画促思"就是借助画图把隐藏的关系画出来，厘清条件与问题之间的逻辑关系，帮助学生直观地审视解题思路与程序，防止错误的发生。我们以数学核心素养为原点，以画图活动为主线，以促进学生思维能力生长为目标，通过"以画促思"活动，将运算定律、数学概念、解决实际问题、图形关系等抽象化的教学内容形象化、直观化，并进一步指导学生运用画图这一思维工具，把文字转成图画，把图画转成思维。画图的种类有很多，可以是直观图、表格、线段图等，也可以是思维导图、知识结构图等。

（1）"以画促思"学习数学概念

将画图作为思维工具，明确分数"先分再取"的意义，揭示平均数"移多补少"的本质。借助画图，使较抽象的分数概念和复杂的平均数问题由抽象到直观，培养学生的几何直观，提升学生的思维品质。

（2）"以画促思"理解运算定律

学生能看图理解运算定律的意义，会用图形表示运算定律的意义，看到算式能想象出图形，进而熟练运用运算定律进行正、逆向简算。在这些活动中培养学生数形结合的思想，提高其思维能力。

（3）"以画促思"解决生活问题

引导学生从文到图，画出数量之间的关系，掌握基本的画图技巧。边画边思，凸显画图作为思维工具的重要作用，发展数学核心素养。

如人教版教材四上第91页第4题：每棵树苗16元，买3棵送1棵。176元最多能买多少棵这样的树苗？

这个题目对大多数学生来讲有一定困难，他们在尝试解答过程中出现的问题比较多。因此我们有序地指导学生借助画图来解决问题。

根据生活经验，买送问题，一定是先买再送。先求能买多少棵树苗——176÷16=11（棵），画出11条竖线表示能买11棵树苗。因为"买3棵送1棵"，所以把3棵看作一组，圈起来：11÷3=3（组）……2（棵）。圈出了3组，每一组都可以送一棵树苗，可以算出一共送了几棵树苗：1×3=3（棵）。最后算一算，买的树苗和送的树苗一共有多少棵：11+3=14（棵）。如下图所示：

图4.1

没有画图时，学生面对诸多方法中的算式会有很多疑问。比如有学生提问：11÷3=3（组）……2（棵），是不是应该把余下的2棵再加上？画出图后，这位学生就明白了：余下的这2棵是在买的这11棵中的，不用再加了。可见，画图在解决问题中发挥着重要作用。

（4）"以画促思"渗透数学文化

通过画图，了解数学史上著名的"七桥问题""鸡兔同笼问题"等，从图形间的关系中抽象出数学概念、数学方法，体验其过程与方法价值，并构建解决问题的模型，积累画图解决问题的经验。

（5）"以画促思"沟通知识关系

学习新知后教师组织学生总结学习收获，引领学生逐步把新知识与原来学过的知识串成串、组成链，把握关键点，突出重点，建构知识体系，形成知识网络。为此，学生主动建构、质疑或修改思维导图。此时的思维导图作为一种思维加工策略要求学生主动思考节点和节点之间的关系，因而就成为了思维工具。

思维导图将零散的知识点整合为模块并进行综合应用，使复杂的知识关系条理化、可视化、系统化。教师要引导学生在梳理知识的过程中，将知识点组织成知识网，深化思维方式，促进思维生长，进一步培养发散思维和创新意识。

2. 任务单——促进思维习惯内化

作为一种思维养成和内化策略，任务单式教学要求学生进行节节贯串的有序思考，进而将其内化为思维习惯。我们数学教研团队设计的数学学习任务单通常包含知识链接、尝试解答、讨论生成、迁移应用四部分，在尝试解答部分又分为"阅读理解—分析解答—回顾反思"三个环节。教师按照这样的流程有序开展教学活动，引领学生思维有序发展。学生按照解决问题的流程思考，逐步形成有序思考的习惯，因而任务单就成了思维工具。

思维生长课堂要求教师开展有效的教学活动，而且活动要建立在对教材的深度理解和精准把握上，并顺应学生思维而展开。在实际教学中，教师通过研读教材、了解学情进行教研，自主设计学习任务单。任务单在教材和学生之间架起桥梁，让教材能够合情合理地为教学服务，真正使学生的学习自然发生，这既符合学生思维有序生长的规律，也促进了学生数学思维能力的发展。

知识链接部分，教师带领学生把前一堂课作业中出现的一些问题或和这节课相关的重难点知识进行巩固练习，解决学习新知道路上的绊脚石。

对于尝试解答部分，教师以问题为驱动，鼓励学生先自主尝试解答、大胆质疑，激发学生的探索兴趣，引导思维的展开。

对于讨论生成部分，教师以核心问题导向的方式驱动小组合作，通过交流、质疑、讨论、追问等策略让学生在思维的碰撞中生成新知，寻找到解决问题的多种方法，进而提升学生的核心素养。

对于迁移应用部分，教师设置有梯度的练习（基础练习、变式练习、可选练习）对例题进行变式，对习题进行拓展，通过练习帮助学生完成知识的正向迁移和逆向运用，使学生思维的深刻性、广阔性得以深化，学生思维的敏捷性得以提升。精选和创编习题引导学生多角度、多方位地思考，在变化中求不变，增强对新知识的理解，提升创新思维能力。

学习任务单的使用在一定程度上激发了学生自主学习的积极性、主动性和创造性，让学生成为课堂学习的主人，在学习任务和目标要求的驱使下主动观察、实践、合作、探究、思考，这对学生的习惯养成、能力提升、思维发展具有积极的推动作用。以学习任务单为抓手的数学课堂，不仅能够满足不同学生个性发展的需求、加深学生对数学知识的理解，更能发展其高阶思维，内化学生思维习惯，促进学生数学素养的全面提升。

3. 信息技术——助力思维走向深远

根据前面的论述，信息技术是否是思维工具，既取决于它是否能够让学习者更好地投入到高阶认知加工中去，也取决于其是否参与思维过程以及是否具有工具的可内化性。很显然，信息技术参与教学，能使一部分不好操作的内容更直观地展示给学生，推动学生的思维走向深远，进而提升学习者的思维技能。从这一方面讲，信息技术属于数学的思维工具。

六年级上册《圆的面积》一课中圆面积的推导是重点，只借助课本后面提供的学具——将圆平均分成 8 份或 16 份的小扇形，可以推导出圆的公式。如果借助信息技术，可以便捷地将圆分成 8 份、12 份、16 份、24 份、32 份甚至是 128 份，让学生形象直观地看到随着份数的增多，每个小扇形越来越小，拼成的图形越来越接近长方形。这一过程渗透了极限的数学思想，深化了学生的数学思维，这种作用是一般工具所不能取代的。

在教学"数对"时，老师借助全球定位系统（GPS）确定位置导入，穿插2008年奥运会开幕式倒计时数字队形视频，介绍用数对排练队形；最后通过视频演示了利用三维坐标设计的美妙绝伦的立体图形，学生的探究热情高涨，思维一步一步走向深远。

信息技术飞速发展，教材的更新迭代无法追及。这就要求教师有一双发现的眼睛，及时捕捉学生所学数学知识在科技、生活等领域的应用情况，在课堂上及时呈现给学生，引领学生的思维走向开放，走向深远。

（三）思维工具使用成效与反思

1.思维工具使用成效
（1）教师使用思维工具的意识增强

基于学生思维生长型课堂的探究，我校教师充分开发和利用思维工具开展教学，将抽象的信息形象化、具体化、系统化。教师认真研读和教学内容相关的各种教学资源，结合学生学情、认知规律及思维现状自主设计符合学生思维生长的学习任务单，在课堂上引领学生通过探究生成新知，促进思维生长。备课时教师积极制作或搜索和知识相关的视频，将学科知识在现代生活中的应用情景展现给学生，引发学生深入思考和探究的兴趣。为了更好地指导学生梳理知识的脉络和数学思想方法，单元学习后教研组老师集思广益，创新性架构单元知识，然后在课堂上组织学生个性化梳理知识。思维生长课堂的研究助推每一位教师转变为思维生长型教师。

（2）学生思维能力全面提升

思维工具在我校各年级数学思维生长课堂中得以全面推广和应用。从课堂观察来看，学生在遇到较复杂的题目时能按照阅读理解、分析解答、回顾反思的习惯进行思考解决。在分析解答环节，学生能主动借助画图选择出有用信息，并厘清信息中数与数的关系，然后有条理地进行解答。通过画图，学生往往能发现多种解答方法，并尽快优化出较简洁的方法。解答后学生逐步养成了回顾反思的习惯，对于一些明显的错误他们自己就能发现并查找原因及时修正。因此，学生自主设计知识结构图的能力快速提升，受到老师和家长的好评。一系列的活动实践表明，思维工具的使用使学生的分析能力和理解能力大大提升，认知水平和学习自主性逐渐增强。

2. 思维工具使用反思

在深度推进课程改革的今天，数学教师应该继续以培养学生的数学思维能力作为教学目标和任务，帮助学生构建良好的数学思维体系，为学生未来的可持续发展打下坚实的基础。学生数学思维的发展必须有一定的工具支撑。熟练地使用思维工具，可以更好地帮助学生完成思维任务，提高思维的效率和质量，更好地促进思维能力和品质提升。任何工具都不是立竿见影、一蹴而就的，需要一以贯之地使用，不断地调适、优化，以适应动态发展的要求。以后我们在数学思维工具的研究方面还需要持之以恒地坚持开展下去，不断发现，不断探索，不断提升，努力取得更好的成效。

（唐建荣）

三、小学英语思维工具的利用与开发

（一）思维导图在小学英语统整教学中的意义

1. 吸引眼球，令人心动（Attractive）。

2. 精确传达，信息明了（Clear）。

3. 去芜存菁，简单易懂（Simple）。

4. 视线流动，构建时空（Flow）。

5. 全貌概括，以图释义（Image）。

综上所述，这就是"一页掌控能力（one page control）"。在小学英语单元整统教学过程中，运用思维导图可以将各级主题的关系用相互隶属或相关的层级图表现出来，在关键词与图像、颜色等之间建立记忆链接，利用记忆、阅读、思维的规律，促进学生左右脑的协调发展，以快速进行知识管理，帮助学生学习、思考和解决问题，提高学习效率。应用思维导图开展小学英语单元整体教学，有利于统筹安排各课时的教学内容，使课时与课时之间相互连接、互为支撑，为学生逐步认识、掌握英语语言知识和技能架起逐级上升的阶梯，有助于提高课堂教学效益，促进学生综合语言运用能力的提升。

（二）思维导图在小学英语统整教学中的运用

在进行单元整体设计时，要基于学生的知识建构，考虑学生的自身特点和教材内容，合理调整和处理各个板块之间的关系和顺序，以实现语言与内容的有机融合。思维导图的形成从学习内容的输入到整合再到绘画制作以及完善，是教师和学生将已掌握的知识和新学知识整合内化的过程，也是培养学生概括总结、辩证分析、综合表达等高阶思维能力的过程。因此，要注意有效实施思维导图模式的小学英语单元教学策略。

1. 抓话题，解读模块主题，寻单元教学整合点

要对一个模块进行统整，必须找到统整的点，也就是围绕什么进行整合、整合什么、怎么整合的问题。PEP 小学英语教材（三年级起）的编写，是按照《义务教育英语课程标准（2022 年版）》的 24 个话题系统编写的，所有的语言知识和语法结构也是围绕话题展开的。因此，我们可以以模块中所涉及的话题为中心（即整合点），确立整体的教学目标，然后将分课时的教学设计与整合点紧密联系起来，把整合点中确定的目标落实于课时教学之中。

如 PEP 英语四年级下册的第六单元，模块的主题是 Clothes，以谈论衣物的特性为主要内容，即描述衣物的名称、颜色、价格以及个人喜好；语言知识点为名词和形容词的使用，涉及两篇对话、一篇阅读文、一个小故事。在进行分课时教学设计时，我们可以根据话题有针对性地进行单元统整：第一课时进行单词教学，着重练习名词和形容词的使用、如何描述衣物的特性；第二课时进行对话教学，着重练习根据季节、温度及个人喜好选择合适的衣服；第三课时进行综合运用，可以进行自我表达，也可以对他人进行提问；第四课时为复习课，以思维导图为支架，帮助学生将学过的知识加以分类整理，使学生对描述衣物特性的方法一目了然。本单元的板书设计如下图所示：

图4.2　PEP英语四年级下册第六单元板书设计

2.拓渠道，统整教育资源，挖课堂教学突破点

在教学时，既要考虑到学生原有的知识储备，同时还要顾及学生未来将要达到的语言标准和要求。这就要求英语教师不能将眼光只放在手中的一册教材上，而要通览各年级教材的内容，对各册的语言知识点有一个全面的把握。只有站在统整教材的高度去合理安排教学内容，才能最大限度地发挥教材的功效。以 PEP 英语五年级下册 Seasons 教学为例，我们将学生以前学过的天气、衣着、做什么事、吃什么东西等内容融入课堂教学中，直奔"季节"主题，通过单词分类活动整理出本课的思维导图，激活学生已积累的知识，既对前置知识进行复习，又为后面学生的流利表达作铺垫。本课时的板书设计如下图所示：

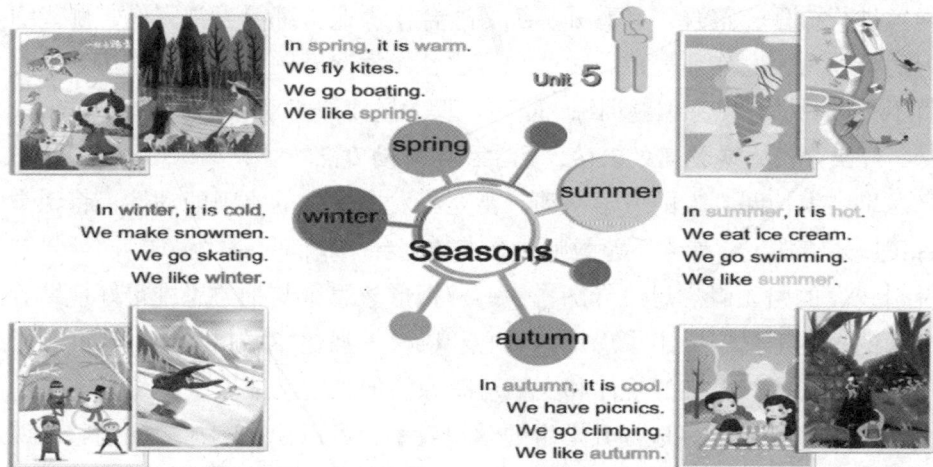

图4.3 PEP英语五年级下册Seasons教学板书设计

在进行资源统整的过程中，我们也要将眼光放远，大胆引入外界的教育资源，如英语绘本、微视频、专题网站等，拓宽学生的视野，提升学生学习的兴趣和专注力。如在教授 PEP 英语五年级下册第五单元时，我们为学生加入了绘本的学习，并结合时事将学生熟悉的体育明星纳入课堂教学。在绘本呈现的过程中，我并没有按照绘本原有的文本内容进行教学，而是抽取其中的关键图让学生排序，请学生根据图片讲故事，培养他们的读图能力；然后呈现整个绘本故事，带领学生通过问答的方式进一步了解绘本内容；最后搭建语言支架帮助学生讲述完整的故事。在反复练习本课重点内容后，我们用体育明星的鼓励的话语为学生再次创设语言交流环境，完成习作练习。整个教学环节由易到难、螺旋上升，通过递进式的练习环节帮助学生更好地掌握本课重点知识。一系列的教学活动设计环环相扣，不仅可以使学生开阔眼界，还帮助学生掌握了读图、整体理解、抓关键词等阅读策略。

现在英语教材中配发的练习书数量比较多，包括活动书、配套练习册等，这还不包括学生作业。这对每周只有 2—3 课时的英语教学来说，要想全部做完是不现实的。这就需要我们在课堂教学之前对与本课知识相关的内容进行梳理、整合，看看哪些练习适合作为课堂练习当堂完成，哪些练习适合作为家庭作业完成，哪些练习适合作为选做题。这样我们在上课时就不必再费尽心思去编题训练，更可以摆脱题海战术对师生双方的煎熬了。

3. 画导图，实施高效教学，觅学生学习动力点

思维生长课堂上的教学活动，要充分发挥学生的主观能动性，将课堂真正地还给学生。课堂不是教师一个人的舞台，我们只是"抛砖引玉""穿针引线"的引领者。思维导图作为一种把形象思维与抽象思维很好地结合起来的思维工具，突出了思维的重心和层次，强化了联想功能，巧妙利用了记忆、阅读、思维的规律和人脑对图像的加工记忆能力（大约是文字的1000倍），可以很好地提升学生的学习效率，可以说是构建单元统整的课堂教学模式、激发学生主动学习的一个非常好的媒介。

在英语教学中，从单词、句型语篇到话题，都可运用思维导图的方式。

（1）词汇教学

词汇是语言的基础，是表情达意的基本材料。词汇教学的重点在于让学生发现其音、形、义之间的内在关系，难点在于生动展示词汇之间的意义联系。在词汇教学中渗透思维导图能突破传统词汇教学的藩篱，构建词汇学习网络，发展学生的思维。

词汇教学中的思维导图多采用辐射形的图示结构。如下图所示：

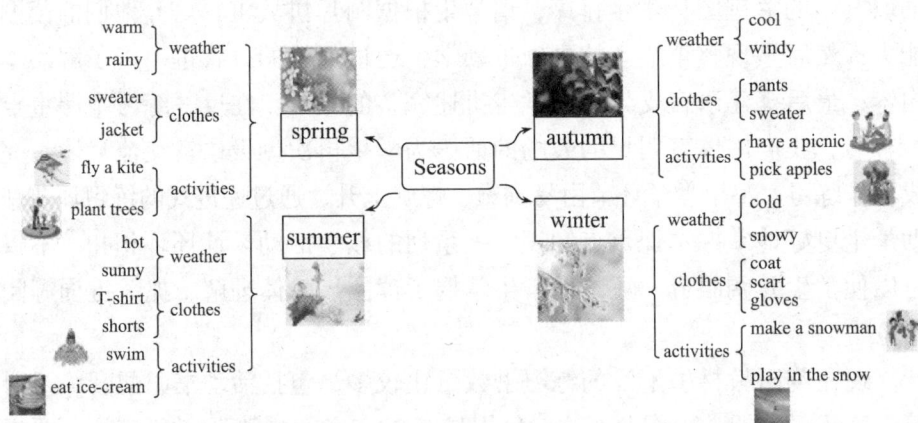

图4.4　PEP英语五年级下册Unit 2　Seasons
Part A & B　Let's learn. 思维导图

教师用"Which season do you like best？""Why？"两个复现率很高的核心问句引发学生积极思考，激荡学生的脑力，用问答和头脑风暴的形式分别从天气、服饰、活动等方面整理相关词汇，分层级展开教学，既调动了学生已有的知识储备，又丰富了现有的认知；而且在情境问答中学生对目标词汇 season、spring、summer、autumn、winter 等有了深入而具体的了解，就 Seasons 这一话题积累了丰富的语言材料。词汇的意义和用法在层级图中一目了然。

辐射形的思维导图以核心词为中心，分层级呈现相关的词汇目录，清晰明确地反映了词汇间的逻辑关系和意义关系。实践证明，用思维导图来组织词汇教学，可以使学生在参与、探究和合作的学习过程中产生较高级的复合型思维活动，有助于其自主学习能力的养成，形成有效的词汇记忆策略。

（2）对话教学

对话教学是一种以沟通性的对话为本质的教学。对话教学凸显了教学过程的沟通与合作的本质，再现了目标语言的真实语境。PEP 英语教材中有大量的对话，且均围绕某一单元主题展开。

对话教学多采用线性结构展开思维导图。如下图所示：

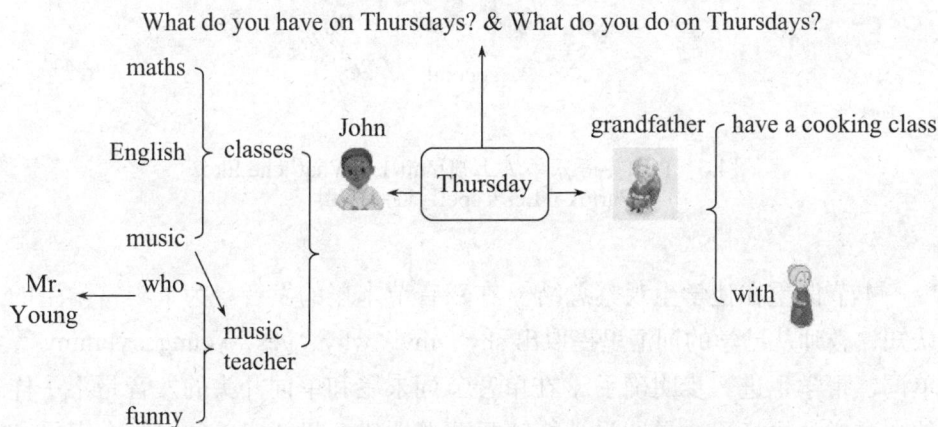

图4.5　PEP英语五年级上册Unit 1　What's he like?
Part A　Let's talk. 思维导图

该对话教学以生动的语言交际情境再现 John 和爷爷谈论周四活动的场景，目标句型是："What do you have on Thursdays?" "What do you do on Thursdays?" 思维导图以 Thursday 这个核心时间点为中心展开，围绕主要人物在周四的活动以线性结构呈现关键词，帮助学生梳理对话内容和脉络，为之后的语言输出活动做好铺垫。

（3）语音教学

语音教学重在使学生形成正确的语音语调，获得发音和拼读的基本技能。PEP 英语小学教材每一单元都设计了语音板块"Let's spell"，旨在从一个个有代表性的语音现象出发，通过大量的听、说、读训练，让学生总结出字母发音的规律。语音教学的思维导图灵活性较大，星形、花朵形或树形的结构较为常见。如下图所示：

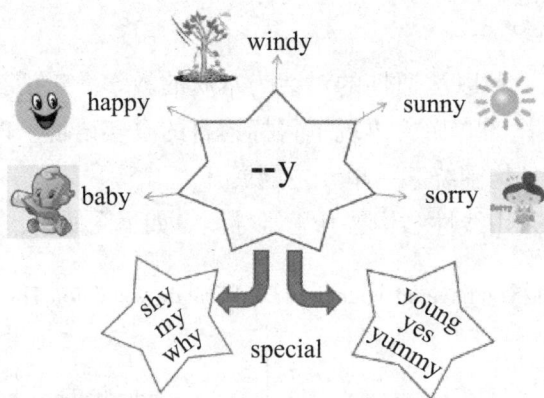

图4.6　PEP英语五年级上册Unit 1　What's he like?
Part A　Let's spell. 思维导图

本节课重在让学生观察总结 y 在双音节末尾的发音。为了丰富学生的认知，教师从已学的词汇里提取出 shy、my、why、yes、young、yummy 等单词，帮学生进一步明确了 y 在单音节词末尾和单词开头的发音是不一样的。这样的语音思维导图设计能够帮助学生建立起新旧单词之间在字母和发音上的联系，培养学生自主认读和归纳语音规律的能力，实现习得和学得的统一，而且能够在拓展延伸环节培养学生辩证思维的能力。

（4）语篇教学

语篇教学目前是小学阶段英语教学中综合性较高、难度较大的一个重要内容。语篇材料篇幅较长，信息量较大，考查点较多，学生阅读理解起来难度相对较大。思维导图能使小学英语语篇教学化繁为简，把语篇分解成若干易于理解和记忆的"块"，帮助学生有条理地思考语篇材料，提高理解能力。

语篇教学中常用的思维导图是线索脉络式或蛛网式的，具体形状视语篇信息的内在联系而定。如下图所示：

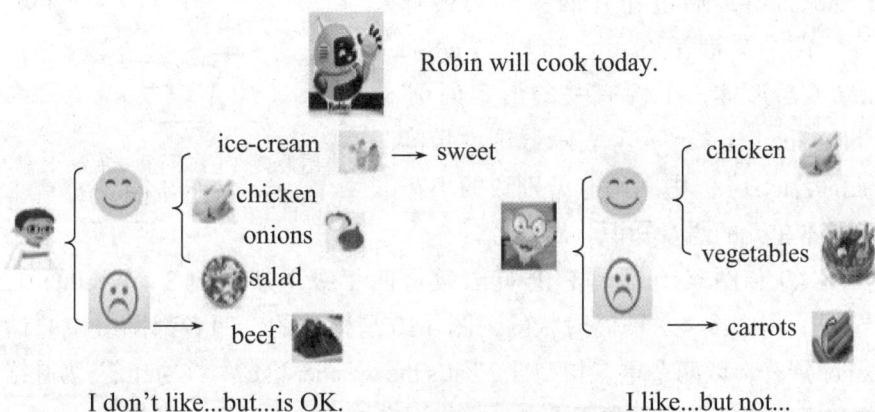

图4.7　PEP英语五年级上册Unit 3　What would you like?
Part B　Read and write. 思维导图

本节课紧扣单元主题"What would you like?"以留言条的形式重点讨论了各自的喜好。教师利用思维导图清晰地呈现了关键词和重要信息，鲜明的颜色和直观的图片给学生以强烈的视觉冲击，对于学生整体把握语篇内容很有帮助。

（5）单元复习

PEP英语小学教材的设计是在主情景图之后分板块、分课型呈现单元主题内容的。在单元主题之下，分课时处理教材是化整为零，通过多个小目标逐步实现教学任务。而在其后，为了帮助学生对单元主题知识有一个整体的理解和感知，也为了帮助学生系统地构建知识网络，复习性的大单元统整思维导图的绘制就呼之欲出了。

　　大单元统整思维导图就是用一张图文并茂的网络图把本单元的主要内容串起来，形成记忆链条，让学生利用此图快速记忆，并能再现本单元的知识梗概和脉络。大单元思维导图的绘制主要依据本单元的知识框架体系和个人的设计偏好。知识板块越多，思维导图就越复杂缜密，色彩和形状的选择越要突出层次感和延伸感。

　　图 4.8 用盆栽的形式展示了 PEP 英语教材四年级上册 Unit 3　My Friends 的主要内容，有核心句型 "I have a...friend." "His/Her name is..."，通过花开两朵的形式鲜明标示两个易混淆的重点句型 "He/She is+*adj.*（与形体、个性有关的形容词）"和 "He/She has a/an+*n.*（表示服饰、身体特征的名词）"，中间用造型别致的小花点出了本单元的语音知识。

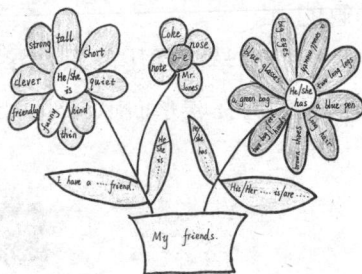

图4.8　PEP英语四年级上册 Unit 3　My Friends思维导图

　　图 4.9 和图 4.10 都是 PEP 英语教材四年级下册 Unit 3　Weather 的思维导图，其中图 4.9 是辐射状的，图 4.10 是树状的。两者都围绕中心话题 weather 展开，以两个重点句型 "What's the weather like?" "Can I..." 为脉络展开本单元的主要词汇和常用表达，并将语音板块巧妙地穿插其间。

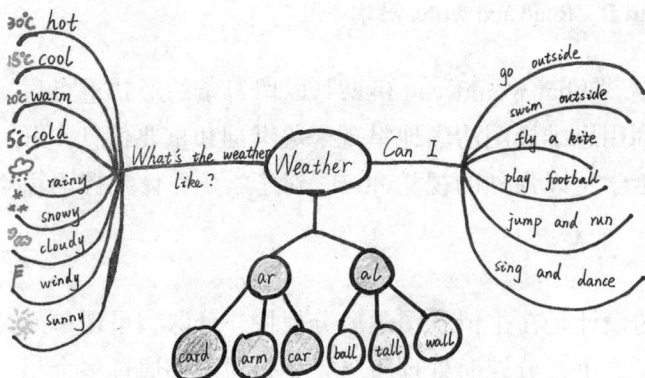

图4.9　PEP英语四年级下册 Unit 3　Weather思维导图1

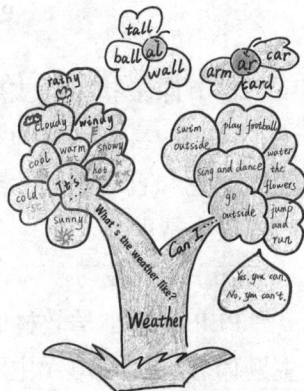

图4.10　PEP英语四年级下册Unit 3　Weather思维导图2

图 4.11 是 PEP 英语教材四年级上册 Unit 4　My home 的思维导图。该图用星星造型呈现了本单元的核心词汇及句型，用火车造型分类呈现单词和重点句子，层次分明，形象生动。

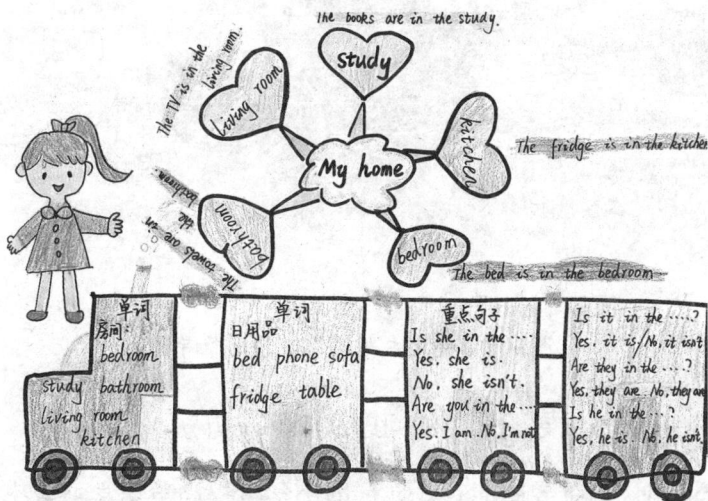

The books are in the study.

The TV is in the living room.

The fridge is in the kitchen

study

living room

kitchen

My home

bedroom

The bed is in the bedroom

单词

房间：
bedroom
study bathroom
living room
kitchen

单词

日用品
bed phone sofa
fridge table

重点句子
Is she in the····
Yes. she is.
No. she isn't.
Are you in the···
Yes. I am .No, I'm not

Is it in the ····?
Yes. it is/No, it isn't
Are they in the ···?
Yes, they are. No, they are
Is he in the ···?
Yes, he is. No. he isn't.

图4.11　PEP英语四年级上册Unit 4　My home思维导图

（6）主题写作

在小学英语教学过程中，写作是一项难度较大的任务，小学生使用词汇、语法、句式不够纯熟，他们的作文通常缺乏条理，或者出现主题不突出、内容不丰富等问题。英语教师在单元统整教学模式下，可借助思维导图工具展开主题写作教学，即以题目为中心词，再延伸出几个关键词，引导学生围绕这些词整合单元知识进行创作，使他们的写作表达准确、内容丰富。

如 My weekend plan 的教学，本单元谈论的话题是周末安排计划，重点是用一般将来时描述。当学习完单元整体内容之后，教师有效运用思维导图指导学生根据个人兴趣及爱好写一篇"个人周末计划"的短文，中心词为 My weekend plan，向下延伸出二级分支 When、What、Where、Who、How，并分别在单词下标注"什么时间、做什么、地点、和谁一起、怎么做"，使学生据此创作文章。如下图所示：

图4.12　英文主题写作教学思维导图

（三）应用思维导图常见的问题及其解决办法

实践证明，思维导图能有效地帮助小学生提高英语学习效率，但在具体执行和操作的过程中仍存在一些问题。

1. 教师层面

教师对思维导图实际应用的重视程度不够。在实际教学中，能坚持用思维导图设计板书，或者用思维导图带领学生做课后温习，或者用思维导图组织单元复习的教师少之又少。即使意识到了思维导图的重要性，部分教师也只是在需要时拿网上现成的资源来用，针对教学内容和学生实际进行的自主设计很少，投入的时间和精力更是有限。

学生思维导图的使用和绘制缺少教师的必要指导。思维导图用图文并茂的形式高度提炼和概括了某一课时或某一单元的主要内容，形式简单，意蕴丰富。思维导图的读取，需要读图者具有强大的图形解读能力和信息捕捉能力；思维导图的绘制，需要绘制者具有强大的信息提取能力和文字概括能力。思维导图虽在小学英语教学领域曾经且正在应用着，但由于教师指导的缺位，未经训练的学生在这两方面肯定是有欠缺的。

2. 学生层面

学生对思维导图已经有了一定的认识，但也仅仅停留在工具层面。思维导图作为思维可视化的有效工具，其对于知识结构的梳理和构建意义重大，教师应该结合单元主题的知识脉络利用思维导图的内在机制进行渗透和讲解，在思维层面上开启学生的深度学习和认知。

学生整体考量和把握大单元统整主题思维导图仍有困难。在教师的启发引导下，学生对课时内容能按其内在联系绘制简易的思维导图，但要从整体出发设计大单元思维导图，无论是在层级关系上还是在图形设计上都有所欠缺，这需要教师长期的坚持和引导。

教师在使用思维导图来支持英语教学时，以下几点可供参考：

（1）解读思维导图时，教师应尽量给学生更多的思考时间，引导他们自主发现知识间的内在联系，并尝试通过思维导图发现思想的线索和路径。

（2）绘制思维导图时，教师可以有多种选择，可以用专业的思维导图设计软件，如 iMindMap9，还可以用演示文稿中的"插入思维导图"；设计板书时，教师可以穿插使用传统纸质教具，尽量体现图文并茂的特点；辅导学生时，教师应提示学生根据课型和知识间的内在联系设计多种形式的思维导图，并鼓励学生发散思维，大胆尝试设计大单元主题思维导图，提醒他们注意知识的层次性和渐进性。

（3）教师对思维导图的引入和重视应具有长期性和一贯性，注意言传身教和对学生的积极评价。

综上所述，单元统整就是通过对教材深入透彻的把握，以话题为中心，科学合理地整合教学内容，借助思维导图在有限的教学时间里发挥教育资源的最大效益，帮助学生建构自己的语言知识体系，促进学生的自主学习，更好地发展学生的语言交际和应用能力的教学模式。我们也会在今后的教学过程中进一步研究、挖掘单元统整和思维导图在小学英语教学中更广泛、更深入的应用潜力，助力思维生长课堂，提高学生的综合语言运用能力。

（孙庆婷）

下篇　思维生长课堂实践探索

第五章

思维生长课堂教学实施策略

一、主动思考能力培养策略（一）

构建学生主动思考的课堂要以问题为导向，激发学生主动思维。问题是教学的"心脏"，是教学思维的动力；问题要有明确的目的，使学生的思维趋向于教学目标；问题难度要适中，有启发性，能触及学习内容的本质，引导学生深入思考。为引起学生关注，诱发思维参与，教师要提前精心创设好问题情境，以活跃课堂气氛，激发学生学习的兴趣和求知欲，引发学生的深度思考，促进学生的思维向纵深方向发展，着力培养学生的核心素养。

基于以上的教学目的，数学教师在设计问题时可以从以下几个方面去着手、构思和努力，从而引发学生主动思考。

（一）吃透教材，把握核心问题

应用问题引导模式开展教学时，问题的设计是决定教学效果的基础。只有吃透教材，准确把握核心问题，围绕核心问题设计一连串有梯度的问题，教学时才能将学生的思维引向深入。

钻研教材不仅仅是对这一课、这一单元、这一册教材都一清二楚，而要对整个小学阶段的数学了如指掌。因为数学知识是一个完整的系统，整体把握教材，可以让教师明确知识之间本质的联系，站在较高的层次上审视和处理教材，向学生传递一个完整的数学思想，帮助学生建立融会贯通的数学认知结构。在此基础上，数学教学才能更精准地聚焦核心问题。

比如，数的运算中的"整数加减法""小数加减法"和"分数加减法"等知识看似不同，其实贯穿其中的核心问题是"为什么要末位对齐""为什么要小数点对齐""为什么要通分"等。这样的核心问题能够彰显同类数学知识的本质，即"只有计数单位相同才能直接相加减"。

可见，核心问题是最有知识意义和价值的问题，是贯穿知识发展脉络之中的数学方法性、思想性问题。抓住核心问题，数学知识的脉络就会更加清晰，学生的思维能力就能进一步提高，教师教学也就能走向优质、高效。

（二）针对知识的生长点，设计启发性问题

任何知识都不是孤立的，都是由已知发展而来的，教师要做的就是深入数学本质，帮助学生搭建新旧知识内在联系的桥梁，精心设计启发性的问题，引导学生积极、主动地探究新知识，在原有的认知基础上丰富知识架构。

如在学习《年、月、日》时，学生已经学习了"时、分、秒"，对"年、月、日"的常识有所了解。上课伊始，教师先通过一连串的问题，唤醒学生的已知经验，再启发学生对有疑惑的地方大胆质疑，自然而然地引出新知识的学习。例如："同学们，我们学过的时间单位有哪些？你知道比'时'更大的时间单位吗？关于'年、月、日'，你知道哪些知识，给大家介绍介绍？对于'年、月、日'的这些常识，你还有什么疑问吗？观察它们之间的进率，哪里最特别？为什么这里最特别？"这样引导学生大胆地质疑，通过温故知新，将新知识纳入其原来的知识系统中，开阔其视野，其思维也得到了发展。

（三）针对知识的重点，设计思考性问题

学生的思维能力只有在活跃的思维状态中，才能得到有效的发展。因此教学过程中教师提出的问题既不能大而空，也不能细而浅，因为二者都不易引起学生的思考。数学课堂要让学生学到需要的知识，不能一节课下来，好的学生不需要学，差的学生没学到。我们要根据教材重点和学生的实际，设计适合学生的、难度适宜的思考性问题，让学生以问题为导线，找到思维的起点，抓住数学知识的学习要领，从而提高学生探究新知识的欲望，激活学生的思维意识，提高学生的数学素养。

如在学习《百分数》时，教师可将学生在生活中找到的几个百分数放在一起，提出问题。

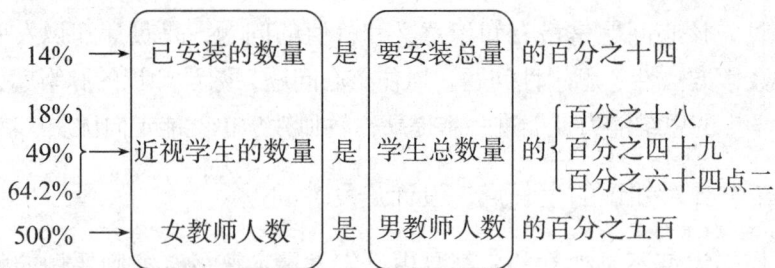

图5.1　百分数举例

"这些百分数表示的意思有什么共同点？前两组百分数和第三组百分数比较，有什么不同吗？前两组百分数为什么都没有超过 100%，而第三组却超过了 100% 呢？"

通过比较这些百分数所表示意义的相同点和不同点，帮助学生全面地理解百分数的意义，即百分数既可以表示部分与整体相比的关系，又表示一个量和另一个量相比的关系。这样提问既可以加深学生对基础知识的理解，又可以培养和发展他们的逻辑思维能力。通过几个思考性问题，教师得以引导学生观察、思考、探究、总结规律，有效激发了学生对知识的探究欲望，提升了学生思维的深度和广度。

（四）针对知识的深化，设计灵活性问题

心理学的研究证明，加强对知识的理解可以发展学生的思维能力。数学知识比较抽象，要让学生真正理解和自觉掌握数学基础知识并形成能力，关键就是让学生在理解的基础上掌握数学知识。只有理解了知识，学生才能牢牢掌握，并且运用自如。

如在学习《三角形的内角和》时，让学生思考以下问题：

一个三角形，如果求其中一个角的度数，要知道另外几个角的度数吗？什么三角形，知道一个角的度数，就能求其他角的度数了？什么三角形，一个角的度数都不告诉你，还能知道它每个角的度数？

通过这样一些问题将三角形内角和与前面三角形分类的知识有机整合，启发学生从不同的角度考虑问题，引导他们善于运用所学的知识逐步学会全面看问题，在发展中看问题，掌握解决问题的途径和方法。

（五）针对实际操作，设计指导性问题

著名心理学家皮亚杰说："儿童的思维是从动作开始的，切断动作与思维的联系，思维就不能得到发展。"可见人的手脑之间有着千丝万缕的联系。要解决数学知识的抽象性和小学生思维的形象性之间的矛盾，就要多组织学生动手操作，以"动"启发学生的思维。"眼看百遍，不如手过一遍。"在学习抽象的概念或几何知识时，为了帮助学生建立空间观念，我们尽量让学生亲自动手，设计有指导性的问题，调动学生多感官参与，锻炼学生的动手能力，加深其对知识的理解，提高其学习效率。

例如，在教学《克和千克》时，为了帮助学生建立对这两个质量单位的感觉，提前让学生准备些生活中的实物，课上让学生把自己的身体当作天平，把左右手当作天平的两端，以一枚2分硬币作为1克的标准，一袋洗衣粉作为1千克的标准，称一称，看还有哪些东西的质量大约为1克、1千克。学生通过用心感受物体的重量，得出了6粒黄豆大约1克、2个曲别针大约1克、2袋盐大约1千克……的论断；再用台秤称一称他们带来的其他物品的重量大约是多少，并掂一掂，感受一下重量。整节课，没有过多的说教，教师只是通过指导性问题，让学生在称一称、掂一掂中感受生活中物品的重量，建立了质量单位的概念。

在教学《圆的面积》时，让每个学生准备两个大小相同的十六等分的圆，先让他们讨论得出圆的面积与它的半径有关，再让他们把圆剪成十六等份，提示他们将这样的小图形拼成我们学过的图形，并思考拼成的图形的面积如何求，它与原来的圆面积有什么关系。之后，我们引导学生动手拼一拼、猜一猜、算一算，让他们在探索中推导出圆的面积计算公式。这样，不但加深了学生对知识的理解，而且促使他们主动参与学习，思维得到发展，使他们不仅知其然，而且知其所以然。

（六）针对定向思维，设计创新性问题

定向思维的基础是经验，虽然有些人声称找到了某种问题的规律，其实它不过是个经验而已。定向思维的特征是："什么样的问题我们都有经验可循，不需要你去想其他的办法；或者什么样的问题都有一个框框，你不能打破这个框框。"创造性思维决不是无源之水、无本之木，思维的流畅、创新也不是纯灵感的产物，更不是一朝一夕就能达到的，它需要一个长期培养训练的过程。这就要求我们在教学中精心设计练习，善于选择典型的材料，创设问题情境，激发学生的创新意识。

特级教师华应龙在示范课中曾说过一句充满哲理的话："经验用错了就是教训。"他的问题设计就让学生尝到了教训，如："甲乙两地相距 300 米，小明从甲地走往乙地，每分钟走 60 米，走了 4 分钟，这时离甲地有多少米？"一半学生列式为 $300-60×4$，追问其原因，他们都说之前做题都是这样，从不仔细读题。还有就是在做一份试卷时，试卷的第一题是"请同学认真把试卷读完，然后把姓名写在左上角"，可是很多同学拿起笔来就忙着做，在老师喊停时，39 个同学中只有两个同学在规定时间内完成，在其他同学吃惊时，那两名同学说出了其中的原因：试卷里面的第 6 题说得很明白，这一份试卷只是让同学们浏览一下就可以了，其实只是要同学们完成第一题，在试卷的左上角写上自己的姓名。其他同学听了都很气愤，认为是老师欺骗了他们。经过老师的引导及师生的讨论，同学们才认识到了以后考试时不能只靠经验，而要认真审题，弄清事物的本质。

（七）创设开放的、富有探索性的问题情境

教学中提供的问题情境要有一定的开放性，要提供一些富有挑战性和探索性的问题。这样不仅能激发学生进一步学习的动机，还能使学生在解决这些问题之后增强自信心，提高学习的积极性。在小学数学教学中创造各种适合教学需要的情境，可以激发起学生学习的欲望，让学生在动手实践、自主探索与合作交流中真正理解和掌握基本的数学知识和技能、数学思想和方法，提高学生的数学能力，使学生得到全面的发展，真正成为数学学习的主人。

在教学《百分数》时，我们给学生提供了这样一个统计信息（见图5.2），提出了以下问题：

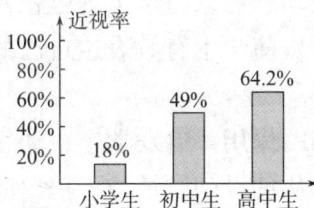

图5.2 2021年某市学生眼睛近视情况

这里的百分数是谁和谁在比？它们分别表示什么意思呢？如果用一个正方形表示小学生的总人数，那么怎么表示近视的那部分人的数量呢？我们以高中生的近视率64.2%为例，如果有1000个高中生，那近视的人数有多少人？如果有10000个高中生呢？我们再来看看这一组百分数的变化，你有什么发现？你有什么话想对同学们说吗？随着近视人数的不断增加，这里的百分数可不可达到120%？

在实际的生活情境中，我们让学生感受到百分数的意义和价值，通过一连串的问题，让学生经历从生活到数学、由数学再回归生活的过程，帮助学生深刻理解百分数的意义，再学以致用解决实际问题。开放的、有探索性的问题情境对学生思维能力的培养和学习兴趣的激发有很大的作用。

总之，有效的课堂问题对教学影响极大。什么时候提出什么问题，需要精心设计，特别是在教学过程中，还要鼓励学生质疑问难，使学生始终处于主动地位。只有经过动脑、动口、动手实践与思维获得的知识，才是深刻的、牢固的。只有在这样的有效的设计下，学生的思维才能够得到有效的提高，也才能更好地为以后的发展做好铺垫。

（班泓）

二、主动思考能力培养策略（二）

课堂提问是促进课堂教学的有效手段，不仅可以帮助教师诊断学生学习现状，启发学生积极主动思考，与学生进行积极有效的情感互动，而且可以促进学生的深度思考，使学生有效表达自己的思想和观点，形成完整的认知结构。

教师要发挥课堂提问的作用，启发学生主动思考，促进学生思维的发展。具体而言，教师可以从创设问题情境、提出问题、合理候答、正确叫答和有效理答五个方面进行操作。

（一）创设问题情境，激发学生主动思考、求知

任何知识都是具体的、依赖于情境的，情境是知识产生的源泉，问题更是如此。融于情境的问题能引发学生的认知冲突，引导学生主动分析、综合、归纳情境提供的信息，进而解决认知冲突。教师创设问题情境可以借助以下四种策略：

1. 联系生活实际

"生活即教育"，以学生所熟悉的生产现象和生活事实来阐述抽象枯燥的知识，既能增强学生对知识的熟悉感，激发学生主动求知的兴趣，让学生进入思考的最佳状态，又能培养学生细心观察、勤于思考的习惯，让学生从生活中发现问题、解决问题。更重要的是，将问题置于不同的生活情境中，能将原本抽象简单的问题范围拓展开来，让学生从不同的情境中内化解决问题的规则和方法，促进知识之间的迁移和创造力的形成。

2. 运用信息技术

随着信息时代的飞速发展，以计算机为核心的现代教育技术广泛地应用于教学。它可以交互地处理文字、图形、图像、声音、动画、视频等多媒体信息，使它们建立逻辑连接，集成一个信息丰富、形式多样的信息系统，进而有效地帮助学生建构知识和发展思维。

3. 新旧知识结合

新旧知识结合是创设问题情境的基本方法。教师根据学生已有的知识，

设置一系列层次鲜明的系统性的问题或问题组，引导学生实现由已有的知识向新知识的转化与过渡，培养迁移知识的思维方法。这种问题情境的设置符合学生的认知规律，能有效地引导学生在包含已有知识的问题情境中去思考和探究，通过不断地比较和分类，发现已有知识和新知识的区别与联系。

4. 设置疑惑和问题

"疑"是激发思维的起点，也是激发思维的动力。问题的情境是由一系列的疑惑和问题组成的，能引导学生带着问题去思考。当然，这一系列问题的设置要合理，要由浅入深、由易到难、层层递进，这样才能把学生的思维逐步引向新的高度。

（二）抓住提问时机，点燃学生思维的火花

对课堂提问时机的把握是教师需要留心关注的问题。"问在当问时"，问得恰到好处就显得尤为重要。抓住提问的最佳时机，提出适当数量和质量的问题，可以发展学生思维的开放性、深刻性、发散性，可以激发学生独立思考，指引学生在主动、积极的思考中寻求合理的解决方案。那么，如何把握好时机，做到"问在当问时"呢？这需要从以下两个方面来把握：

1. 从教材中确定提问时机

（1）教材的关键处。这是学习、理解、掌握知识的最重要之处。教学行进到此处时应该通过提问引起学生注意，激活学生的思维。

（2）教材的疑难处。针对教学难点设计指导性问题，可以启发学生思维，引导学生掌握正确的思考方法，达到深刻理解知识的目的。

（3）新旧知识的结合处。在新旧知识过渡时，教师通过设计适当的铺垫性疑问，可以启发学生运用迁移规律，建立新旧知识之间的联系，达到旧知识向新知识过渡的目的，促进学生形成知识迁移。

（4）教材的精华处。教材的精华处必然是新知识的重点部分，也就是需要学生理解和掌握的地方。

（5）教材的深奥处。新知识的疑难之处就是教材的深奥之处。这样的地方学生理解困难，需要教师有计划地精心设计系列问题，积极引导学生

进行思考。

2. 从学生学习的角度确定提问时机

（1）当学生的思维困于一个小天地而无法突围时，教师要精心设问，引导学生走出困境，从新的角度思考问题、找到答案。

（2）当学生受旧知识的影响无法顺利实现知识迁移时，教师要精心设问，帮助学生实现知识迁移。

（3）当学生有所领悟、心情振奋时，要通过提问激发他们的学习热情。

（4）在学生概念模糊时，要准确设问，帮助学生理清和辨析相似及易混淆的概念。

（三）合理候答，留给学生思考的空间

候答时间是教师提出问题后等待学生作出反应的时间。候答时间对学生思维的深刻性和精细性有重要影响。为了促使学生真正地去思考问题，对信息全面地深加工，提高回答问题的质量，教师应该有意识地延长候答时间。这种做法不仅是对学生的尊重和理解，也会得到意想不到的效果。教师对于候答时机及时长要有一定的判断力和灵活性，需要密切关注学生的反应。只有学生确实表现出真正在思考问题时，才需要留出等待时间。不同类型的问题设置的等待时间也要有所不同。

（四）正确叫答，给予学生公平的思考

教师提出问题后，学生经过思考形成对问题的看法和独到的见解，这个时候教师正确的叫答可以使学生最大限度地参与到教学活动中。叫答方式通常分为集体叫答、个体叫答两种。从长远来看，有效的叫答能促进学生创造性思维的发展。

在个体叫答时，教师应该注意以下几点：

第一，教师在叫答时应该兼顾全体学生，不应该只叫少数优等生，更不能有性别差异。

第二，可以根据问题的难易程度有针对性地选择学生来回答。

第三，教师可采取随机叫答、排号叫答、抽签叫答等多种方式，增加学习的趣味性，激发学生回答问题的兴趣。

（五）有效理答，促进学生思维的发展

理答是教师对学生的回答作出的及时评价，对学生知识的理解、思维及言语表达等情况进行启发引导，是课堂提问的重要组成部分。学生可以从教师的理答中客观地审视自己的学习情况，进而调整和优化学习策略。理答的好坏直接影响学生对问题的理解和下一步学习的进程，甚至会影响学生对一堂课乃至一门课的学习态度。

1. 有效理答的策略

（1）理答前的等待时间

理答前的等待时间也称为"第二候答时间"，指教师在学生回答完问题后到开始理答之间的停顿时间。这段时间教师可以思考如何作出恰当的评价，学生则可以对自己的回答进行纠正或补充，其他学生也可以分析、比较和评价他人与自己的回答。

（2）理答方式的选择

教师要进行有效的理答，需要不断地提升自己对学生回答的敏锐性和判断力，根据学生回答问题的情况及时采取正确的理答方式。面对学生的回答，不应该简单地评判"对"或"不对"，而应根据学生回答问题时的状态进行回应，分清学生思考方向是否正确，抓住学生犯错或不理解的地方再次引导学生思考。

2. 有效的理答方式

应用——用学生的回答引出下一个问题。

延伸——依据学生的回答引导学生思考另一个新问题或某个更深入的问题。

扩展——就学生的回答加入新教材或新见解，扩大学习成果或者展开新的内容。

总结——利用学生的回答概括要点。

比较——把学生的回答与其他回答进行对照。

展示——将学生的答案写在黑板上。

这六种方式是在对学生回答给予评价的基础上进行的，是对学生回答的深层次挖掘，可以启发诱导学生思考，使其产生有创新、有深度的答案。

总之，做好这五个方面就能充分激发学生思考，促进学生发散性思维和创造性思维的发展。

（杨丽）

三、理解建构能力培养策略（一）

语文阅读教学是培养学生语文素养、提高学生文化品位和审美情趣的重要手段，对培养学生的思维能力有重要的作用。理解建构即学生在理解记忆知识的前提下，在思维过程中把学习对象的整体分解为若干部分进行研究、认识的技能和本领。统编小学语文教材中古文的篇幅短小、文字简练、浅近易懂、富有儿童趣味，文本的独特性让古文理应成为培养学生思维能力的沃土。促进深度学习的思维生长课堂的研究，突出培养学生深度学习的关键能力，其中理解建构能力的培养尤为重要。

《义务教育语文课程标准（2022年版）》关于古文教学的目标中有这样几个关键词："体验"，即需要学生设身处地与作者、文本对话；"想象"，既是一种思维能力，也是一种理解的思维方法；"领悟"和"体味"，指向对文本的领会、理解、感悟等。"体验""想象""领悟""体味"的思维活动就是一种理解建构的过程。古文的教学注重"言""文""意"的有机融合，即立足于"言"进行教学，在理解"言"的过程中融合对"文"的把握，最终获得"意"的感悟。在此基础上，我们结合实践，提出以下策略：精析细解通文，多元联结解意，分析建构悟情。

（一）精析细解通文

精析细解通文作为一项学习策略，是推动学生理解文本的好助手。精析细解通文是指辨别、分析文本中的重点字词句，从而提取出文本的基本信息。精析细解通文时，教师可以将古文与白话文进行对比阅读，引导学生从形式、内容和语言等方面进行对照分析，促进学生思维发展。中年级的《司马光》《铁杵成针》等四篇古文都是学生熟知的故事，并且学生都阅读过相应的白话文，因此将古文与白话文进行对比阅读，对于学生学习古文可起到很好的促进作用。

（二）多元联结解意

"联结"即引导学生立足于文本，与图画、注释、资料等产生联系，运用联系上下文、结合注释、借助资料等方法，在对文本的分析中理解文意。借助"联结"能帮助学生由"言"到"文"再内化于"言"。

1. 联系上下文

联系上下文，是在对某一字、词、句进行分析和理解时，结合具体的语言环境，进而理解整篇文章的意思。以《司马光》一课教学为例，文中"众皆弃去"中的"众"，在《现代汉语词典》中解释为"许多；许多人"，而在文中"众"到底指哪些人，这就需要学生联系上下文和故事内容，通过理解分析来判断。挖掘这样的训练点，可以让学生学会联系上下文思考问题的方法，同时能够展现学生理解建构的思维过程。

2. 结合注释

借助课后注释可以了解到选文的出处、字词的意思、关键词的特殊用法等，可以帮助学生理解古文的大概意思。例如，《杨氏之子》中"诣"是拜访的意思，借此引导学生认识到中国优秀传统文化特别重视礼节，在用词上相当讲究，这个"诣"一般指拜访尊长或学识渊博的人。《少年中国说（节选）》一文中课后注释非常全面，学生借助注释就可以大致了解整篇古文讲的是什么内容。这就是通过"借注释、明句意、解古文"的方式来内化古文。

3. 借助资料

通过借助相关资料与课文内容产生情或意上的链接，不仅有助于学生更加深刻全面地理解古文，更能使学生通过理解建构达到由课文层面的阅读向文化层面的阅读迈进的效果。三年级下册《守株待兔》课后资料袋，学生通过将"待兔人"和"北辙人"的故事进行类比分析，能够感受到两人所犯的错误是一样的，两个寓言揭示的道理是相同的。学习《杨氏之子》后，推荐学生阅读《世说新语》，其中八岁的张吴兴、九岁的徐孺子、十岁的孔融，他们同样用风趣幽默的语言巧妙化解了生活中遇到的问题，读来令人忍俊不禁，可以帮助学生更好地理解风趣幽默是一个人智慧的体现。

（三）分析建构悟情

"体会文章主旨"是古文教学的难点，是从"文"到"意"的关键所在，需要学生通过对比分析、想象补白、演绎建构，在理解文意的基础上进行整体分析、综合概括，作出判断或评价。

1. 对比分析

把一篇古文中的不同人物或不同古文中的同类人物放在一起比较，通过分析这些人物面对某种相同情境时的不同表现，或不同情境中的相似品性，来深入体会人物精神品质，实现与古文中的人物对话。对《司马光》一课教学时，我们引导学生还原司马光破瓮救人的思考过程，分析救人方法好在哪里，从而明确人物形象。我们引导学生进行了两个层面的对比：一个是将司马光和众人的不同表现进行对比，另一个是将司马光救人的方法和其他方法进行对比。在对比分析、理解建构的过程中，学生想其所想，悟其所悟，感受到司马光的沉着冷静、善于观察和果断机智。

2. 想象补白

古文语言精练，无论是句式特点还是故事情节，常有省略现象。引导学生抓住关键情节，把眼前的抽象文字转化成头脑中的形象画面，展开丰富的想象，补充相关内容，可以深化学生对文章的理解建构。如《王戎不取道旁李》课后练习：怎样理解"树在道边而多子，此必苦李"？可以用想象补白的方式引导学生还原王戎的思维过程。学生通过想象加以分析，就能清晰地理清思维的脉络：生长在路旁的李子树，果实颇多，人们之所以不去摘它的果实，是因为李子是苦的。这样，借助想象补白，学生便能在李子数量和味道之间建立关联，打通思维通道。

3. 演绎建构

演绎建构是指让学生结合理解来加以想象、分析、建构，推断故事发生的场景、人物说话时的神态和动作，最终把这些形象化的内容"演"出来。比如在学生理解了《书戴嵩画牛》的文意后，引导学生演绎故事："春风吹，杨柳绿，有个叫戴嵩的人从小爱画牛，他画的牛活灵活现。瞧，他来了……"请大家加上动作和神态来讲一讲、演一演。学习《囊萤夜读》，在学生感悟到车胤克服困难、珍惜时间、勤奋学习的精神后，教师可以引导学生加上人物的语言、动作、心理活动等描写把这个故事演一演。故事演绎，有利于提高学生学习古文的兴趣，促进学生的思维从简单到复杂、从表层到内涵纵深发展。

精析细解通文、多元联结解意、分析建构悟情，既是古文教学的策略，也是理解建构的思维过程，更是打通古文学习"言—文—意"的有效路径。立足于古文的"言"，着力于"文"，回归于"意"，可在发展学生语言素养的同时，促进学生思维水平的提升。

（李帅）

四、理解建构能力培养策略（二）

指向深度学习的语文阅读教学策略的生成，要以体验思维过程为主要方法，以转变教师教学方式和学生学习方式为突破口，从学生的真实阅读入手。

其中理解建构的能力是学生思维生长的重要维度，指的是学生在理解记忆知识的前提下，于思维过程中把学习对象的整体分解为若干部分进行研究、认识的技能和本领。理解建构力的培养，可以促进思维进阶，让思维力由表到里、由浅入深、由易到难、由低阶到高阶，从而把握知识点的本质，为知识的迁移应用打下基础。

（一）课内阅读教学为理解建构能力打好基础

我校在小学思维生长课堂建构实践研究中提出了思维生长课堂的八大教学策略。这些策略的落地真正实现了学生学习方式和教师教学方式的转变，促进了学生理解与建构能力的提升，为一线教师提供了最为实用的教学指导。

1.设置高阶思维教学目标

高阶思维教学目标是理解建构能力的起始点。教师首先确定学生学习的重难点，然后寻找能够激发学生积极思维、主动探索的思维生长点，采用问题驱动的方式，将核心知识问题化，引导学生真实体验思维过程。

例如《女娲补天》一课，在核心问题"发挥想象，试着把女娲从各地捡来五色石的过程说清楚、说生动"的统领下，借助这个主问题展开问题链，推动思维在不同层次上展开。其一，按照"去哪里捡、遇到什么困难、怎样克服困难"的方式把女娲捡五色石的过程说清楚；其二，用"联系生活"的方式说说女娲有可能去哪里捡石头，会遇到怎样的困难；其三，联系上文，进一步想象女娲遇到的困难和怎样克服困难。在学生充分理解并想象课文的基础上，教师出示语言支架，指导学生展开想象，运用联系上文的方法，把女娲"从各地捡来五色石"的过程说生动。以上问题把在核心问题观照下的四个子问题，组成了有内在关联的问题链，既引导学生想象女娲在捡五色石的过程中遇到的困难，使学生联系上下文及生活实际进行创造性想象，体会到女娲甘于奉献的精神品质，又推动着学生不同层级思维的进阶发展。

2. 营造容错课堂氛围

课堂氛围为学生的理解建构能力铺垫了情绪基础。课堂教学必须构建安全、和谐的课堂氛围。教师应创设生成性的探究活动，鼓励学生自主发现、自主建构，引导学生在安全激励型的课堂氛围中尝试、互动、交流、合作。

课文《父亲、树林和鸟》的课后题中有一道争辩性题目："父亲曾经是个猎人"这个判断正确吗？这道题目其实没有标准答案，学生只要有理有据，能够自言其说即可。这就要求在平时的课堂上，教师要有意识地去营造容错的氛围，能够让学生在回答问题的时候毫无顾虑。学生要敢说，才会想说，才有可能说出真正思考之后精彩的理解。教师要允许有不同的答案出现，而不是一味引导学生说出所谓标准的答案，只有这样，学生的理解能力和批判性思维才能得以发展。

3. 设计挑战性思维驱动问题

具有挑战性的驱动问题是理解建构能力的抓手。教学过程中教师要设计具有挑战性的问题，并以此作为学生学习的外驱力，以助推学生在解决问题的过程中实现思维生长。

例如《司马光》一课，作为小学阶段的第一篇文言文，习得文言文的理解方法并疏通文意是非常重要的，但是如果想让学生更加立体地了解司马光，教师就要设置具有挑战性的问题，如"和众人的方法相比，司马光的方法好在哪里"。学生想要把这个问题理解清楚，就要梳理多种方法的利弊并进行比较，这个过程就是教师培养学生理解建构能力的过程。

4. 提倡在结论处追问

结论初步形成后，需要经历质疑、检验和论证，于结论处追问，促使学生对结论进行再思考，实现深度学习，促进思维建构能力发展进而形成闭环。

例如，在教学《手术台就是阵地》一课时，在学生理解了文本的基础上，教师可适时在文末创设情境并提出问题：白求恩大夫放弃加拿大安逸的生活，不远万里来到中国，在战场上饱受苦难，他究竟是一个怎样的人？引导学生再次抓住描述白求恩大夫言行的语句，来感受白求恩的可贵品质。如此使任务指向核心目标，落实本单元语文要素，让学生真正实现深度学习。

5. 鼓励思维过程外化表达

在经历学习的过程中，学生对新知识的理解、概括需要用表达带动思考并验证。学生通过表达，不断地思考，补充完善，明晰思路，最终内化领悟，这个过程就是建构能力训练的最好体现。

在教学《狐假虎威》时，教师遵循学生认知规律，从题目入手，引导学生结合图片和课文最后一句话整体感知课文主要内容。问题链之间要有逻辑层次，体现思维的进阶。教师在下放问题"狐狸为什么向老虎借威风"后，创设情境，通过角色扮演，引导学生抓住狐狸"眼珠子骨碌碌一转"这一动作，感受狐狸内心的恐惧和机智；引导学生围绕狐狸说的三句话，理解狐狸步步为营的过程。为引导学生充分理解狐狸当时的心理活动，教师创设情境：下面就找几个同学来演一演狐狸，还有老虎。有请我们的老虎、我们的狐狸，一个同学做旁白，其他同学就是森林里的小鹿啦、兔子啦。看看谁是最优秀的演员？最后让学生在初步理解词语的基础上，揣摩狐狸和老虎的内心感受，将词语变得更加饱满，再进行分角色扮演。一边表演，一边表达，学生内在的思维过程由此外化。

6. 强调思维工具嵌入使用

思维工具能有效影响思维活动、提高思维效能、延伸思维深度，是理解建构能力的媒介。掌握工具和方法，学生的理解能力和建构能力才能有更好的支撑。

例如《观潮》一课教学时，可以引导学生借助思维导图梳理课文内容，这样学生就可以一目了然了，明白课文是按照潮来前、潮来时、潮退去这样的顺序来描写钱塘江大潮的。

7. 突出表现性、延迟性评价

学习过程中学习的兴趣、意志力、学习习惯和态度等直接影响着思维的活跃度。教师应多角度关注学生表现，全面衡量学生的学习效度和思维生长的程度，对于有价值的问题不急于评价，给学生充足的表现机会和时间，利用延迟性评价给予学生更多积极思维的动力。

8. 坚持思维生长全程覆盖

教学设计、实施直到作业布置的全流程，都要围绕思维生长进行。教学目标更重视让学生体验思维的过程。教学过程中，教师要鼓励学生思考，帮助学生找到思维的方向与方法，引导学生在深度思考后进行有效交流。作业设计要开放且有思维深度，让学生形成不断思考的习惯与能力。

课内阅读教学中，要想使学生积极主动地投入阅读，实现深度学习，还要注意调动学生的学习积极性，创新课堂教学形式，给予学生课堂期待感和不同的课堂学习体验。培养创新能力，也能促进学生的理解与建构。创新能力是学生在学习过程中需要培养和具备的能力。在阅读教学中，教师要善于培养学生的创新能力，通过鼓励学生质疑和思考，让学生不断突破教材的束缚，表达自己的观念及思路，培养主动阅读和思考的意识及习惯。教师还可以根据阅读内容引导学生去联系生活，让学生在实践中总结、归纳并思考，在与生活联结的过程中体验阅读的乐趣。

（二）课外阅读教学为理解建构能力做好延伸

课外阅读是课内阅读的拓展与延伸，与课内阅读相比，课外阅读内容更丰富，更为自主化，是培养学生理解建构能力的广阔领域。课外阅读教学要特别关注文本特点和学生的年龄特征。

1. 低年级阅读教学策略

对于小学低年级学生而言，阅读兴趣尤其重要。我们从兴趣入手，培养其语感，发展其思维。第一，创设情境，引导想象。特别是在阅读导入的时候，创设情境尤为重要。只有唤醒了学生的想象，才能激发他们的阅读兴趣和阅读激情。在这个过程中可以采用直观的形式，比如图画、实物、视频等，教师也可以运用自己的肢体语言通过表演带动阅读气氛。第二，教师要关注教学中的提问方式，引导学生"想说、敢说、喜欢说，有机会说，并能积极应答"。在实际的教学中我们发现，猜想式的提问、推理式的提问、创造性的提问对于低年级的学生而言都是特别有价值的提问方式。第三，教师要优化教学中的提问策略。呈现阅读材料时，首先要让学生观察画面、描述画面。紧接着要借助想象理解画面，在这个过程中，要引导学生建立前后画面的联系。最后要让学生对画面进行描述，在描述时要特别关注其中的因果关系。在这些过程中，学生思维的独创性和敏捷性就在潜移默化中得到发展。

2. 中年级阅读教学策略

优化中年级阅读教学策略，保证中年级阅读教学质量，是避免小学阶段学生阅读能力分化、学生语文综合素养参差不齐的关键。第一，课前阅读是对阅读教学的预热，对阅读教学有决定性的作用。教师应鼓励学生在课前尽可能地探索与阅读课程相关的内容。在课前的引导环节中，教师要结合实际的教学内容和经验，通过多种方式和途径激发学生探索的欲望，多给学生留出思考空间以保障阅读自由度。在学生产生好奇心时，教师要适时鼓励学生自主组织阅读素材，深入阅读与思考。第二，多元引导、层层递进，在真正意义上实现教师主导、学生主体的教学模式。教师可以以提问、解答、主题讨论、小组合作、自由发表意见、多媒体引导等方式，尽可能实现学生阅读的主体性和自由性。在这个环节中，面对学生的讨论和质疑，不要过分执着于既有的答案，要根据学生的问题和状态相机调整教学思路。第三，阅读教学所积淀下来的智慧和策略，要通过课下的阅读和思考来巩固。课下阅读计划应以课堂教学为基准，有步骤地开展实施。教师要尽量挖掘学生感兴趣的领域，指导学生采用适合自己的阅读方法。在拓展阅读中，学生通过分析与综合实现了课堂阅读教学的延伸，也增强了思维的灵活性和系统性。

3. 高年级阅读教学策略

小学高年级的学生已经基本掌握了多种阅读方法，也养成了一定的阅读习惯，甚至很多学生也形成了自己阅读的兴趣倾向。在小学高年级阶段，教师就要格外关注学生思考的深度和广度，精心引导学生多思多想。"一个学生如果没有经历过痛苦的思考，并在思考过的地方长出自己的思想来，那么他就不能真正体会到学习的快乐"，这句话同样适应阅读教学。每一个学生在阅读的过程中都会多多少少出现一些大大小小的疑问，阅读的过程其实就是不断质疑、不断思考的过程，这就对教师的阅读指导提出了更高的要求。教师不仅要善于发现学生的疑难点，还要帮助学生在潜移默化中消化它们。在这个过程中，教师要精心设计问题，精化语言，通过引导深化学生的理解和领悟，借助深度思考让学生思维的深刻性和批判性得以发展。

阅读，始终是学生语文学习的重中之重，对语文素养的养成、语文学习能力的培养至关重要。在新课改背景下，语文阅读教学应该体现学生的自主性和差异性，培养学生探究性的阅读能力。只有在实践中把语文课内教学与课外阅读活动指导紧密联系起来，让两个"轮子"一起转，使课外阅读成为课堂教学的延伸和补充，才能真正提高学生的阅读水平。

（三）理解与建构能力的总结反思

真正意义上的深度学习是一种以高阶思维为主要认知活动的持续性学习过程，而理解与建构能力是学生实现"真学习"的基础。在小学语文阅读教学中应以核心素养为目标，让学习任务指向核心目标，实现工具性与人文性的统一；以核心问题为抓手，构建高阶思维支架，巧设进阶式问题链，促进思维发展提升，找准恰当时机，扶放结合，碰撞思维火花；以学习情境为场域，关注情境的真实性，解决现实真问题，重视学生自主探究，找准最近发展区，让学习真实发生。我们要不断引导学生在阅读过程中进行高阶思维学习活动，不断培养学生的理解与建构能力，将学生思维引向纵深发展。

在深入真实的小学阅读课堂教学中，在钻研阅读教学相关理论基础和研究成果的前提下，本部分将理论同实践相结合，分析小学阅读教学的现状，力图提出更易操作、更易落实、更易推广与普及的改善策略，力求为小学一线语文教师提供可操作的策略。深度学习是新课程改革以及学生发展的要求。作为一名小学语文教师，应该全面贯彻新课程改革的要求，创新课堂教学形式，培养学生深度学习的能力，提升学生的理解与建构能力，给予学生真正实践的机会，促进学生有效思考和探究，进而培养学生的高阶思维能力，帮助学生更好地进行阅读。

（勾永阔）

五、迁移应用能力培养策略（一）

培根说："数学是思维的体操。"促进学生思维能力的提升和思维品质的养成是数学学科的核心使命，也是落实学科核心素养的关键所在。数学作业是实现数学学科培养学生思维能力的重要载体，也是培养学生迁移应用的重要媒介。高质量的作业设计，对巩固学科知识、形成关键能力、培育核心素养、实现减负增质具有重要的作用。

（一）典型性作业为迁移应用能力打好根基

优质高效、针对性强的作业能巩固和强化课堂所学内容，加深学生对知识的理解，引导学生掌握技能应用方法，培养学生数学思维能力，也是夯实学生数学基础的必然手段。大量案例表明，作业数量并非越多越好，不是所有的量变都能引起质变，作业贵在精。为此教师要精心筛选作业内容，做到兼顾作业的典型性、系统性、全面性，以达到练一题而通一类的效果。

1. 突出数学本质，发展思维的深刻性

教师要依据重点突出、难点突破的原则，对众多的习题进行筛选、整合以生成最具本质、最具代表性的作业，引领学生抽丝剥茧，直抵数学知识的本质，提高学生灵活运用所学知识解决问题的能力，循序渐进地培养学生思维的深刻性。

155

在人教版三年级下册第四单元《两位数乘两位数》的教学中，我们设计了这样一组练习：

（1）看图填空

15×13

$= 15 \times （\quad）+ 15 \times （\quad）$

$= （\quad）+（\quad）$

$= （\quad）$

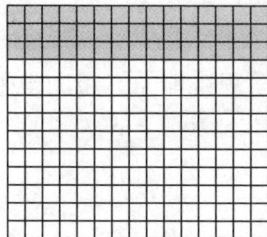

（2）把竖式填写完整

```
      1  5
  ×   1  3
 ─────────
      4  5 ……（      ）×（      ）
   1  5     ……（      ）×（      ）
 ─────────
 （      ）
```

（3）$15 \times 13 = 15 + 30 + 45 + （\quad）$

作业（1）引导学生借助方格图理解两位数乘两位数的算理；作业（2）引导学生借助乘法竖式进一步理解两位数乘两位数的算理，同时巩固两位数乘两位数的算法；作业（3）通过乘法分配律将两位数乘两位数分解成四个数相加的形式。结合作业（1）的方格图，学生能发现（10+5）×（10+3）的积有四项，这为学生今后学习多项式乘法的相关知识埋下伏笔。

2. **突出思想方法，发展思维的灵活性**

数学思想方法是人们对数学知识本质的认识，是人们学习和应用数学知识过程中思维活动的向导。实践表明，数学思想方法不是学生与生俱来的，而是在一次次具有思维含量的反复思考、实践活动中慢慢悟出来的；学生习得的思想方法也不是一蹴而就的，而是在一次次解决问题的过程中慢慢总结出来的。为此，教师可设计富有思维难度和趣味的作业，提高学生运用数学的思维方法进行思考的能力。

在人教版五年级上册第五单元《多边形面积》的教学中，我们设计了这样的练习：

（1）在梯形的面积计算公式 $S=(a+b)\times h\div 2$ 中，当 $a=0$ 时，S = _____；当 $b=0$ 时，$S=$ _____；当 $a=b$ 时，$S=$ _____。

（2）用下面的算法算三角形的面积正确吗？为什么？请画图表示出来。

① $S=a\times h\div 2$　　　② $S=a\div 2\times h$　　　③ $S=a\times(h\div 2)$

作业（1）引导学生在梯形面积公式的变形中感受转化的力量；作业（2）引导学生在用画一画的方式说明算法合理性中感受转化方式不同带来的计算方法差异。通过练习，学生不仅感受到转化作用之强大，体会到数学思想方法的奥妙，更提高了思维的灵活性和推理能力，涵养了数学精神。

（二）实践性作业为迁移应用能力拓宽路径

学生在完成数学实践性作业的过程中通过观察、发现、分析、质疑、总结等活动，将自己的知识理解、思考方法、结果探究过程等显性化，从而使数学思维得到提升。在进行深度的探究性活动过程中，教师要引导学生实现有意义、个性化的探索，激发思维生长；帮助学生展现自己的思考过程，让思维可视化；促进学生数学学习品性的提升，拓宽思维的空间，从而推动学生从低阶思维向高级思维进阶。

1. 设计阅读型实践作业，由表及里

数学阅读是数学思维活动的基础，让孩子们通过阅读大量信息，培养他们的信息提取、探究归纳、整合运用的能力，激活思维潜能。阅读材料，可以源于学生学习需要，也可以来源于生活，目的是促使学生用数学的眼光观察世界，发挥数学阅读作业的价值。数学阅读能力的培养，需要设计合理的阅读性作业，引导学生经历由数学文本的阅读理解到数学信息的分析、思考、归纳的探究过程，再到追寻数学内涵和本质的全过程。

例如，宁宁和爸爸、妈妈计划暑假去沈阳旅游。他们准备 8 月 9 日一早从济南乘高铁去沈阳，8 月 15 日乘飞机返回。爸爸通过某旅游网站了解到暑期亲子自由行的费用为 5980 元（包含 3 人的高铁票、机票及住宿费用）。宁宁收集了相应的信息（如下表所示）。旅游网站给出的价格合算吗？两者相差多少钱？

表5.1　宁宁收集到的相关信息

济南到沈阳 （高铁G××××）	二等座482元 （身高1.20米至1.50米的儿童享受半价票）
沈阳到济南 （山航SC××××）	六折经济舱1200元 （已满2周岁不满12周岁的儿童享受半价票，但半价票不再打折）
某酒店	亲子房480元/天 （住5天以上每天均可优惠80元）

表5.2　家庭成员信息

姓名	身份证号	身高	体重
范荣德（爸爸）	×××××19820101××××	178厘米	78千克
韩春秀（妈妈）	×××××19800211××××	165厘米	56千克
宁宁（儿子）	×××××20161003××××	123厘米	45千克

　　学生需要通过阅读，从众多信息中筛选出有用的信息解决生活实际问题，如要求出3个人高铁票的总价钱需要考虑到宁宁的身高信息，要求出3个人飞机票的总额需要考虑到宁宁的年龄信息，还要考虑飞机票打折信息等。这些对于学生根据实际情况捕捉有效信息并解决问题的能力有一定挑战性。在完成阅读型实践作业时，学生不仅要提取和理解数学信息，还要学会如何用数学语言表达阅读时的思考。

　　2.设计操作型实践作业，由外到内

　　例如，教学人教版五年级上册《长方体和正方体的认识》一课，课前我们同年级组教师经过研讨，认为学生如果不真正经历正方体和长方体的制作过程，就无法建立起对长方体和正方体的清晰认知。所以预习单上教师设计了如下作业：

　　　　选择合适的材料，制作12个棱长为4厘米的正方体，尝试拼成不同的长方体和正方体，也可以是有创意、个性化的立体图形。完成拼搭后拍照打印后贴在作业本上（标上相关数据），并说一说你的发现或问题，欢迎明天课上积极交流。

学生完成作业任务后，会在课堂上展示自己的作品，分享在作业探究过程中的体会和发现。教师鼓励其他学生进行合理的评价，指出优点，提出疑惑或建议。这项实践性作业是有难度的，不仅体现在操作过程中，还反映在学生观察、比较、思考的思维过程中。这样的数学实践性作业，能有效促进学生深入把握相关立体图形的特征，建立起清晰的认知，能引导学生从"平面"顺利迈向"立体"的思维通道。

（三）分层自选实现迁移应用的个性化

学生是富有个性的个体，他们的认知基础、学习能力、学习习惯存在差异。在设计作业时，教师要充分考虑学生间的差异，分层设计，因材施教。这样做，不同层次的学生可根据自身的特点选择相应的作业内容和作业方式，提高作业的针对性、层次性和开放性。

1. 内容自选，体现学生主体地位

例如，在人教版五年级下册《折线统计图》教学中，我们结合学生已有的生活经验设计了如下差异性作业：

> 根据个人情况，选择一项自己最喜欢的文娱活动，连续一周统计该活动每日所用时间占一天的百分率，然后将统计结果绘制成折线统计图。

如此设计，学生拥有了自主选择作业的权利，做作业的积极性得以充分调动。有的学生统计打球时间，有的学生统计阅读时间，有的学生统计练琴时间……整个作业过程，学生积极参与，乐在其中。如此，学生不但巩固了百分率、折线统计图等相关知识，还从统计图中反省自身学习情况，养成惜时的好习惯。

2. 要求分层，体现学生个体差异

在进行作业设计时，我们要从基础、进阶和拓展三个层次着手进行设计，保障学生能够在探索过程中不断突破自我，深入探索数学知识，实现深度学习。

例如人教版一年级上册《认识图形（一）》一课，主要教学目标是认识长方体、正方体、圆柱体和球体等图形。为了让学生提升自主探索能力，教师可以将作业设计为：

"正确分辨各种图形的样式和名称，并实现一一对应"（此为基础问题）；"讲出三种图形在日常生活中相应的实物"（此为进阶问题）；"找出多种图形组合和搭建的实际物体，并思考为什么用这种特殊图形"（此为拓展问题）。

学生一步步地深入探索作业中的问题，既可以加深对知识的掌握程度，也可以积极思考，提升认知能力，提高数学学习中转换思维、自主探索的学习能力。

3.方式自定，体现学生自主发展

当前学生的作业方式容易固化，学生解决问题的思路往往千篇一律，而作业完成方式的多元化是尊重学生差异的具体体现。为此，教学中要为学生创设动态、开放的学习环境，让学生选择自己擅长的方式、方法完成作业，引导学生从不同的角度发现问题、分析问题，拓展多样化解决问题的思路，形成并完善认知结构，增强思维的灵活性。

以六年级分数总复习为例，教师可设置一道异分母分数大小比较的作业：比较 $\frac{9}{10}$ 和 $\frac{11}{12}$ 的大小，你有哪些方法？

学生最容易想到的方法是通分，即变成同分母分数进行比较。如果仅限于这一种解题方法，那么学生的思维就容易固化。教师需要引导学生进一步思考。有的学生会想到把这两个分数化成同分子分数来比较大小；有的学生把这两个分数分别与 1 比较，从而比出它们的大小；有的学生根据小数与分数的互化，把这两个分数化成小数后再比较；有的学生先求出这两个分数的倒数，再比较；有的学生根据分数的意义，画出线段图来比较；有的学生将其转化成具体的实物情境来作比较……

看似一道十分简单的题目，教师如果有意识地去拓展学生的思维空间，往往会得到出乎意料的效果。学生通过转化、画图、假设、列举、对比等多种方法，有效拓展了思维空间，大大增强了思维的灵活性。

（四）注重关联促进迁移应用的闭环形成

数学课堂是一个开放的思维生长场，我们应关注学生创造性思维的培养与发展，关注开放自由的学习场景建设，关注个人与同伴智慧的生成与共享。教师尝试设计综合性、创造性作业，留给学生较大的个性化探究、创造空间，有助于激发学生创造的热情。教师在设计作业时也可以打破学科壁垒，融合多种学科的知识与技能，以多元化的学习视角激发学生的探究乐趣，发展学生多角度探索思考的意识，促进学生认知与思维的生长。

教师可以设计丰富多彩、贴合学生不同兴趣的探究性作业，给予他们更多的选择权。如三年级数学暑假作业：

1. 搜集并完成 25 道以上的数学题。（小提示：如果发现自己做错了，还可以在旁边标注错误原因。）

2. 制作一张错题卡。内容包括：（1）本学期自己的错题摘录；（2）总结自己的"犯错"特点。

3. 制作阅读书签。内容包括：（1）任选 2—3 本数学绘本阅读；（2）可以画一画书签，也可以写一写你的阅读收获。

4. 数学绘本创作。（小提示：希望同学们能创作出既蕴含数学知识又富有创意的数学绘本。）

学生基于各自的思维特点，充分发挥想象和创意，展现出的作品各不相同、精彩纷呈。前两项作业有的学生用文字描述总结原因，有的学生用结构图或有趣的图画体现知识的关联。后两项作业许多学生借助美术、语文等学科知识，呈现自己的数学思考，实现数学与其他知识的有机融合。

综上所述，作业是保障学生学习质量的工具，能督促学生提升自主学习意识和能力，也能保障教师提高教学质量。在"双减"政策下要保障学生的作业质量，也要减轻作业负担，要通过深度学习理论的应用，进行典型性、多样性、差异性和生长性的作业设计，保障作业对学生数学知识迁移应用能力的有效提升。实践证明，高质量的作业设计是提高小学数学教学质量、提升学生数学素养的有效途径。

（范荣德）

六、迁移应用能力培养策略（二）

任何知识都不是凭空而来的，情境是知识产生的土壤。在课堂教学中创设巧妙的情境，可以使学生在头脑中建立知识和情境的意义关联，激活学生的思维，从而助推学习活动的开展。

（一）创设主题情境，激发探究兴趣

情境的创设能够使学生快速走入课堂，同时也能激发学生的探究兴趣。小学语文教学中，为培养学生的生长思维，可为学生创设主题情境，让学生跟随这一情境开展探究活动，进而唤醒学生的记忆，促进学生思维的发展。

（二）引入驱动问题，启发学生思维

波利亚认为，学生在学习知识、技能时，头脑中储存了大量的经验，即"相似块"。外界信息进入大脑后自动被耦合、接通和激活，被激活的部分在认知结构中不断扩散延伸，以寻求建立符合期望的联想和链条。因此，问题的设计必须考虑到是否能起到激活学生原有认知的目的，这就需要设计驱动性问题。驱动性问题能激发学习者的注意力，使其主动进入项目探索。一个好的问题能给学习者提供一个广阔的探索空间。它既能激发学习者学习的内在动力，也能提纲挈领地指出持续思考、自我探究的方向。小学语文教学中，结合教学内容引入驱动问题能够促进学生思维的发展，使学生深入解析文本内容，进而促进学生核心素养的发展。

（三）组织学生交流，进行多维互动

培养学生的生长思维要注重多维互动，可组织学生进行交流，通过组织不同学习能力的学生交流强化教学效果。在此过程中，教师也要做好教学指导工作，多与学生互动，了解学生的思维模式，开展多元化的探究活动，把握学生的思维规律，引导学生寻找解决问题的思路，进而促进学生思维的发展。从一定程度上来看，引导学生互动能够提升课堂有效性，也能使学生更好地把握学习主题，对其今后的发展也有重要引导意义。之所以多维互动教学能够起到重要的推动作用，一方面是因为多维课堂有一个重要的形式，那就是要求学生分小组进行讨论。小组讨论的方式能使学生更好地融入语文教学，提高学习能力。另外，学生可以在交流中提出自己对某一语文知识点的看法，这有利于促进学生思想的融合和碰撞，而且学生在交流中提出的观点和看法可以帮助其进行全方面的总结，有利于达成教学目标。

（四）课堂合理追问，促进自主生成

思维生长要注重自主生成，教师应鼓励学生从已有的认知入手，结合学习内容进行合理概括，与此同时，还要进行头脑风暴，提出新问题，思考新问题的解决方案。上述模式既能够促进学生思维的发展，同时也便于帮助学生深入理解知识，促进学生显性思维的提升。我们期待中的问题化学习的课堂，是指引导学生在不断学习的过程中，不断提出新的问题，在问题解决中逐步深入文本的课堂。在这一过程中，学生通过主动学习获取听、说、读、写的能力。因此，我们认为引导学生在不断地追问中获取知识，培养问题意识，是使学生建立"课堂主人"意识的新思路。

（五）优化作业设计，做好反思提升

作业设计是小学语文教学的重要环节。优化作业设计能够使学生把握学习方向，同时也能帮助学生查缺补漏。基于高阶思维培养的小学语文教学可进一步优化作业设计，进一步做好反思工作，使学生通过反思把握学习要领，构建完整的知识框架，进一步提升综合学习能力。

相比于基础作业，提升型作业重在引导学生突破以往思维的束缚，深入解析学习内容，把握文章的核心。

拓展型作业从一定程度上丰富了语文教学内容，能够促进学生思维的发展。与此同时，拓展型作业也能进一步拓展学生的视野，进一步提升学生的综合学习能力，对于学生个性发展也有重要的助推意义。作业布置过程中，我们可进一步延伸课堂空间，组织学生开展课本剧表演，深化对学习内容的理解，同时也能使其深入理解不同的人物形象，进而促进情感的升华。

总体而言，基于思维生长培养的小学语文作业设计要遵循学生的思维发展规律，结合学生的实际学习能力布置基础作业、提升型作业、拓展型作业，使各个层次的学生都能把握学习方向，开展高效的学习活动，进而促进思维的发展。

（六）布置单元任务，归纳总结知识

小学语文教学中，为进一步促进学生思维生长的培养，教学过程中，我们也可以以单元教学为主线，衔接单元教学内容，布置单元任务，帮助学生归纳总结单元知识，突破单元学习困境。从一定程度上来看，单元教学突破了单一文章教学的束缚，能够帮助学生寻找单元课文的主题，从一篇文章入手，深入解析其他文章，进而促进思维生长。

为进一步促进学生高级思维能力的提升，单元教学过程中，我们也可结合教学主题为学生创设相应的情境——逛逛老玩具大院、探秘宇宙生命馆、走进故宫博物院等，通过情境的创设，帮助学生将学习内容串联起来，进而逐步提高学生的阅读理解能力。

（七）优化评价模式，促进个性发展

评价是语文教学中不可或缺的重要环节。为促进学生高阶思维的养成，可从课堂评价入手，进一步优化评价模式，促进学生个性发展。首先，教学评价要把握教学节奏，要分析不同阶段学生的学习特征，提出相应的改进对策。其次，教学评价也要及时捕捉教学中的回馈，及时纠正学生错误的学习理念与方法，同时还要保障因材施教，提升课堂教学成效。此外，教学评价也要注重学习方法的传授，使学生深入学习、研究和创造，引导学生获取、精选、综合和分析有用的知识，培养学生积极思维的能力。当然，评价过程中，也要对学生的动作、表情等方面进行评价，形成过程性评价，逐步提升学生的学习效果，促进学生个性发展。

总之，基于思维生长培养的小学语文教学要兼顾多个层面：创设主题情境，激发探究兴趣；引入驱动问题，启发学生思维；组织学生交流，进行多维互动；课堂合理追问，促进自主生成；优化作业设计，做好反思提升；布置单元任务，归纳总结知识；优化评价模式，促进个性发展等。

（苗蕊）

七、质疑与反思能力培养策略

思维与习作有着密不可分的关系，二者相互生长。习作教学中，从质疑到反思，学生持续成长着。

（一）思维引导习作的基本走向，学生在质疑中理清思路

叶圣陶先生说，阅读是没有迹象的，但是写作有迹象。相对于阅读而言，学生写作水平的分化更容易被老师觉察。在阅读教学中，学生对文本的理解是内隐的，是碎片化的，老师难以感觉到学生的差异性。写作则是显性的，更容易让老师了解学生的语文能力，因而更需要老师因材施教。

在一次命题作文的练习中，学生出现的问题比较集中，偏离主题的现象颇为明显。习作题目是：生活中有许多未完成的状态，例如，大楼尚未竣工，比赛未到达终点，手工制作没有完成，学业尚未完成。有人说，这种未完成状态令人倍感压力；有人说，正因为未完成才有多种可能性，才充满魅力……请以"未完成状态"为题写一篇习作。

教师批阅作文时发现，将近35%的学生在作文中大写"残缺美"。有教师把这一现象称为"审题不当"或"偏题"，但类似的归因对于改变学生的思维方式并没有多少意义。由于单是"偏题"就有多种情况、多种原因，教师必须确定"偏题"的具体原因，必须对学生出现的问题加以具体化，才有可能实施针对性的指导。

为此，教师对作文作了仔细分析，发现学生是这样理解"未完成状态"的：既然"未完成"，就是"残缺"的，由"残缺"自然联想到"维纳斯"，于是得出结论——未完成状态其实是一种"残缺美"。

为什么学生的思维会从"未完成"径直跳跃到"残缺"呢？教师一时还无法从文字中了解学生"偏题"的真正原因，于是便与学生作了一次分析性交流。结果发现，学生的思维其实从一开始就出现了偏差，他们径直将"未完成"理解为"完不成"。其思维流程如下：未完成—完不成—不完整—残缺—维纳斯—残缺美。学生将"未完成"理解成"完不成"实际上是偷换了概念。通过交流，教师发现，有一部分学生在写作中根本没有

注意到"未完成"与"完不成"之间的区别，几乎不假思索地将"未完成"直接与"完不成"画上了等号。而在这些学生的其他作文中，也经常出现类似的问题。他们对于一些重要的概念或词语，往往没有认真去思考其中细微而关键性的差异。因此在学生作文中，存在着大量混淆概念、偷换概念的现象，学生的思维经常在许多相似概念之间不断滑移，这导致其讨论问题经常越界，最后越滑越远。

在充分了解学生思维学情的基础上，教师确定了一个微型写作目标：通过辨析相似概念的异同点来澄清概念含义。当写作目标从笼而统之的"不要偏题"具体明确到"辨析相似概念"时，写作目标就得以聚焦。接下来的任务就是为了达成这一目标确定合适的教学内容。比如，培养学生的质疑精神，引导学生学会习作的重要策略——可以多问几个为什么，来明确文章的详略和整体构思。例如：这篇习作的主要观点是什么？运用什么材料？哪些是现实类材料？哪些是想象类材料？细节是什么？教师可引导学生从联系生活经验、阅读体验、知识积累，以及具体写法等几个不同层次，思考并提出想要解决的问题。

（二）习作修正、丰富并不断完善思维，学生在反思中不断进步

学生写作中出现的问题经常是含混芜杂的，总是夹杂着大量的直接问题，甚至还经常与学生的写作优长交织在一起。这时教师对学生习作的分析以及学生的自我反思就显得至关重要。教师必须仔细甄别学生作文中的关键问题，对问题进行微化处理，使问题具体化、细节化，最终形成指向具体明确的微型目标。

例如，在记叙文写作中，许多学生只会简单描绘一段事件。教师经过分析发现，由于文字表达是线性的，而真实生活则是全息性的，因此学生在用线性的文字叙述全息性的生活时，就会出现表现形式与表达内容不匹配的问题，即容易出现为体现事件的"线性"特征而忽略生活"全息"特征的情况，于是造成叙事过于简单化。

在一些较为成功的叙事习作中，作者会经常融入大量的感受、体验和想象。因此教师在指导学生学习叙事时，就不必一一介绍叙事知识，而只

需要指导学生在叙事时融入自己的体验、感受与想象，从而使叙述更加真切、丰富。虽然从传输叙事知识的角度而言，学生所学的知识可能不全面、不完整，但这对学生的写作指导却是相当有效的。

另外，在评价学生习作时，教师可以采用"客观评定"和"激发动机"的双重分数。

第一个是初步评定分。通常只要习作格式正确，没有错别字和病句，就可以得到基本分。

第二个是静态激励分。在原有分数的基础上，只要习作有闪光点，就给予加分，所以学生的习作有可能会超越满分。例如，如果能把人物的动作、神态、语言写具体，加分；把印象深刻的部分作为重点来写，加分；能写出一个回味悠长的结尾，加分；想象力不错，加分；文字有真情实感，或者充满童真童趣，加分……每次作文本发下来之后，学生们迫不及待地打开本子，看看自己哪个词用得好，被老师加了星，哪个句子写得好，被老师画了圈，前后算一算，一篇文章被加了多少分，一通操作下来，成就感满满。

第三个是动态激励分。传统的评分方法是一次性的，一篇作文一个分数，分数一旦确定，学生就失去了再修改再习作的动力。为了激发学生二次修改的热情，教师可以采用多次加分的方法。修改得好，加一次分；修改得多，再加一次分。这样，变传统的"孤立""静态"习作为连续的贯穿学生整个学习过程的"动态"习作，不仅有助于增强学生修改习作的积极性，而且提高了他们的习作修改能力。让学生积极参与到作文评改中来，也能增强他们的责任感。因为个体的不同，所以对同一篇文章的解读也不尽相同，这就需要习作本人有质疑的态度和辩证的思维。

不断地修改、反思可以给学习者带来很多积极的学习情感体验。这种积极的情感体验包含了"持续性的成就感""积极的自我效能感""自我认同下的整体感"等。从教师的"导评导改"，到同学间的"互评互改"，再到学生自己的"自评自改"，学生获得了思维能力的提升，更收获了愉快的学习体验。

总之，思维与习作不断互动，互相生成。在习作教学中，学生从质疑开始，经过自主解疑，最终形成理性反思。在习作教学的道路上，我们要做的还有很多，任重而道远。

（聂婷）

八、评价与创造能力培养策略

思维品质指人的思维个性特征，反映了学生在理解、分析、比较、推断、批判、评价、创造等方面的层次和水平。思维品质的提升有助于学生学会发现问题、分析问题和解决问题，对事物作出正确的价值判断。由此可见，提升学生的思维品质是课堂教学的目的之一，而评价与创造是高阶思维的重要体现。

（一）深研教材，确立与课程标准相匹配的思维生长点

促进学生评价、创造等高阶思维的发展，离不开良好的课堂教学设计。只有深研教材，抓准单元与课时中的思维生长点，才能有效促进学生思维品质的提升。

人教版英语四年级下册"Unit 3　Weather"主要围绕"天气"这一单元话题展开，属于"人与自然"主题范畴中的"自然生态"主题群，子主题为"天气与日常生活"。本单元核心内容是谈论和描述不同地区的气候特点与天气情况，通过两个对话语篇和一个阅读语篇，逐步引导学生学习天气情况表达，关注天气变化，选择合适衣物。

本单元的思维生长点为：在真实情境中正确运用天气类词汇及句型询问及描述天气情况，关注天气变化，将所学知识与日常生活结合起来；在调查、记录、播报不同地区天气情况的过程中，理解不同地点天气情况的不同，学会合理增减衣物、合理安排日常出行，逐步提高语言运用能力和辨析能力，增强对天气的感知能力。

以上对教材的研读和思维生长点的把握，可以为后续课堂教学提供方向，也为表现性评价任务设置打下基础。

（二）创设真实情境，设置能够促进思维生长的表现性评价任务

表现性评价任务即为学生提供真实或模拟真实的情境，要求学生在具体的问题情境下展示其对所学知识和技能的运用。在实际教学中，我们可以通过设置表现性评价任务，引导学生积极投入与主动建构，在完成任务的过程中培养学生评价、创造等高级思维品质。

基于对四年级下册"Unit 3　Weather"的分析和思维生长点的把握，我们创设了"我是优秀天气播报员"的表现性任务，在真实情境中引导学生完成两项学习任务。

任务一：挑选任意4—5个城市，使用核心词汇连续记录这些城市一周的天气情况，并绘制天气图标。记录完毕后，根据自己的天气调查表，进行综合对比分析。

任务二：使用核心句式在组内进行天气播报，组内推选优秀天气播报员在班级内进行天气播报展示，并根据天气变化情况给出合理的生活建议，如根据天气变化情况合理增减衣物、合理安排日常出行等。最后，全班同学根据评价量表对天气播报员进行评价，评选出最佳天气播报员。

这样的表现性评价任务，既与单元教学目标相一致，也能引起学生兴趣。问题情境满足了学生课堂之外的真实需求，学生在解决问题的过程中综合运用了本单元核心知识，在此基础上作出了价值判断，也产生了新颖、独创的思维成果。

（三）设置基于学习进阶的评价量规

教学评价应贯穿课程教与学的全过程，旨在为学生提供反馈以及自我调节的支架。评价标准应从不同维度进行设置，同一维度下也应划分不同的表现水平。评价量规的设计应体现学习进阶的理念，表明学生对核心概念、学科实践等内容的理解和运用是如何在恰当的教学之下随着时间发展而成熟的。

为了更好地发挥评价的导向、激励、反馈作用，我们为本学习活动设计了如下评价量规，其中既有传统的老师对学生的评价，也加入了学生的自评与组内互评，同时也对天气情况记录与天气播报分别进行了评价。

表5.3　天气情况记录评价表

等级	评价标准	自评	组评	师评
A	能详细、真实地记录一周各城市天气情况，正确书写对应的温度和天气状况，书写认真规范，图标绘制准确，版面美观			
B	能详细、真实地记录一周各城市天气情况，正确书写对应的温度和天气状况，书写认真规范，图标绘制准确			
C	能记录一周各城市天气情况，正确书写对应的温度和天气状况，图标绘制准确			

表5.4　天气播报评价表

等级	评价标准	自评	组评	师评
A	能准确播报各城市天气情况，语音语调准确，表达流利，大方自信，能根据天气情况准确给出着装建议与出行建议			
B	能准确播报各城市天气情况，语音语调准确，表达流利，大方自信			
C	能较为准确地播报各城市天气情况，语音语调较为准确，表达较流利			

以上两则评价量表涵盖了两项活动任务，有效地指导了学生的学习活动，进一步培养了学生的思维能力。基于学习进阶的评价所获得的反馈才是有意义的，才能为学生后续的学习指引方向。

（四）确保学生深度参与评价与创造的全过程

学生的思维能力是在学习过程中逐步提高的，要培养学生的高阶思维能力就应确保学生的深度参与。

1. 深度参与记录、分析与讨论

在"我是优秀天气播报员"的表现性任务中，学生自由选择城市，在一周中每天观察并认真记录天气情况，在做任务的过程中直观感知了天气与温度的变化，自然而然地巩固了天气类核心单词和天气图标等知识点，也培养了收看天气预报的习惯。但如果只有调查与记录，没有对比分析、汇报交流的过程，学生的思维能力仍不会得到提升或提升较慢。

通过老师的启发，学生通过认真观察、组内讨论，对调查结果进行了如下汇报：

（1）选择记录国内不同城市（如哈尔滨、北京、济南、香港等）的同学发现，不同经纬度、不同地理位置的天气情况不同。

（2）选择记录不同国际城市（如莫斯科、纽约、新加坡、悉尼等），或进行国内外城市综合对比的同学发现，南北半球季节相反，天气各不相同。

（3）选择记录山东省内城市（如济南、青岛、菏泽、德州等）的同学发现，即使是距离比较近的省内城市，天气也同样变化多端。

在此基础上老师进行提炼，引导学生认识到祖国的幅员辽阔和南北半球的不同，有效地对课本内容进行了拓展，渗透了文化意识，也提升了学生的思维品质。

2. 深度参与展示、评价与创造

此环节后，开始争当"优秀天气播报员"的学习活动，老师为学生播放了两则播报范例，让学生点评哪一位是更优秀的天气播报员。在点评中，学生不仅明确了播报的注意事项，如语音语调、表达流利、大方自信等，还明确了天气播报应包括出行建议与衣物选择提示等内容。

通过这样的学习活动，学生不仅能准确使用核心句式介绍实际天气情况，还会加入自己的思考，将所学知识迁移运用到日常生活中，解决真实问题，真正感悟到生活与天气情况息息相关，进而能够根据天气情况合理规划自己的日常生活。

（张紫嫣）

第六章

思维生长课堂基础型教学案例

　　小学教育要为学生的全面发展奠基，要遵循课程育人的理念，要建立与之相适应的课程。课程建设要以培养适应未来的学生为目标，实现教育赋能未来的使命。我们根据杜威"教育即生长"的理论，把生长解释为"经历即成长，体验即生长"，以做中学为主要学习方式，以思维生长为核心，注重学生思维能力的内在生长。其中，基础型课程是我校思维生长课堂的重要基石。

　　基础型课程是国家、地方课程校本化实施，是学生学习的基础，强调促进学生基本素质的形成和发展，体现国家、地方对学生素质的最基本要求。国家课程、地方课程由各学习领域体现共同基础要求的学科课程组成，是全体学生必修的课程。

　　我校基础型课程重在促进学生的思维生长，以"三阶段、六环节"作为教学模式，充分运用"促进学生高阶思维生长"的教学策略，以促进学生深度学习为目标，全面落实核心素养。

　　在教学过程中，教师注重学习情境的选择和创设，调动学生的生活经验和语言基础，精心选择或创设一个学生相对比较熟悉又与学习项目相契合的学习情境，让学生在真实可感的情境中学习，逐步缩短学生与学习内容之间的距离，不断激发学生的学习兴趣和情感。借助学生的"认知冲突"，调动其"思维兴趣"，激发其深度学习动力；用尝试问题解决、解

释深层意义驱动学生对所学知识进行深加工，推动学生深度学习发生；以
"核心问题"和"问题链"为抓手，引发学生深度思考，实现理解性学习，
让学生真正体验深度学习的过程，整合学习的各种要素，引领和促进学生
自主、合作、探究，从而提升学生综合运用知识解决问题的能力。

在基础型课程教学全过程中，教师特别关注具有理解性、分析性、建
构性、评价性、创造性的学习活动，不断培养学生的高阶思维能力，引导
学生最终走向"深度学习"。

一、青蛙写诗

教材思维生长点分析：

《青蛙写诗》是统编语文教材一年级上册第六单元中的一篇课文。这
是一首轻快、活泼的儿童诗，共有五小节。作者生动地描绘了青蛙在下雨
天如作诗一样鸣叫的情景，形象地将小蝌蚪、水泡泡和一串水珠比作诗歌
中的逗号、句号、省略号，读来让人浮想联翩。首先，教材内容图文并茂，
富有童趣，能够充分培养学生形象思维能力，并借助形象思维让学生认识
逗号、句号、省略号之间的区别，完成想象思维能力到抽象思维能力的过
渡。其次，教材内容富有想象力、创造力，十分适于天性活泼、充满好奇
的一年级学生学习语言、认识事物，同时也为教师创造性教学留下了广阔
的空间，利于充分发挥学生的想象思维能力和发散思维能力。

学生思维发展状况分析：

1. 完成形象思维能力到抽象思维能力的过渡

一年级学生形象思维能力强，他们对图形、色彩、音乐的感知力比较
敏锐。标点对学生来说较为抽象难懂，所以本课以形象有趣的图片为载体，
引导学生寻找标点符号与蝌蚪、水泡泡及一串水珠之间的联系，最终完成
形象思维能力到抽象思维能力的过渡。

2.发散思维能力不断提升

首先，以青蛙写诗的内容为主线，随机引出生字，引导学生采用多种识字方法识字，让学生在形成自主识字能力的同时培养发散思维能力；其次，结合实际生活去想象标点符号的样子，进一步培养学生的发散思维能力。

3.想象思维能力得到质的飞跃

本单元的主题是"想象"，在教学过程中教师引导学生借助图片，运用想象补白、音乐渲染等方法激活想象思维，让学生的想象思维能力得到质的飞跃。

学生思维生长课堂设计理念：

从宏观来看，学生思维生长依据济南市甸柳第一小学思维生长课堂，以"经历即成长，体验即生长"为设计理念，通过"三阶段"及"六环节"，助推学生思维步步进阶。从微观来看，依据"双向思维"设计理念，将小青蛙拟人化，以儿童化的语言加深学生的代入感，吸引学生，以多参与代替多输入。在课文理解方面，从选择、对比入手，从结果切入过程。通过让学生进行多种形式的朗读增强其对课文的理解，引导学生寻找标点符号与蝌蚪、水泡泡及一串水珠等具象之间的联系，同时以创作诗歌等活动增强课堂趣味性，从而引导学生与老师进行双向思维互动。

目标预设：

1.认识"写、诗"等11个生字和秃宝盖、四点底两个偏旁，会写"下、个"等4个字。

2.正确朗读课文，感受诗歌的生动有趣，把握思维训练点，培养学生的想象思维、发散思维能力。

3.借助具体事物认识逗号和句号，并学会迁移运用。

学习准备：

课本、幻灯片、字卡、板贴。

学习过程：

（一）真实情境引入，识记生字

1.情境导入

森林王国举办诗词大会，诗词大会的冠军是一只小青蛙。今天这只爱学习的青蛙早早地来到了我们的课堂，等着我们呢，我们一起来跟它打个招呼吧！

2.识记生字"写"

（1）学习新偏旁秃宝盖。通过比较得出秃宝盖和宝盖之间的区别：秃宝盖像去掉把手的锅盖一样，所以叫它秃宝盖。

（2）用"写"组词——写诗、书写、写作业。

3.识记生字"诗"

（1）运用多种识字方法记忆生字。

①加一加：讠+土+寸就是诗；讠+寺也是诗。

②用组词的方法记忆"诗"。

（2）古诗积累：老师也来组个词——古诗，老师知道同学们积累了很多古诗，谁能来背一句？

【设计意图】

兴趣是最好的老师，创设森林王国举办诗词大会这一情境，意在引发学生学习兴趣。诗词大会的冠军《青蛙的诗》是什么样的？相信在这种疑问和好奇的驱使下，学生们已经迫不及待想走进课堂了。在认识"写"字的时候，用字卡辅助，并结合生活。学习"诗"字时，让学生畅所欲言，说说自己读过什么古诗，这是一个思维提升的过程。适时准确的评价让学生感受到肯定，更为接下来的识字教学做足铺垫。

（二）学生问题激发，识记生字

1.学习给诗歌分小节

（1）学生自由朗读课文，对于不会的字，可以借助拼音将其读准确。

读完后数一数，这首小诗共有几个小节。

（2）提问：你是如何看出这首小诗一共有5个小节的？

教师总结：空一行是诗歌分小节的标志，掌握了这一点，我们就可以轻松地给诗歌分小节了。

2. 生字我会认

（1）借助拼音大声朗读词语。

（2）去掉拼音后，找一位"小老师"来领读。

（3）将生字从词语当中单拎出来，用不同的方法记住它们。

①用加一加的方法可以认识"要、过、给"。

②用组词的方法可以认识"当、成"。

③可以在句子中识字，如"我长大了要当医生"中的"当"就是这个"当"。

（4）"点"字教学。

师：瞧，有四个调皮的小雨点儿落在了"点"字的底部，组成了我们需要认识的新偏旁——四点底。看，"点"字放到词语里，拼音发生了一点点变化，"diǎn"后面加了一个翘舌音"r"，表示儿化音，跟老师一起读——雨点儿。

（5）"给"字教学。

出示"给"的甲骨文、金文、小篆等，让学生大胆猜想，说说这个字是生字条中的哪一个字。

教师小结："给"这个字左边像一根捆礼盒的绸带，右边像一个礼盒。把礼盒用红绸捆好后送给别人，这个字就是"给"。学习汉字的起源和演变能帮助我们更加深刻地去认识、理解这个字，希望同学们以后认识汉字时也有这种追根溯源的意识。

（6）青蛙过河。

让生字变成荷叶帮助青蛙过河，教师随机抽取一列同学以开火车的方式来认读。

【设计意图】

以青蛙写诗的内容为主线，随机引出生字，引导学生采用多种识字方法识字——加一加、组词、区别形近字、换词、出示象形字、扩词、练习说话等，培养了学生的发散思维能力。本环节能让学生在宽松愉悦的课堂环境中自由识字，掌握识字方法，形成自主识字能力。

（三）师生互动推理，补白想象

1. 学习第 1 小节

（1）教师播放下雨的声音，引导学生展开丰富的想象：小雨点儿轻轻地落入池塘中，池塘会有什么变化？

预设①：留下一圈圈波纹，水面泛起涟漪。

预设②：会出现一个一个的小水泡。

小雨点儿悄悄地落在荷花上，荷花会有什么变化？

预设①：荷花更加娇艳。

预设②：荷花快乐地跳起舞。

（2）仔细观察并描述图中小青蛙的表情、动作，体会下雨时小青蛙开心、激动的心情。

（3）指导朗读"我要写诗啦！"这句话，引导学生读出高兴、兴奋的语气。

（4）齐读课文的第一小节，读出小青蛙开心、激动的心情。

2. 学习第 2、3、4 小节

（1）通读第 2、3、4 小节。

师：青蛙要写诗了，都有谁来帮忙呢？（教师展示图片：小蝌蚪、水泡泡、一串水珠。）

（2）转换句式学说话。

来给青蛙帮忙的有＿＿＿＿＿，有＿＿＿＿＿，还有＿＿＿＿＿。

教师小结：用上"有……有……还有……"这样的句式能让我们说话既条理又完整。

3. 观察标点符号形状

（1）再读 2、3、4 小节。

小蝌蚪游过来，水泡泡冒出来，荷叶上的水珠排着队，它们都要来帮忙了，它们想怎样帮忙呢？

①小蝌蚪要当个小逗号。（教师板书：逗号。）

②水泡泡能当个小句号。（教师板书：句号。）

③一串水珠可以当省略号。（教师板书：省略号。）

（2）想一想：为什么小蝌蚪能当逗号？水泡泡能当句号？一串水珠可以当省略号？

①因为小蝌蚪的脑袋圆圆的、黑黑的，还有一条小尾巴，真像小逗号。

②水泡泡圆圆的很像句号，所以它能当小句号。

③水珠排排坐，就像六个点的省略号。

（3）学习用句式"因为……所以……"来进一步说明为什么小蝌蚪能当逗号，水泡泡能当句号，一串水珠可以当省略号。

4.识记"串"

师："串"这个字还有来历呢。把东西从中间穿起来，叫作"串"。"串"也是个常用的量词呢，生活当中你见过哪些事物可以用"串"来表示？（一串钥匙、一串葡萄、一串项链）

【设计意图】

首先，运用"有……有……还有……"句式的目的是给学生一个训练支架，让学生尝试转换一种方式去说话，并会用这个句式进行学习迁移。其次，本单元的人文主题是"想象"，本课把生活中青蛙在池塘里的场景想象成与标点符号有关的活动，不仅激发了学生的丰富想象，更保护了学生热爱想象的天性，培养了学生的想象思维能力。最后，"串"字的教学采用字源识记法，增强学生的文化底蕴，并结合生活提问学生还知道什么事物可以用"串"表示，让学生在思维碰撞中理解"串"的意思。

（四）自主结论生成，聚焦生活

1.聚焦生活

生活中，还有哪些事物能当逗号、句号、省略号呢？（弯弯的豆芽像小逗号，圆圆的玻璃球像小句号，一串珍珠像省略号。）

教师小结：像逗号、句号和省略号这样的符号我们统称为标点符号。生活中处处有语文，只要你留心发现，就能发现更多标点的奥秘！

2.读课文1—4小节

学生分角色朗读课文1—4小节，注意读出青蛙的高兴、小帮手们的热情。（此处配乐）

3.圈一圈，读一读

（1）自由朗读第五小节。

大声朗读课文第五小节的内容，把帮上忙的标点在文章中圈画出来。（教师在大屏幕上用红笔圈出）

（2）播放音频，了解逗号、句号、省略号在文中的作用。

（3）拍手齐读《青蛙的诗》。

遇到标点符号要拍手，逗号拍一下，句号拍两下，省略号拍六下。

【设计意图】

新课标非常注重人文精神的培养，要求语文教学要发展学生个性。无限的想象力总会给我们带来无限的惊喜，逗号、句号、省略号会被想象成什么事物呢？教师紧扣诗歌的特点，激发学生的想象力，通过多种形式的朗读让学生的思维跟着动起来，发展学生语言，完成标点符号由具象到抽象的过渡。

（五）迁移检验应用，体验创造的乐趣

1.我是创作小达人

（1）教师作诗。

出示一连串"呱"字，在其中加入逗号、句号、省略号，将其变成一首小诗。

（2）学生作诗，并大声朗诵出所写的诗。

（3）围绕"呱"字，补白想象。

师：青蛙写的诗可真有趣，到底写了些什么内容呀？

2. "雨"字的书写指导

（1）观察"雨"字的笔顺、结构、占格情况等。

（2）教师范写。

（3）学生描红并练写，教师巡视。

（4）教师点评。

【设计意图】

　　教学中要设计相应的环节，有意识地培养学生的迁移运用能力。学生在学习了逗号、句号、省略号在诗中的不同作用后，自己给诗歌加上标点，这其实是对所学知识的迁移应用。教师引导学生抓住"呱"字进行补白想象，是针对学生的想象思维能力进行训练。

（六）课文我会背，标点我会用

1.学生参看板书，练习背诵课文。

2.全班学生齐声背诵课文。

3.让学生谈谈学会的标点。（形状、作用）

教师小结：同学们，这节课我们和青蛙一起写了一首美妙的诗，还展开了我们丰富的想象去创作，希望每位同学都能在生活中发现美，欣赏美！

【设计意图】

　　在课堂的结尾让学生背诵课文谈谈收获，不仅能帮助低年级学生丰富语言积累，还能提高学生的总结和概括能力，同时能让学生感受到成功的快乐。

（李亚东）

二、蜘蛛开店

教材思维生长点分析：

《蜘蛛开店》是统编语文教材二年级下册第七单元的第二篇课文。本单元的主题是"改变"，教学重点是"借助提示讲故事"。蜘蛛的三次改变是课文的重点，教学中应引导学生在变与不变中直面思辨问题：任何一件事情做起来都不像我们想象的那样简单，"改变"同样需要我们灵活思考。

聚焦单元主题，本单元围绕"改变"这一主题编排了四篇童话故事。本节课，我们以"究竟应该改变的是什么"这一驱动问题引领学生细读文本，在不断地分析、比较与判断中，理解文本主旨"改变"，促进思维发生，最后达成"讲故事""编故事"目标。本节课有多个思维生长训练点：识字教学培养学生的形象思维能力和归纳概括能力；借助示意图复述课文，训练学生的语言表达能力、逻辑思维能力；通过"变"与"不变"的探讨培养学生的辩证思维能力，引发学生深度思考；通过创编故事，培养学生的创新思维能力。

学生思维发展状况分析：

1. 形象思维到逻辑思维过渡

二年级学生的思维以形象思维为主，他们能感知实物，建立一定的表象。本节课要在识字环节夯实形象思维能力，运用多元的思维对话，抓住反复特点，借助示意图来讲述故事，促使学生由形象思维过渡到逻辑思维。

2. 发散思维到辩证思维的发展

学生梳理出蜘蛛开店时遇到的问题以及作出的改变。从变到不变，再从简单到不简单，引发学生深度思考，层层指引探寻问题本质，辩证地找到解决办法。

3. 想象思维到创造思维的跨越

打破思维定式，引导学生尝试不同结尾，学生思维有了宽度，创新思维能力便会得到发展。

学生思维生长课堂设计理念：

语文学科核心素养指出，语言的发展与思维的发展相互依存、相辅相成。本节课，我们让学生从"开什么店、怎么定价、顾客是谁、结果怎样"四个方面提取信息，借助示意图讲述故事，锻炼学生梳理归纳的思维能力及语言表达能力，为实现"较完整地讲述故事"这一总目标提供了具体路径。

新课标指出，学生要能够辨识、分析、比较、归纳和概括基本的语言现象和文学形象，并能有依据、有条理地表达自己的观点和发现。为此，我们让学生分析蜘蛛开店结果事与愿违的原因，讨论对策；引导学生改变思维，续编故事，从而锻炼其分析比较、想象创新能力，巧妙帮助学生突破教学重难点。

目标预设：

1.通过联系生活、字源等方法识记"罩、店"等15个生字，会写"商"字，理解"寂寞、编织"等词语的意思，夯实学生的形象思维能力。

2.正确、流利、有感情地朗读课文，体会故事中蜘蛛的想法、心情，掌握课文中反复手法的特点及运用规律，借助示意图复述蜘蛛三次开店的故事，培养学生语言表达能力和逻辑思维能力。

3.在读故事过程中梳理情节，提取信息，简单推理，反思蜘蛛开店失败的原因，培养学生的辩证思维能力。

4.发挥想象，小组合作大胆创编故事，尝试以不同的故事结尾，培养学生的创新思维能力。

学习准备：

教师：多媒体课件、动物板贴、字词卡片。
学生：预习课文。

学习过程：

（一）情境导入，角色代入，激发期待

1.情境导入
同学们，这两天动物王国里可热闹了，你们听——（播放音频文件：

小动物们，大家快来呀，动物王国动物集市开张了，欢迎朋友们都来逛一逛。）

2. 角色代入

动物集市开张了，小猴开了水果店，孔雀开了饰品店，狗熊开了一家蜂蜜店。假如你是一只蜘蛛，你准备开一家什么店？（纺织店）今天我们要学习的就是蜘蛛开店的故事。请分角色朗读课文。

3. 问题期待

读了课文，你有什么想问的吗？预设：（1）蜘蛛开店都卖了什么？（2）蜘蛛赚到钱了吗？（3）蜘蛛开店成功了吗？

【设计意图】

创设"动物集市"这一情境，图文并茂并配以热闹的音乐，将同学们直接带入童话王国。让学生结合动物的特点猜店铺名称，为下文三位"有特点"动物的参与埋下伏笔，为思维的发生作好铺垫。

（二）规律识字，感知文题，思维铺垫

1. 读生字

教师出示生字，通过指名读、开火车读等方式带领学生反复读生字。

2. 运用结构联想法识记生字

师（出示"罩"的象形字）：这是什么字？"罩"的上半部分是网，也叫四字头，下半部分的"卓"表示高处。一张网从高处罩下来就是"罩"，它的意思就是用网子把东西盖起来。它的组词有口罩、灯罩等。

3. 运用偏旁识记"寂寞、蜈蚣"

（1）"寂寞"

① 生活中你有过寂寞无聊的时候吗？教师引导学生关注偏旁，想一想宝盖和有屋顶的房屋的关系。

小结：房子里既没有声音又没有人陪伴，这就是"寂寞"。

② 初读"寂寞"。

③ 创设小蜘蛛写日记情境：4月9日，晴，我蹲在网上等着小飞虫落

在上面。4月10日，雨，他会写什么？

师小结：不管昨天、今天还是明天，不管刮风下雨，小蜘蛛每天都等着飞虫落在网上。再读"寂寞"。

④ 你能用"因为……所以……"来说一说小蜘蛛为什么开店吗？

（2）"商店"

① 师（出示"商"的字源演变）："商"就是做买卖的意思。做买卖的人我们叫他"商人"，买卖的物品就是"商品"，做买卖的场所就是"商场"。

② 学写"商"字。

③ 师生评价。

【设计意图】

识记生字是低年级的教学重点。字源识字法能加深学生对"罩""商"的印象，夯实学生的形象思维能力。识字方法的扩充不断拨动学生的思维神经。学生以识字为基点，主动张开思维触角，吸纳文本传递的相关信息，寻找信息之间的关联，在一连串思维活动中发展逻辑思维能力。

（三）聚焦情节，感知"变"与"不变"，梳理框架

1. 引导发现路径，建构讲述框架

（1）请同学们快速阅读课文，边读边用喜欢的方式标记：蜘蛛先后开了哪些店？这些店分别来了哪些客人？

① 学生汇报。

② 同学们，由这三家店可以看出，蜘蛛最擅长干什么？（课件出示"编织"）

③ 叫学生读词。师：编，就是把两个细长的东西通过交叉组织在一起，比如编手环、编辫子。

（2）这三家店分别卖什么呢？

（3）蜘蛛开店为什么选择这三样商品呢？请将蜘蛛选择三样商品时的

想法勾画出来。

①学生汇报。

②一起来读一读，你有什么发现？师：小蜘蛛选择这些商品是因为它们很简单。

（4）有了想法，蜘蛛马上有了行动，开始挂招牌。这是蜘蛛三次开店的招牌，大家观察一下，看看有什么发现。

预设回答（1）：都只卖一元。（板贴"不变"）预设回答（2）：每次卖的商品不一样。（板贴"改变"）

师小结：商品在变，价格不变，蜘蛛想法简单，招牌简单，可是真的简单吗？让我们带着问题一起来看看发生了什么。

2.学习第一次开店经过，感知简单与不简单

（1）第一次蜘蛛开的是一家口罩编织店，谁帮他吆喝吆喝？

① 路过的小兔子听见了，他去帮着吆喝。教师随机进行角色采访：你为什么重读了一元钱呀？（很便宜）

② 路过的小狗也听见了，他也帮着吆喝。随机进行角色扮演。

③ 同学们，什么叫"每位"？

（2）小动物听到这家口罩编织店开业了高不高兴？为什么？

（3）很快，期待的客人来了，你是什么样的心情？（高兴）

（4）顾客来了，他是一只河马。（出示图）我看到有些同学表情都变了，为什么？（惊讶）短短的一句话，蜘蛛的情绪就发生了转变。谁能来读好这句话？

（5）小蜘蛛为什么这么惊讶？（河马嘴大，要织的口罩就很大）

（6）小蜘蛛卖口罩是因为简单，这个口罩织起来简单吗？

①（自由读）你从哪个词能看出来不简单？

预设A："好难"，真不容易。

预设B："终于"，我们一般遇到非常难做的事情，把它做完的时候会说"终于"。

预设C："一整天"，真不简单。

情境创设：早上起来其他小动物在森林里散步，小蜘蛛在 ＿＿＿＿＿＿＿；天黑了，小动物们都进入了梦乡，蜘蛛在 ＿＿＿＿＿＿＿。蜘蛛从早织到晚，累

得腰酸背痛，头晕眼花，才把口罩织好了。

②蜘蛛现在想说什么？（好累）

③带着感情读出小蜘蛛的辛苦。

师指导朗读：重读"一整天"和"终于"，还可以把语速放慢。

（7）再读课文，深化感情

师：蜘蛛选择卖口罩是为了简单，写的招牌也很简单，但后来发现简单吗？（不简单）为什么看似简单的事情变得不简单了呢？什么情况下卖口罩会是简单的？

【设计意图】

针对蜘蛛第一次开店的经历，我们做了重点处理，在巧设问题中引导学生深度学习，让学生在分析问题的过程中顺势在头脑中建立思维导图，由此使学生对开店的过程更加清晰。在朗读课文中体验情感，我们采用情境朗读、想象画面、角色体验等策略进行朗读指导。在读好片段的基础上，引导学生讲好蜘蛛开口罩编织店的过程。后两次开店让学生根据自己的理解朗读，从"扶"到"放"，体现梯度，为复述完整的故事做好铺垫。

3. 合作学习第二、三次开店经历，再次感知不简单

过渡：口罩难织，蜘蛛决定要织围巾。织围巾简单吗？你从哪里看出来的？一条围巾一星期，可见有多难织了。

（1）谁能把织围巾的不简单读出来？教师指导学生重读"足足忙了一个星期"。

（2）听到这个消息，动物园里的小动物们议论纷纷，大家想不想来买围巾？为什么？（提示：这么长的围巾，才要一元钱，太合适了。）

（3）你知道哪个动物最想抢得这个机会吗？他是怎么想的？

师小结：听到消息后，长颈鹿第一时间赶到，成为第一个顾客。又是这样特殊的顾客，就这样第二次开店又失败了。

（4）让蜘蛛更想不到的是第三次开店。谁来当小老师讲一讲小蜘蛛第三次开店的经历？

师小结：本以为简单的第三次生意，又把小蜘蛛吓跑了。

（四）聚焦示意图，提取关键信息，夯实思维训练

1. 提取关键信息，进行思维推理

故事学完了，小蜘蛛三次开店，每一次的经历都很相似，教师引导学生看着课件（出示四要素示意图）来说一说故事先写什么，再写什么。

2. 聚焦示意图，进行思维训练

让学生看着示意图，选择自己感兴趣的一次开店经历和同桌讲一讲。

【设计意图】

引导学生在了解故事内容之后，抓住关键信息，通过"卖什么""写招牌""怎么做"的顺序梳理出蜘蛛开店时遇到的问题以及作出的改变，使学生感受到童话故事情节反复的特点，为后面续编故事做好铺垫，体现思维训练的连续性。

3. 借助示意图，完整复述并表演

师：有一只蜘蛛，他每天寂寞无聊地蹲在网上捉虫。有一天，他决定要开一家商店。接下来发生了怎样的故事？说一说并演一演。

师评价：借助示意图复述故事，不漏掉任何一个情节，这样就把故事讲完整了。

【设计意图】

从讲述故事再到把故事演出来，学生的语言积累和表达运用是循序渐进式发展的。学生能够借助示意图和提示来讲述故事，其语文能力得到有效提升。示意图这一支架的运用，不仅能够加深学生对故事内容的理解，也为学生讲故事能力的提升奠定了一定的基础。

（五）升华理解，小组合作，想象创编

1. 理解"变"与"不变"，续编结尾

小蜘蛛三次开店，卖的商品在改变，来的顾客在改变，但是它的定价没变，卖东西的想法没变，遇到问题的想法也没变。就在这样的"变"和"不变"中，故事充满了乐趣。如果让你给这个故事续编一个结尾，你想怎么编？蜘蛛还会继续开店吗？

预设（1）：不会，小蜘蛛会继续蹲在网上。

预设（2）：会，小蜘蛛的想法没改变。它打算卖帽子，来的顾客是大象……

预设（3）：会，小蜘蛛的想法改变了。师引导：你改变的是计价方式，还是生产方式？

2. 打破思维定式，续编更多"可能"

同学们说了这么多种可能性，下面请以四人小组为单位，根据黑板上的提示，续编文章。

师小结：蜘蛛要想开好店，就得充分考虑顾客特点的变化，也要有克服困难的决心。同学们可不能像蜘蛛一样，只想做简单的事情，不知道思考也不坚持。

【设计意图】

在创编故事时，要打破学生的思维定式，引导学生换个角度考虑问题，培养其创新思维能力。

（六）拓展延伸，迁移运用，能力提升

课下请同学们阅读《森林百货店》，试着像老师一样梳理故事框架。小组合作试着复述故事。想一想：小兔子的顾客为什么越来越多，猩猩的顾客为什么越来越少呢？

【设计意图】

学生学习《蜘蛛开店》一文后，已经掌握借助提示讲故事的方法。

本环节引导学生尝试阅读类似的童话文本，试着用本课学过的方法梳理框架，借助图文提示进行复述，夯实借助提示讲故事的能力；通过迁移运用打开思维宽度，引导学生感受童话故事的特点，同时全方位、多角度地促进其语文能力和语文素养的提升，呈现完整而富有深度的学习样态。

（刘小妍）

三、狼牙山五壮士

教材思维生长点分析：

本课共有两个思维生长点：其一是以介绍詹建俊油画为情景任务驱动的小标题概括和文章主要内容总结，以及在此基础上延伸出来的对中国革命博物馆馆藏珍品《狼牙山五壮士》的介绍；其二是对点面结合这种描写方法的学习掌握、拓展延伸和艺术再现。

学生思维发展状况分析：

六年级是学生由形象思维向抽象思维转变的关键阶段。经过六年的扎实训练，学生的思维普遍具有开阔性、灵活性、深刻性、独创性等特点。绝大部分学生已经初步掌握了一定的思维方法。六年级学生已经具备了一定的抽象思维能力，但不可否认其抽象思维能力仍处于起步阶段，独立思考能力仍然较弱。新中考更加重视学生思维能力的考查，题目难度和灵活度逐年递增，所以整个义务教育阶段学生思维能力的培养都是重中之重。

学生思维生长课堂设计理念：

我国现行的统编语文教材十分重视思维的发展与提升，有着丰富的发展思维的资源。我校倡导思维生长型课堂，以"经历即成长，体验即生长"为设计理念，通过"三阶段、六环节"来助推学生思维步步进阶。我们充分引导学生自主阅读感悟，尝试体会作者的感情表达，逐渐学会抓住学习内容的本质属性去全面把握知识的内在联系，运用已有经验、方法进行主动思考，通过推论、理解、建构等主要方法获得新的认识。长期的坚持训练使学生的思维能力得以提升，为他们的终身学习奠定了坚实基础。

在新课标指引下，我们与时俱进，紧扣语文核心素养，深度解读教材，创新单元融合，搭建思维支架，建构关联体系，帮助学生抓牢逻辑与关系、基础与发展、情境与任务三个中心，在学练结合的过程中实现思维能力的生成与迁移，将思维的发展和语言实践结合起来，提升学生的思维品质。

目标预设：

1. 会写"寇、副"等 14 个字，会写"日寇、奋战"等 20 个词语。

2. 紧扣单元主题"重温革命岁月，铭记历史的声音"，结合重点语句把握课文主要内容，感受五位壮士英勇无畏的革命主义精神和爱国主义精神。

3. 学习点面结合的描写方法，体会课文既关注群体又聚焦个体的写法。

4. 介绍油画构图特点、影视镜头组合特色，让艺术鉴赏和审美创作在本课教学中得到体现。

学习准备：

根据学习任务单要求完成预习。

学习过程：

（一）真实情境引入——完成预习交流

同学们，在易水之畔、狼牙山之巅屹立着这样一座纪念塔（出示图片）。大家知道它是纪念谁的吗？是的，这五位英雄作出了一件感天动地的大事，这件事值得每一个中国人世代传颂。为迎接祖国母亲华诞，学校将进行革命故事课本剧展演，让我们将《狼牙山五壮士》排成课本剧，共同探寻革命英雄精神吧！这节课我们先一同走进 1941 年的狼牙山，一起去认识这五位抗战英雄。请同学们齐读课题。

1. 交流预习

（1）课前同学们都进行了预习，现在咱们来交流一下你们的预习收获。我们先来读课文中的四字词语，把字音读正确。

第一行：气壮山河、昂首挺胸、全神贯注、斩钉截铁。

第二行：叽里呱啦、粉身碎骨、坠落山涧、大举进犯。

请几组学生谈谈词语的意思。

（2）"全神贯注"这个词语中有一个需要会写的字——贯，这个字的笔顺比较特殊。教师播放录像，学生书空，然后在任务单上练写一个。

（3）让学生说一说以上两行词语的特点。

预设回答：第一行都是写五壮士的，第二行都是写日寇的。

师小结：没错，整篇课文写的就是五壮士和日寇殊死战斗的故事。这节课就让我们一起重温革命岁月，铭记历史的声音。

【设计意图】

在大单元教学过程中，教师引导学生使用纵向迁移的思维方法，通过多种方式读词语，梳理学过的词语，使用已习得的解词方法理解新的文本环境中词语的含义。通过实践训练，学生进一步丰富了词语积累，更为关注词语的感情色彩，同时初步感受到革命先烈的壮志豪情。

（二）学生问题激发——提炼主要内容

1. 参观油画忆方法，英雄故事我讲解

（1）师：同学们，如果要呈现这个故事，我们需要像演员一样实际体验生活，丰富对故事的理解。现在，我们来到了中国革命博物馆。看，这幅油画就是著名画家詹建俊为刚成立的中国革命博物馆创作的《狼牙山五壮士》。现在你就是中国革命博物馆的解说员，结合课文和图片资料，你准备介绍哪些内容呢？快讲给大家听听吧！

我们在四年级下册已经学习了通过抓取关键句中的关键词来提炼小标题，从而把握课文内容的方法。课后第一题引导我们通过小标题概括文章内容。其中"接受任务"是故事的起因（板贴），"跳下悬崖"是故事的结局（板贴），中间发生了什么呢？

（2）出示课后第一题。

朗读课文。根据课文内容填一填，再讲讲这个故事。

　　接受任务 ——→（　　　　　）——→（　　　　　）——→（　　　　　）——→
跳下悬崖

（3）生成结论。

师：我们来听一听同学们的讲解。

预设回答①：我认为第 2 自然段的关键句是第一句话，我圈出了"痛击""敌人"，这说明五位战士利用险要地形把冲上来的敌人一次又一次地打了下去，所以我拟的小标题是"痛击敌人"。

预设回答②：第 3 自然段，我找到的关键词语是"引上绝路"。准备转移时，在五位战士的面前有两条路，班长带着战士们向棋盘陀走去，是要将敌人"引上绝路"。

预设回答③：我发现第 4、5 自然段都写了五位壮士在狼牙山峰顶与敌人作战的情形。我找的关键词是"峰顶""射击"。这部分还写到了战士们用石头砸敌人，所以用"峰顶射击"来概括不够准确，我认为可以概括为"峰顶杀敌"或者"峰顶歼敌"。

师评价：这几位同学都很会读书，很善于思考，说得有理有据，小标题概括得也比较准确，实际上，把这些小标题的内容连在一起就是故事的主要内容。下面我们来听一听这位讲解员的解说词。

播放解说词：

　　1941 年秋，日寇集中兵力向我晋察冀根据地大举进犯，七连六班的五位战士接受了掩护群众和连队转移的任务。为了拖住敌人，五位战士利用狼牙山险要的地形，痛击敌人。当完成掩护任务准备转移时，他们并没有选择通往主力方向的大路。而是把敌人引上了绝路，在狼牙山峰顶继续歼敌，最后跳下了悬崖。

师：多棒的解说员，掌声在哪里？

2. 提炼方法，迁移运用——介绍艺术品

师提问：如果让你介绍一件艺术作品，你应该主要介绍什么内容？

学生在上面活动的基础上进行信息的整合、梳理，得出结论：应该主要介绍作品的作者、创作背景、作品背后的故事。

【设计意图】

在本环节的教学设计中，我们主要训练了学生思维过程中的纵向迁移和重组迁移。在完成观油画、忆方法、用口头表述的形式来介绍油画的过程中，引导学生首先回忆以往学过的总结主要内容的方法，纵向迁移到本课的学习中并加以强化训练；解说油画则综合了主要内容和作品作者及创作背景的查阅、梳理、筛选、整合，训练了学生思维过程中的重组迁移能力。

在大单元教学过程中，我们既要关注语言的运用、思维能力的提升，还要潜移默化地培养学生的审美鉴赏能力，而这几个核心素养在这一环节均有体现。

（三）师生互动推理——学习点面结合

同学们，这五个小标题把全文分成了五个部分。在这五部分中作者详写了哪几部分呢？我们不难发现作者详写了"痛击敌人""顶峰歼敌"和"跳下悬崖"三部分。我们先来重点探讨"痛击敌人"这一部分。请大家读一读，想一想：作者采用了什么写作方法？

预设回答：作者先把五位战士作为一个整体一起来写，然后再分别来写。

生回答，交流。

师小结：课文既有群体描写又有个体描写，这就是非常典型的点面结合的手法。

1.学习群体描写部分

请大家读一读，思考：这是一支怎样的队伍？

预设回答：从有计划地利用险要地形一次又一次痛击日寇的描述中，我们可以看出这是一支团结勇敢、英勇顽强的队伍。

师小结：面的描写具有概括性、全面性等特点。

2.学习个人描写部分

再来读一读"点"的描写，结合每位战士的具体表现来谈谈你的感受。

表6.1 _____ 场景中的角色卡片

人物		身份	
语言		神态	
动作		其他	
感受			

预设回答："沉着"这个词让我感受到班长马宝玉的沉着冷静;"大吼一声"这个词让我体会到了副班长葛振林的英勇无畏,"好像细小的枪口喷不完他的满腔怒火"让我感受到了副班长葛振林对敌人的无比憎恨;从"把胳膊抡一个圈,好使出浑身的力气"中可以看出战士宋学义知道怎样才能把手榴弹扔得最远,及其想炸死更多敌人的渴望;战士胡德林和胡福才"把脸绷得紧紧的,全神贯注地瞄准敌人射击",让我感受到了他们严肃认真、一丝不苟的战斗作风。

如果你是其中一个战士,你准备如何作战?师生合作,读一读这一部分,师读"面"的描写,生读"点"的描写。

师小结:点的描写更加注重细节和局部。

3.对比分析,总结两种描写的特点及好处

在这一部分的描写中,既有对五位战士的群体描写,也有对每位战士的个体描写。谁来说一说这样写的好处?

预设回答:这样写既让我们感受到了五位战士作为一个战斗群体的英勇顽强,又让我们感受到了五位战士个个英勇无畏的精神和对敌人的痛恨。

师小结:群体描写让我们知道了五位战士是如何诱敌上山与敌战斗的。个体描写,细致刻画了五位战士的神态动作,让我们仿佛看到了他们作战的情景。这种点面结合的描写,使人物形象更加丰满,也使文章主题更加突出。

【设计意图】

本单元最重要的语文学习要素就是让学生了解文章是怎样运用点面结合的手法写场面的,以及如何运用这种方法来写一个场景的。这一环节主要针对思维训练过程中的尝试学习和生成新知。此环节的设计，在完成语言运用等核心素养目标培养的同时，关注学生未知、难知的领域，以此作为教学的起点，引导学生在自主学习的基础上，尝试突破未知、难知领域，生成新的认知和经验，从而达成思维训练的目标。

（四）自主结论生成——体会表达之妙

1. 深化对点面结合的理解

请同学们自读课文4—6自然段，思考"顶峰歼敌"和"跳下悬崖"这两部分与"痛击敌人"部分在群体描写和个体描写上有什么异同。

相同：这三部分的相同之处是先进行面的描写，再进行点的描写，而且对点的描写都比较细致。

不同：第二自然段对五个战士都进行了描写，而"顶峰歼敌"和"跳下悬崖"这两个部分则着重描写了马宝玉一人。

师小结：同学们真善于观察！"痛击敌人"部分描写了五个人，我们称之为"一面多点"（板书）；"顶峰歼敌"和"跳下悬崖"重点写了一个人，我们称之为"一面一点"（板书）。

2. 借点面结合品悟英雄品质

"顶峰歼敌"和"跳下悬崖"这两部分主要聚焦于马宝玉这个人物，为什么对他进行这样细致的描写？请结合文中描写马宝玉的句子，自己读一读，体会一下这是一位怎样的班长。

预设回答：从抢前一步夺过手榴弹可以看出马宝玉身手敏捷、果断冷静。当子弹都打完了时，班长马宝玉指挥其他战士用石头砸，由此可以看出他勇敢无畏、战斗经验丰富。当大批敌人扑上来的时候，马宝玉才向敌人扔出最后一颗手榴弹，照应了前面"夺过手榴弹插在腰间"，表现出马宝玉有勇有谋。从砸碎爱枪第一个纵身跳下山谷，我感受到了班长马宝玉不怕牺牲的英雄气概。

师小结：马宝玉不仅是战斗的指挥者，还是命令的下达者，最重要的是他是这支队伍的精神引领者，他是英雄团队中的英雄班长。我们在对

"点"进行描写的时候，就应该选择像马宝玉一样突出的代表性人物。

配乐朗读描写马宝玉的句子。

【设计意图】

大单元教学过程中，我们把点面结合的学习集中在了本课时之中，先学习一点多面，再对比学习一点一面，总结两种描写方法的异同，为习作作好准备。此环节是本节课教学的难点，也是思维训练的重点。

此环节教学基于上一个学习任务进行的拓展延伸，关注了点面结合这个知识点的内在联系。这一环节遵从思维训练过程中尝试学习、总结所得、生成新知的规律。本任务群的教学在培养文化自信、落实语言运用等核心素养的同时，兼顾了对学生思维方法、思维能力和思维品质的培养。

（五）迁移检验应用——艺术创造实践

学习了课文的第四、五部分，了解了关键性的人物，也就是面中的点后，我们要学以致用。其实，在三个重点部分的学习中，每个部分都是先面后点，这种手法在其他艺术形式中也很常见。大家想一想：哪些艺术形式会用到这种手法呢？

学生交流预设：

生1：电影里应该常用，就像战争类的影片先来个机群飞过、炮弹齐发、万人冲锋的大场面，再把镜头给到战壕里的一个战士身上。

生2：绘画里也会用到。

生3：电视剧里也能用到。

生4：小说里也有，先是写热闹的街景，然后写到其中的一个人，一般这个人就是主人公。

师：是的，影视作品和绘画、小说中经常会用到这种表现形式。以拍电影为例，有时要拍一个大的场面，有时要把镜头聚焦到某个人身上，这些形式穿插使用。如果让你拍摄《开国大典》中的阅兵场景或《灯光》中郝副营长牺牲的场景，你打算用哪些镜头来表现呢？和你小组的成员一起讨论一下，共同完成以下表格。

表6.2　分镜头清单

我们选择《　　　　　　　》		
	主要情节	广角、特写
镜头一		
镜头二		
镜头三		
镜头四		
……	……	……

学生组内交流，共同完成表格，教师巡视指导。

小组选代表上台交流。

教师总结所学，引导学生应用于习作。

【设计意图】

大单元教学过程中，我们把点面结合的进阶学习安排在一点多面和一点一面的学习之后。在对比学习时，先比较两种描写方法的异同，然后通过模拟拍摄电影场景进行训练，同时也是为后面两篇课文的学习和习作训练打下基础。此环节虽不是教学的重点，但确是学生思维训练的难点所在。

此环节的教学设计中，我们主要训练了学生思维过程中的重组迁移，即将点面结合的知识放在新的任务环境、新的艺术形态中进行实践训练，以达到知识和方法的迁移，在落实审美创造这一核心素养培养目标的同时使学生的思维能力得以提升。

（毛晓君）

四、桥

教材思维生长点分析：

教材是师生开展学习活动的基础。《桥》是一篇微型小说，叙述了一位村党支部书记面对暴发的山洪，以自己的威信、忠于职守的信念和沉稳果决的指挥，将村民们送上生命桥的故事。

在语文教学中，我们应把握学生每一次思维生长的机会。本节课以"桥"为主线，以"促进学生思维能力生长"为目标，通过对文章中环境描写及人物的语言、动作、神态等描写的分析领会，来培养学生的想象思维、概括归纳、理解分析、探究拓展、逻辑思维、创造性思维等能力。

所以，教师如果善于抓住文本中知识间的连接点，打破学生思维的桎梏，就能助推学生思维能力生长。

学生思维发展状况分析：

语文教学过程是一个"感知—体验—理解—运用"的过程。在这一过程中，通过教师的启发引导，学生获得了收集和分析资料的能力、探究分析解决问题的能力、与他人合作的能力等。学生的思维具有灵活性、深刻性、独创性、开阔性等特点。这些能力的核心，就是思维能力。六年来，在老师们的谆谆教导下，学生的思维能力得到了较好的发展。

学生思维生长课堂设计理念：

小学阶段是思维发展的黄金期。学生在小学阶段所习得的知识、能力以及思维方式等，对其今后的学习乃至一生的发展都会产生巨大的影响。因此，在课堂上对学生思维能力的训练尤为重要。语文作为小学阶段一门主要的语言课程，是培养学生语言文字理解能力、表达能力、思维能力的重要途径。对学生思维能力进行训练，是我校语文课堂的一项重要内容。基于学生思维发展的现状，以课堂为载体，采用自主学习、合作学习、探究学习的多元学习形式，培养学生的逻辑思维能力、想象思维能力、发散思维能力，这是实现语文深度学习、促进学生语文核心素养提升的现实需要。

目标预设：

1. 了解单元导读，明确"读小说，关注情节、环境、人物形象"的目标。

2. 正确、流利、有感情地朗读课文，用抓关键词、列小标题的方法概括文章主要内容，培养学生归纳概括能力。

3. 学会短促有力地朗读，读好短句，体会环境描写烘托气氛的作用及环境描写烘托人物形象的作用，同时培养学生的想象思维能力。

4. 能够结合具体情节，抓住描述老支书神态、动作、语言的句子，从不同角度体会老支书的形象特征，培养学生理解分析能力。

5. 体会文章结尾出人意料的表达效果，尝试不同的故事结尾，体会本文设置悬念的好处，培养学生的创新思维能力。

学习准备：

预习课文。

学习过程：

（一）链接生活实际，激趣导入

今天我们进入第四单元的学习。这个单元的课文都是小说。小说以单元的形式呈现在教材中，这还是第一次。

情节、环境、人物是小说的三要素，三者缺一不可。掌握了小说的三要素，我们就可以发挥想象，创编生活故事。带着本单元的学习要素，我们来学习《桥》这篇课文。请同学们齐读课题。

生齐读课题。

【设计意图】

明确学习目标，有的放矢。《桥》是本单元的第一篇课文。本环节先引入单元导语，让学生明确本单元的语文要素，了解小说三要素，激发学习积极性。

（二）整体感知小说，概括内容

1.展示学习收获

咆哮	清瘦
狞笑	沙哑地喊
放肆	冷冷地说
势不可当	揪出
（洪水）	（老汉）

（1）指定学生读词语。

（2）比较两列词语：左边一列是描写洪水的词语，右边一列是描写老汉的词语。

【设计意图】

出示这些词语，一是为了让学生能够更好地掌握词语的读音和书写；二是让学生思考两组词语的不同，培养学生的比较能力、概括能力，为后文环境描写的学习及人物形象的分析作铺垫。

2.概括文章主要内容

读完小说，大家或多或少都有自己的感受。那么，课文讲了一件什么事呢？

师点拨：我们可以结合小说的三要素——人物、情节、环境，按照故事的起因、经过、结果，用抓关键词、列小标题的方法来梳理。

【设计意图】

学生已经学会运用抓关键词概括文章主要内容的方法。本环节，引导学生从文中提取信息，梳理课文内容，同时初步了解小说三要素，培养学生整体概括文章内容的能力，突出了思维能力的整体性。

（三）任务驱动引领，重点探究

任务一：以问题激发，引导学生聚焦环境，感受桥之危险。

1. 问题激发

请同学们画出描写雨、洪水和桥的句子读一读，说一说你从中感受到了什么。

2. 探究原因，感受危险

聚焦关键句子和段落：

> 黎明的时候，雨突然大了。像泼。像倒。
>
> 山洪咆哮着，像一群受惊的野马，从山谷里狂奔而来，势不可当。
>
> 近一米高的洪水已经在路面上跳舞了。
>
> 死亡在洪水的狞笑声中逼近。
>
> 水渐渐蹿上来，放肆地舔着人们的腰。
>
> 木桥开始发抖，开始痛苦地呻吟。
>
> 水，爬上了老汉的胸膛。
>
> 突然，那木桥轰的一声塌了。
>
> 一片白茫茫的世界。

3. 师生互动，感受环境之危险

（1）明确要求：读一读这些句子，你有什么感受？你读出了什么？

（2）结合圈画的内容，全班汇报交流。

（3）感受语句特点：通过画句子，我们发现，这些描写洪水的句子分布在课文的各个部分，写出了洪水的变化：洪水越来越大、越来越多，像死神一样向人们步步逼近。洪水从来临到消失是有一个过程的，大概分三步：山洪来临—山洪暴发—山洪退去（黑板贴）。环境描写串联起整个故事，推动着情节的发展。

（4）播放视频，观看山洪暴发、洪水肆虐的场景。

（5）合作朗读，读出洪水之凶猛、环境之恶劣。

【设计意图】

聚焦环境，感受桥之危险。本环节的设计意在让学生充分关注环境描写，抓住"突然、像泼、像倒、咆哮"等词语，体会、想象暴雨、山洪的突如其来和形势的危急，并通过朗读激发学生丰富的想象，培养学生想象思维能力。通过问题"为什么要花这么多笔墨写暴雨和洪水呢"引导学生在对环境描写的品析中，逐渐体会到小说"微而妙"的特点。

任务二：关注情节，感受人物形象。

1. **问题激发**

在如此紧张的环境中，究竟发生了什么呢？在这三个情节中，你觉得哪个情节最能反映人物形象？

2. **小组合作学习，探究形象**

（1）请同学们边读边画，并在旁边做批注。思考：你看到了一位怎样的老汉？

① 聚焦神态。"他不说话，盯着乱哄哄的人们。""盯着"是神态描写。老支书内心坚定，是全村的主心骨。联系上文我们知道，他是党支部书记，他是全村人拥戴的老汉，他就是人们的主心骨。他临危不乱，镇定自若。

② 聚焦老支书表现。"老汉清瘦的脸上淌着雨水。他不说话，盯着乱哄哄的人们。他像一座山。"这是对老支书的神态描写，表现出他的临危不乱、镇定自若。

③ 聚焦言行。"老汉沙哑地喊话：'桥窄！排成一队，不要挤！党员排在后边！'"其中"沙哑"表明老汉很疲惫。三个感叹号、三个短句，表明老汉心中装着群众。"老汉突然冲上前，从队伍里揪出一个小伙子，吼道：'你还算是个党员吗？排到后面去！'老汉凶得像只豹子。""老汉吼道：'少废话，快走。'他用力把小伙子推上木桥。"

（2）你一开始就知道他们是父子关系吗？把小说改一下，一开始就点明他们是父子关系，好不好？（不好。这正是小说的创作特点：设置悬念。）

（3）师生合作再读课文。

当了解了老汉和小伙子的关系，再去读这个情节时，我们会感到揪心、震撼。

配乐朗读。

师小结：从刚才的交流中，我们能够感受到老汉的形象特征——心系群众、不徇私情、爱子心切。

【设计意图】

本环节指导学生欣赏了描写老汉动作、语言、神态的语段。在多种形式的交流中，学生的语言丰富起来了，老汉的形象丰满起来了，小说的教育价值也体现出来了。通过领悟体会、理解分析，学生的逻辑思维能力也得到提升。小说结尾在意料之外，又在情理之中，这是小说的又一特点。在达成这个教学目标时，教师要充分考虑到详略安排。从教学过程看，这部分的教学内容是开放的，既前后呼应、点到为止，又给学生留下了思考的空间，培养了学生的发散思维能力。

（四）总结拓展，深化实践

1. 本课小结

在悬念中，故事情节层层推进，人物形象个性鲜明。通过这节课的学习，我们知道了读小说需要关注三个要素——人物、情节、环境。

2. 思维拓展

如果你是小说《穷人》或《金色的鱼钩》的作者，你会怎样描写人物的外貌、语言、心理活动等？

【设计意图】

新课标要求，义务教育语文课程内容主要以学习任务群的形式组织与呈现。本环节结合大单元教学要求，按照单元导语中提出的语文学习要素，设计了让学生运用本节课所学的方法抓住人物的外貌、语言、心理活动等来塑造人物形象的实践，达到了学以致用的效果，拓宽了学生思维的宽度，培养了学生的发散思维、创造性思维能力。

（夏君）

五、数与形例 1

教材思维生长点分析：

人教版数学六年级上册《数学广角——数与形》包括两个内容：（1）使学生通过数与形的对照，利用图形直观形象的特点表示出数的规律；（2）借助图形解决一些比较抽象的、复杂的、不好解释的问题。两个活动内容的安排，都是想让学生经历探索活动，在体验将"图的规律"转化为"数的规律"的过程中，感悟数与形的关系，发展归纳与概括的能力。教材安排的两个内容，虽然都是引导学生通过图形的探究寻找规律，但细细分析可见两部分内容的衔接并不紧密，每一个内容都可以有所延伸和拓展。如处理不当，教学时会让人感觉学习的内容有两个重点、两个难点。为规避此问题，我们将一课时调整为两课时。本课为第一课时内容。根据教材例题分析，确定以面积模型规律的探究为本课教学的思维生长点，直观地探究数与形的关系。整节课通过三个主环节的设计，引导学生由浅入深地经历探究过程，从形上理解数的含义，用数的规律解决形的问题，真实体验数形结合的优势，建立数形结合的数学思想，使复杂问题简单化、抽象问题具体化，发展学生的高阶思维，从而达到优化解决问题途径的目的。

学生思维发展状况分析：

六年级学生在找规律方面已经有丰富的学习经验，具备初步的逻辑思维能力，但仍以形象思维为主，在前期的学习中也积累了一些对数与形关系的体验。我们在小学中段的数学教学中，已经逐步借助推理与知识迁移来完成任务，并开始结合教材挖掘、创造条件渗透数形结合思想。进入中高年级后，学生逻辑思维能力已有一定发展。为了使学生更直观地理解知识，同时又满足学生逻辑思维能力的发展需要，教材在编排上按照先"数"后"形"的顺序，把形象真正放在"支撑"地位，从而为培养学生的逻辑能力服务。

学生思维生长课堂设计理念：

教师在课堂教学中指导学生关注算式之间的联系，培养学生的发散思维和求同存异能力。在探索联系中，引导学生由"图"主动联想到"式"，由"式"又能勾勒出"对应图"，实现思维从直观到抽象的飞跃。引导学生将数形结合、化繁为简的探究方法自主运用到新问题的处理上，用数学的思维去解决问题，使思维发展有突破。引导学生带着问题进行尝试、生成、迁移，让知识学习的过程变成引导学生分析和解决问题的过程，由表及里、由浅入深，自我构建，最终助力学生思维进阶。教学采用小组合作的学习方式，鼓励学生自主探究、互问互答。让学生经历小组学习的汇报交流、思维火花的摩擦碰撞等深度学习的过程，从而发展学生发散性思维，提高其学习的兴趣和探究的欲望。本节课的设计除了让学生感悟数形结合的思想，还努力引导学生体验猜想与验证的学习策略，感悟化繁为简、迁移、类比等数学方法与思想，通过高密度的学习过程促进学生核心素养的发展。

目标预设：

1. 结合图形的模型探索规律，建立数列与图形的联系，掌握毕达哥拉斯数列的计算方法，发现相应数字之间的联系，感知数与形之间一一对应的关系，感悟用数形结合的思想来分析思考问题的优势，感受数学的魅力，提高解决问题的能力。

2. 经历探究规律的过程，构建探究学习的方法，并引导学生主动将方法迁移运用于同类问题的研究，让学生理解图形是一种可以使复杂问题简单化、抽象问题具体化的解决问题策略。

3. 运用数形结合的思想方法，经历猜想与验证的过程，形成积极探究、大胆猜想验证、灵活运用的能力，创设操作、思考、合作、交流的空间，从而激发学生自主研究问题的热情。

学习准备：

同样大小的小正方形（红色的 1 个、黄色的 3 个、蓝色的 5 个、绿色的 7 个）、提前打印好的学习任务单。

学习过程：

（一）真实情境引入，为探究作准备

1.情境导入

（教师出示一幅正方形花坛图片）

师：图片中有什么？它有数吗？它有形吗？

正如大家所说，这里既有 1 这个数，又有正方形这个形。

任何一个物品必定有一定的形状，有一定的数量，有数就有形，有形就有数，数与形是一一对应的。它们的关系是天然的，这种天然的关系需要我们在解决问题的过程中慢慢体验。

【设计意图】

数学来源于生活，数与形是同一客观事物在数学上的两种不同表象。本环节通过简单事物以小见大，使学生感受到数与形的联系是先天的、不可分割的。

2.互动交流

（1）数形对照，从形中指出数，聚焦重点数式。

（利用课件出示 1 个小正方形）

师：你看到了什么？

师评价：1 是数，小正方形是形。图中既有数，又有形。

（利用课件再增加 3 个小正方形）

师：现在有几个小正方形？你能列出一个算式吗？

列式为 1+3=4。

（课件再增加 5 个小正方形）

师：现在一共有几个小正方形？怎样列式呢？

列式为 1+3+5=9。

（2）在算式中发现规律。

师：观察这些算式，说说你在其中发现了什么规律。

师：你们真善于观察。1可以写成1的平方，4可以写成2的平方，9可以写成3的平方。

（通过课件将得数变为平方数：$1=1^2$；$1+3=2^2$；$1+3+5=3^2$）

（二）问题激发，小组尝试操作并理解"平方数"和"正方形数"的含义

1. **问题激发**

师：你能把这些小正方形摆成一个图形表示$1+3=2^2$吗？

要求：（1）清晰直观地表示出每个加数；（2）方便、快捷地计算出小正方形的总个数。

2. **学生独立思考，小组尝试操作**

预设展示（1）：

预设展示（2）：这样摆虽然能体现1+3，但不能体现2的平方，所以我摆成了正方形。

正方形每行有2个，有这样的2行，就是2^2。

师小结：通过交流对比，我们发现摆成正方形既能清晰直观地表示每个加数，又能体现2的平方。

（三）师生互动推理，逐步体会用图形解决问题的清晰、直观

你能用正方形摆出$1+3+5=3^2$这个算式吗？

预设回答：

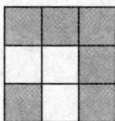

（使学生感受用形来解决数的有关问题的直观性与简洁性）

师：接下来，看算式，想图形。

$1+3+5+7=$？所摆出的图形会是什么样子？它的边长是多少？（学生想

象并分享）

（出示课件验证）等于 4^2。

1+3+5+7+9=？所摆的图形是什么样子？边长是几？（学生想象并分享）

（出示课件验证）等于 5^2。

师：这样接着写能写完吗？（写不完）虽然写不完，但可以用省略号表示。

【设计意图】

　　学生通过操作、观察、比较、想象探索图形，辨析图形之间的不同，体会通过摆正方形来解决问题的清晰、直观、方便、快捷。

（四）自主结论生成，深度探究规律

$1=1^2$

$1+3=2^2$

$1+3+5=3^2$

$1+3+5+7=4^2$

$1+3+5+7+9=5^2$

师：（1）观察这些算式，加数的个数和得数有什么关系？

（2）为什么得数和加数的个数有关系呢？

小组合作，借助学具深入交流探究。

预设回答：每增加一个加数，拼成的正方形就会增加一层，边长也会加 1，所以有几个加数，和就是几的平方。

师：我们借助正方形得到了这么多算式，有了这么多发现。现在你能用一句话总结一下这个规律吗？

预设回答：从 1 开始，有几个连续的奇数相加，和就是几的平方。

【设计意图】

着眼于学生利用数形结合解决问题的经验积累，使学生切实经历分析问题、提出假设、举例验证、形成结论、解释证明的问题解决全过程，进而以小见大发现规律，化数为形解释规律，全面理解数与形的应用价值。

（五）迁移应用，拓展延伸

下面我们就利用总结出的规律完成学习任务单上的练习。

1. 基础练习巩固

（1）$1+3+5+7+9+11=(\qquad)^2$

小结：这个算式是从 1 开始的连续 6 个奇数相加，所以和是 6 的平方。

（2）$7+5+3+1=(\qquad)^2$

小结：这个算式从右往左看，是从 1 开始的连续 4 个奇数相加，所以和是 4 的平方。

2. 制造矛盾，促进思维生长

$1+3+5+7+5+3+1=$ ？

学生通过交流激发思维的碰撞。

师小结：这位同学发现算式不再符合规律时，开始从条件寻找算式，先将算式分成两部分，然后用 4 的平方加 3 的平方，得数是 25。25 是几的平方呢？（25 是 5 的平方）

师追问：你能将这个算式变一变，让大家一眼能看出算式等于 5 的平方吗？

生生交流后，师小结：就像刚才同学说的，可以先把后面的 5+3+1 相加得 9，这样 1+3+5+7+9 就等于 5 的平方了。

3. 借助生成，拓展思维

师：同学们，$3^2+4^2=5^2$ 还跟一个图形有关，那就是直角三角形。如果两条直角边分别是 3 和 4，那么那条斜边一定是 5。直角三角形两条直角边的平方和等于斜边的平方，这就是著名的勾股定理。科学家想到了 300 多种证明的方法，其中一种就是将三条边还原成三个正方形。大家请看视频。（播放视频）

这就是用图形直观证明了这个定理。大家看，数形结合的思想不但从小学陪伴着我们，也将对我们初中乃至以后的学习有着重要的意义。我想，这也正是我们要在这里讲这节课的目的和价值所在。

【设计意图】

数形结合思想既是一种数学思想，更是一种方法。离开了技能的支撑，空谈思想，对于促进学生由思想到方法的转化应用是没有意义的。本环节意在通过一系列学生已经熟知的题目，在学生的日常学习与数形结合思想之间建立联系，并通过勾股定理的事例将数形结合思想的应用延伸至学生以后的学习及生活中，提升数形结合思想的应用价值。

4. 应用方法，迁移类推

下面每个图中各有多少个灰色小正方形和白色小正方形？

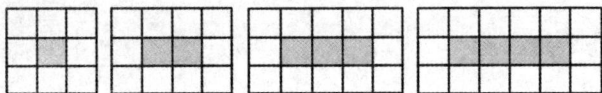

灰色：1　　　2　　　3　　　4
白色：8　　　10　　　12　　　14

照这样下去，

第 6 个图形有（　）个灰色小正方形和（　）个白色小正方形。

第 10 个图形有（　）个灰色小正方形和（　）个白色小正方形。

你能解释其中的道理吗？

师：你是怎么做的？

追问：为什么灰色每次加 1，白色每次加 2 呢？

学生互动交流。

师小结：大家看，我们由数可以思考形、由形可以得出数的规律。看来，数形结合的威力可真不小！

【设计意图】

以数解形类似于学生比较熟悉的找规律，是学生比较熟悉的应用形式，所以此素材宜作为一个综合性的应用练习，学生既能以数解形，又能在交流过程中参与解释，以形助数。学生在交流时，对画图与计算这两种不同的问题解决方式进行对比，发现以数解形的优势及必要性，从而促进以数形结合解决问题的应用意识形成。

（六）回顾反思，整体建构知识体系

师：我们在之前的数学学习中也经常见形想数、见数想形。大家请看！（播放微课视频）

低年级时我们借助图形认识数：

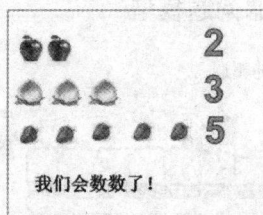

认识立体图形并能用数来表达数量：

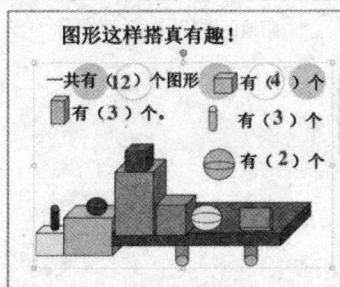

有了小棒，我们理解算理更容易了：

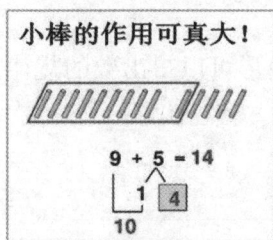

小棒的作用可真大！

‖‖‖‖‖‖‖‖‖ ‖‖‖‖

$9 + 5 = 14$
    1   4
  10

小小正方体帮我们认识了十、百、千，推导出了体积之间的进率：

小小正方体，
让我想起的知识真不少！

借助画图、演示，我们理解了植树问题、相遇问题等很多数学问题的数量关系，建立了数学模型：

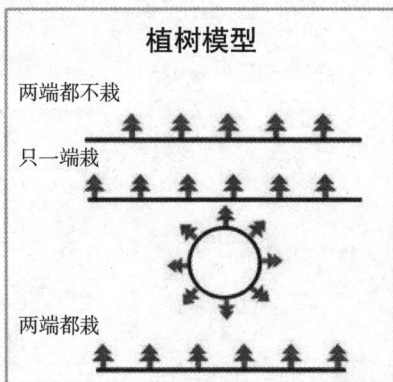

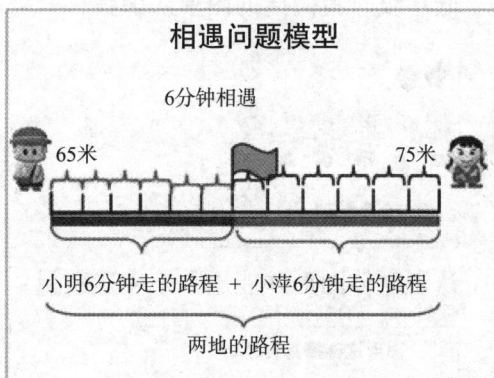

植树模型

两端都不栽

只一端栽

两端都栽

相遇问题模型

6分钟相遇

65米   75米

小明6分钟走的路程 + 小萍6分钟走的路程

两地的路程

公式的推导也离不开数形结合：

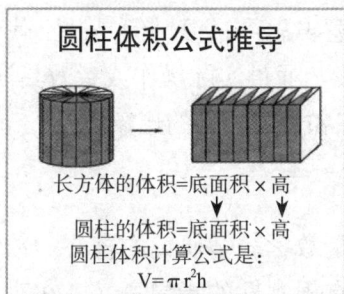

圆柱体积公式推导

长方体的体积=底面积×高

圆柱的体积=底面积×高
圆柱体积计算公式是：
$V=\pi r^2 h$

今后我们要借助数形结合的方法学习更多的数学知识。

正像华罗庚先生所说："数缺形时少直观，形少数时难入微。数形结合百般好，隔离分家万事休。"希望大家在今后的数学学习中能更好地运用数形结合这个方法。

【设计意图】

播放微课，感受数形结合思想在数学及生活中的广泛应用，深植这一思想，并在学以致用的练习中再次体会数形结合思想方法的奥妙。

（秦永华）

六、分数与除法

教材思维生长点分析：

教材前面从部分与整体的关系角度揭示了分数的意义，这里从分数可以表示两个整数相除（0除外）的商的角度揭示分数另一方面的意义，即分数可以表示具体数量和结果。本部分旨在加深和扩展学生对分数意义的理解，同时为学习假分数以及把假分数化为整数或带分数作准备。教材先提出问题，再总结出用分数表示整数除法的商，即要用除数做分母，被除数做分子；反过来，一个分数也可以看作两个数相除。

学生思维发展状况分析：

小学阶段的学生思维虽然逐渐向抽象逻辑思维过渡，但是并不代表着他们的形象思维也因此而消失。在小学阶段，通过实际操作或者教具演示，更容易帮助学生理解和掌握所学知识，锻炼和发展他们的形象思维。

学生思维生长课堂设计理念：

数学离不开思维，对数学思维的研究是数学教学研究的核心。数学思维的发展规律，对数学教学的实践活动具有根本性的指导意义。在对学生们的思维能力进行培养时，在教授和旧知识密切相连的一些新知识的时候，教师需要采用适当的教学方法加以引导，培养学生的创造性思维。学生在学习时要边听边想、边看边想、边做边想、边练边想，通过自己的积极思维，深刻理解、归纳总结、灵活运用数学知识，把所学知识应用于实际。

目标预设：

1. 在进一步巩固分数的意义的基础上，使学生认识到在整数除法中，商可以用分数来表示。

2. 使学生在具体的教学情境中，通过操作、观察、对比，自主发现并归纳出分数与除法的关系。

3. 使学生在理解分数与除法关系的基础上，能用分数表示两个整数相除的商，并能解决一定的实际问题。

4. 培养学生的动手操作、观察归纳能力。

教学准备：

装有物品的盒子、多媒体课件、图形图示教具、圆形纸片、剪刀等。

教学过程：

（一）情境引入，巩固分数的意义

1. 创设问题，激趣引入

老师这里有个盒子，我要把里面的东西平均分给两位同学。你能说说老师应该怎样分吗？

让学生明确每人分得盒子里面东西的二分之一。平均分给两个人就是平均分两份,每份就是这些东西的二分之一。

2. 揭晓谜底,初步感知

请两位同学到前面来打开盒子,把里面的东西分给大家看。(里面装的是月饼,一共有四个,平均分给两个人,每人分得两个月饼。)

请同学们用一个算式表示刚才分月饼的过程。4÷2=2(个)。(教师板书算式)

刚才同学们用二分之一来表示每个人分到月饼的情况。你分到的两个月饼,是谁的二分之一啊?(让学生明确是四个月饼的二分之一)

【设计意图】

人们在学习比较难的知识时,最大的动力是能够解决自己的实际问题。在数学课堂上,联系生活情景,能够让学生利用生活常识和生活经验更好地去理解数学解题方法。本课一开始就从生活中常见的分月饼的例子引入,在聊天式的猜测中迅速拉近了老师和学生的距离,使学生产生解决问题的需求——希望经过自己的努力去探索、解决问题。有了问题,思维也就有了方向,学生自然有了探索的动力。

(二)问题激发,引发进一步探究

1. 再次设疑,引发探究

教师再出示一个盒子。这次还是平均分给两位同学,谁来说说每人分到的情况?(每人分到盒子里东西的二分之一)

请两位同学到前面来打开盒子,把里面的东西分给大家。里面只有一个月饼,我们每人分得半个月饼,也就是二分之一个月饼。(引导学生用二分之一表示月饼的个数)

你分到的这半个月饼,是谁的二分之一?(一个月饼的二分之一)

你能用一个算式表示他们刚才分月饼的过程吗?(教师板书算式:$1÷2=\frac{1}{2}$〔个〕。)

2. 进一步理解分数的意义

回忆两组同学分月饼的过程。第一组每人分到两个月饼，第二组每人分到二分之一个月饼，明明不一样多啊，怎么每个人分到的月饼数量都能用二分之一表示呢？

引导学生明确：第一组是把四个月饼看作单位"1"，第二组是把一个月饼看作单位"1"，两次平均分的月饼总数不同，也就是单位"1"不同。虽然每次分到的月饼个数不一样，但都是平均分成的两份中的一份，所以都可以用二分之一来表示。

那么，如果我们把这些月饼平均分给三个人呢？平均分给五个人呢？平均分给十个人呢？

引导学生明确：不管月饼有多少，平均分给几个人，每人都只能得到这些月饼的几分之一。

3. 追问引发深度思考

在第二次打开盒子前，我们说每人分得这些月饼的二分之一，打开盒子后知道了每人分得二分之一个月饼，都是二分之一，它们的意义一样吗？请小组同学讨论交流一下。

小组讨论交流后得出结论：第一个二分之一是表示平均分成的两份中的一份，第二个二分之一个是指一个月饼的一半。我们开始说的二分之一表示的是部分与整体的关系，后面说的二分之一个表示的则是具体的数量。

【设计意图】

通过"分月饼"这一数学活动，教师从除法的意义出发，组织学生解决问题。在解决问题的过程中，教师提出"当我们无法用整数表示除法算式的商的时候，还可以用分数表示"，使学生初步认识到分数可以表示"两个整数相除（除数不为 0）的商"，并借助直观的教学手段引导学生在对比中体会分数所表示意义的不同——分数可以表示具体数量，也可以表示两个量之间的关系。

（三）动手实践，解决核心问题

1. 动手实践，做中感悟

我这里还有个盒子，这次我不分给两个同学了，我要把里面的东西平均分给四个同学。你能说说每人分得的情况吗？（每人分得里面东西的四分之一）

下面我们看看里面是什么。里面有三个月饼，三个月饼平均分给四个同学，你们还会分吗？怎样列式？该怎样算呢？每人分得多少个？

各组长拿出三张圆片，带着大家剪一剪、拼一拼，平均分给小组中的四个成员，看看每人实际分到多少个。

（学生动手操作后在全班展示并汇报交流）

首先，明确问题。其次，剪一剪、拼一拼，看看结果如何。最后，想一想：有几种不同的分法？哪种分法最简单？

2. 利用课件回顾过程，加深对分数的理解

用课件演示两种分法：

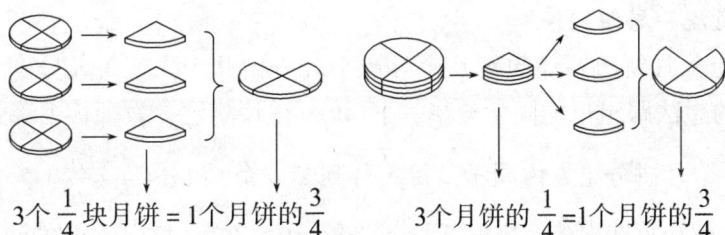

3个$\dfrac{1}{4}$块月饼 = 1个月饼的$\dfrac{3}{4}$　　　　3个月饼的$\dfrac{1}{4}$ = 1个月饼的$\dfrac{3}{4}$

在学生明白三个月饼的四分之一就是一个月饼的四分之三后，教师把板书补充完整：$3 \div 4 = \dfrac{3}{4}$〔个〕。

现在我们知道了平均每人分得四分之三个月饼。你能结合刚才分月饼的过程说说四分之三个的意义吗？（引导学生运用逆向思维，明确四分之三个既表示三个饼的四分之一，也表示一个饼的四分之三。）

3. 二次操作，加深理解

如果把五个月饼平均分给八个同学，每人分到多少个？怎样列算式？

请同学们思考一下，准备用什么方法解决，在小组里讨论一下，动笔画一画或者想好了分享给组里的同学。（小组交流后指定一到两位同学展示自己的方法）

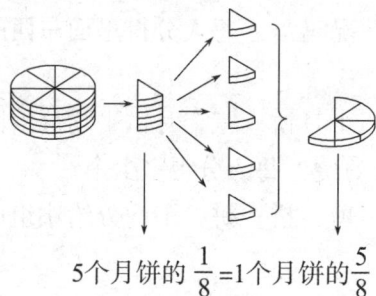

$$5个月饼的 \frac{1}{8} = 1个月饼的 \frac{5}{8}$$

教师用课件演示并板书：$5 \div 8 = \frac{5}{8}$［个］。

现在我们知道了平均每人分得八分之五个月饼。大家能结合刚才分饼的过程说说八分之五个的意义吗？（八分之五个既表示一个月饼的八分之五，又表示五个月饼的八分之一。）

4. 分享交流，思维碰撞

大家还想分月饼吗？还想把几个月饼平均分给几个人？每人分到多少个？把你们的想法跟组里的同学分享一下。（学生说想法，教师板书算式。）

那么，a 个月饼分给 b 位同学，每人分到多少个？（$a \div b = \frac{a}{b}$）大家发现了什么？（除法算式中被除数相当于分数的分子，除数相当于分数的分母。）

对于除数，我们有什么要求吗？（除数不为 0）（教师板书：$b \neq 0$。）

通过大家的努力，我们发现了除法与分数之间存在着密切的关系。给你一个分数，你能写出一个除法算式吗？（教师任意说分数，学生说出相应的除法算式。）

【设计意图】

本次教学注重了学生的动手操作，设计了小组合作分月饼的环节。三次小组合作让学生有独立的思考空间，通过操作、观察、比较进行了充分的合作交流。学生在整个探究过程中，勇敢表达了不同的想法，大方演示了不同的操作方法，都充分参与到探究学习中来。学生的每一个结论，都是通过自己的探索得到的，对于他们来说都是一个发现。随着要求的不断提高，学生由动手操作到边想边画再到只想只说不动手，思维也由形象思维逐渐向抽象思维、发散思维迈进，思维能力随之提升。

教学中在学生明白三个月饼的四分之一就是一个月饼的四分之三后，教师设计了这样的问题："现在我们知道了平均每人分得四分之三个月饼。你能结合刚才分月饼的过程说说四分之三个的意义吗？"引导学生从已有结论反向思考，加深对三个月饼的四分之一就是一个月饼的四分之三的理解。之后在每人分得八分之五个月饼的教学中再次提出同样的问题，引导学生逆向思考。

在学生总结出除法算式的得数怎样用分数表示后，教师又追问："给你一个分数，你能写出一个除法算式吗？"又一次让学生从已有结论反向思考。逆向思维方法的应用，对于我们认识问题、理解问题、解决问题有很大的帮助。

（四）归纳新知，总结经验收获

通过前面的学习大家都有哪些收获？一起来交流交流吧！

生1：我知道了分数不仅可以表示谁占谁的几分之几，还能表示除法算式的商。

生2：即使不告诉我们东西的数量，只要告诉我们平均分成多少份，我们就可以说清楚每个人分到的情况。

生3：我发现分数的分子相当于被除数，分母相当于除数，日常生活中我们能够利用它们的关系进行计算和解决问题。

【设计意图】

通过对每堂课所讲内容的总结、归纳和梳理，学生能够更好地认识、理解和掌握所学知识，从而提高学习兴趣，提升解题能力。

（五）迁移检验，巩固运用

1. 你能行

$7 \div 13 = \dfrac{(\qquad)}{(\qquad)}$ $\dfrac{5}{8} = (\qquad) \div (\qquad)$ $(\qquad) \div 24 = \dfrac{25}{(\qquad)}$

$9 \div 9 = \dfrac{(\qquad)}{(\qquad)} = \qquad$ $n \div m = \dfrac{(\qquad)}{(\qquad)}$ （$m \neq 0$）

（集体订正）

2. 1 米的 $\dfrac{3}{8}$ 等于 3 米的（　　　）。

把 2 米的绳子平均分 3 段，每段占全长的（　　　），每段长（　　　）米。

（集体订正）

3. 小红买 6 米红绳编了 17 个中国结，平均每个中国结需要用多少米红绳？

（集体订正）

4. 根据图示完成练习。

晨晨和兰兰分别用一根彩带包装礼盒。

我把一段 3 米长的彩带平均分成 5 段，拿出一段来包装。

我把一根 1 米长的彩带平均分成 5 段，取其中的 3 段来包装。

谁用的彩带长？

晨晨　　　　　兰兰

（集体订正）

【设计意图】

培养学生的思维能力要贯穿在一节课的各个环节中。教师在教学时，除了要对书本上的知识进行讲授外，还要用好练习题。在讲完新知识后，要组织学生在课堂中进行练习。在有限的课堂练习中，教师要选择或设计一些高效、科学的习题让学生练习。在设计数学题目时应重视生活内容的体现，让学生在解答题目的过程中感受到数学习题的多样性、开放性。

（六）拓展延伸，贴近生活再实践

我们在利用分数与除法的关系解决实际问题的时候，还会遇到一些有趣的事情。小红生日这天，妈妈给小红和她的小伙伴们准备了 3 个小蛋糕。这天一共有 12 个小朋友，每人分得多少个蛋糕呢？（$\frac{3}{12}$ 个）每位小朋友实际分到了 $\frac{1}{4}$ 个小蛋糕。这是怎么回事呢？难道 $\frac{3}{12} = \frac{1}{4}$ 吗？这个问题留给大家课后研究。

【设计意图】

在整节课的最后，3 个小蛋糕平均分给 12 个小朋友，每位小朋友实际分到了 $\frac{1}{4}$ 个小蛋糕。这是怎么回事呢？难道 $\frac{3}{12} = \frac{1}{4}$ 吗？这个问题情境，进一步激发了学生对分数知识的探究欲望，同时为后面学习分数的基本性质埋下伏笔。

（张慧）

七、Unit 5 My clothes Part A Let's talk

教材思维生长点分析：

本课是一节以"My clothes"为主话题的对话课。句型"My shoes are... They're... It's...."可让学生了解并描述不同衣物的特点；"Is this yours/...'s？ Are these yours/...'s？ What about this one？"等句型可让学生询问衣物的主人及提供相应帮助；用"I like that/those..."可让学生注意到不同人的审美是有差异的，进而从不同角度观察、理解周围的同学。同时，本课的学习还暗含着单复数的使用习惯、名词所有格的组成规律、一般疑问句单复数答语的匹配等知识。

学生思维发展状况分析：

四年级的学生大多十岁左右，他们感知事物时往往比较笼统，只能注意到一些孤立的现象，看不出事物之间的联系。虽然他们的思维开始从具体形象思维向抽象逻辑思维过渡，但是他们的抽象逻辑思维在很大程度上仍然直接与感性经验相联系，仍有很大的不自觉性和具体形象性。所以，在词汇学习方面，除了提供丰富的图片、实物、音视频，教师要通过自然拼读帮助学生观察、尝试、生成，形成"见词能读、听词能写"的英语思维。在学习句型时，要带着学生从具体句子入手逐步进行尝试、运用、观察、归纳、迁移。讲解语法在这个阶段会比较困难，抽象的概念很难被他们接受。与其去讲名词所有格和名词单复数的区别，还不如通过实物感知、观察分析、对比推断和语境训练等方式让学生在做中习得相关知识与技能。

学生思维生长课堂设计理念：

1. 创设问题式情境

创设"Lost and found"解决问题式主情境，层层递进，让学生在真实的语境里通过观察、模仿、尝试、体验、探究等方式学习和运用英语，引导他们通过自主学习和合作学习，得到思维的训练和提升。

2. 设计挑战性任务

杜威指出，要让学生积极地解决问题并建构自己的知识框架。本节课设计真实的语境"Lost and found"，让学生带着挑战性任务（互帮互助，寻找失主）学习，以问题链"Is this/Are these yours?""Is this/Are these...'s?""Whose...is this/are these?"为抓手，帮助学生自主建构知识并加以运用，实现英语思维的积累和建构。

3. 实现可视化思维

借助用英语做事情（寻找失主，互帮互助）、大胆展示自我（小组展示，才艺展示）、积极评价别人等可视化课堂行为，实现学生英语思维过程和思维结果的可视化，使学生的英语思维得以全面发展。

目标预设：

1. 能够在"Lost and found"语境中，与同伴交流，准确表述某物是谁的，并能帮助他人寻找衣物。注意培养自己的礼貌意识、积极评价的意识、生活自理意识（为相同的物品做好标记，课后收拾学习用品）和互帮互助意识（小组合作，失物招领）。

2. 能够说出自己对衣物的喜好，并进行简单的评价。具有正确的审美能力，对创造美感兴趣（在校的日子穿合适的衣服，能自己动手挑选、绘画或制作自己的服装秀）。

3. 能够通过图片、语篇等归纳出本节课的重要信息，如服装中单复数的使用习惯、名词所有格的组成规律、一般疑问句单复数答语的匹配等。

学习准备：

教师：PPT 课件、多媒体互动软件、教学道具等。

学生：复习课程，听唱第 54 页的歌曲，用环保材料创意制作时装。

学习过程：

（一）热身活动激趣，旧知导入情境

1. Chant and do **热身活动**

Time for English class. Chant and do.

Time for music class. Sing and dance.

Time for art class. Draw and paint.

Time for PE class. Throw and catch.

2. Talk about the yellow cap 导入情境

通过讨论歌谣最后呈现的 yellow cap，进行两组师生问答。教师指着一位学生问：Whose yellow cap is this? Is this your cap？得到肯定回答。教师指着其同桌问同一顶帽子：Is this yours? 得到否定回答。教师通过"Put away your caps，class."引导学生形成良好习惯，并带领学生进行第一组重点句型跟读。

3. Chain game 巩固运用

让学生通过举手自由接龙问答，寻找两样物品的主人，大胆尝试运用语言支架进行交流。

【设计意图】

通过边做动作边说唱儿歌进行热身激趣，打开学生英语思维的大门，并通过最后一句引入 yellow cap，老师示范找 yellow cap 的失主，自然导入情境，引出第一组重难点句型，进而帮助学生在观察、倾听、模仿中大胆尝试，构建语言支架。

（二）小组合作解决问题，思维可视化生长

1. Lost and found 失物招领

拿出班级失物招领箱，在"Lost and found"的情境中，老师利用语言支架"Whose...is this? It's... Is this...'s? How do you know that? He/She has a mark/name on it."示范引导学生通过标记、名签等方法寻找物品主人。

2. Please work in groups 小组合作，寻找失主

以小组合作的方式，为班级失物招领处的物品寻找主人。小组选派代表上台展示。

3.Good habits 养成好习惯

小组合作之后，引导学生进一步讨论：为防止丢失物品，我们应该养

成哪些好习惯？如"Make my own marks.""Put them away after class."等等。

4. Let's sing 唱出好习惯

引导学生为书上的旋律填写新词，然后把好习惯唱出来。如此，不同学科有机融合，有趣有益。

【设计意图】

学生通过观察倾听、模仿尝试及合作寻找物品主人，实现新知的迁移和应用，并在真实的语境中尝试分析问题和解决问题，让思维在可视化的活动中得到发展。最后，引导学生唱出好习惯，让学生的英语思维活跃在各个学科和领域。

5. Let's talk 用问题链升华思维

回归课本，以问题链的形式引导学生思考问题："Are these shoes Amy's?" "Whose hat is this?"让学生通过看、听、读、选择来解决问题，并通过追加问题"I have a question. We use 'these' here, we don't use 'this', why?"激发学生深度思考。在有限的语言支架帮助下，引导学生完成对语法现象的思考、归纳和表达，升华其英语思维能力。

6. Role play 角色扮演，生生互评

随机选取小组表演，其他同学通过简单明了的语言支架，对小组展示给予积极评价。

（1）Act without books. Be polite.

（2）Right and loud.

（3）Perform very well.

【设计意图】

在Lost and found 的真实语境中，让学生带着挑战性任务进入文本，以问题链为抓手，让学生感知、理解文本，并构建自己的知识结构。让学生在小组合作学习并展示、积极评价别人等课堂行为中，实现英语思维的可视化生长。

（三）用英语做事情，培养英语进阶性思维

1. Summary & Extension 微听力训练，思维跃然纸上

引导学生通过微听力训练，对本课进行复习巩固，实现知识的结构化，让思维清晰可见。

Aric：Mom, dad, please come!

It's time for the Fashion Show. This is my ____. This is ____cap. ____are Zhou Shitao's blue pants. And ____ are Yao Yuhan's yellow shoes.lt's time for PE class. Wait! Is this my hat? No, it's my____. It's for you, mom.

2. Fashion show 英语服装秀，思维进阶发展

学生利用本节课获得的评价标志（Paper clothes），通过小组合作完成服装秀，并自由整合老师提供的语言支架，用英语进行介绍，让英语思维进阶发展。

【设计意图】

　　微听力训练环节承上启下，既是对本节课课堂学情的即时反馈，也是下个环节的模范展示，给学生用英语思维解决问题提供了一个可视化的学习范本。本环节将"生活英语"和"学科英语"进一步融合，引导学生对所学知识进行积累、重组、建构，通过关联等策略，使学生在更真实、更复杂的情境下用英语解决实际问题，实现英语思维的进阶性发展。

（李家凤）

第七章

思维生长课堂拓展型教学案例

在"五育融合，赋能学生全面发展"课程理念的指引下，学校优化课程结构，遵循基础型课程校本化实施原则，依照思维生长式学习组织形式，积极丰富课程内容，建立基础型、拓展型、探究型课程体系。拓展型课程以基础型课程的能力培养目标为原点拉长学生能力生长线，体现学科综合性要求，加强学生思维能力培养质量，提升思维品质，以深度学习为路径，突出学生做中学，拓展思维能力培养的空间，让学生思维能力得到更有深度、更有广度的发展，实现拓展性生长。

在具体实施过程中，拓展型教学设计基于各学科基础内容进行拓展、补充、应用，强调学以致用和与生活实际建立联系，强调丰富学生的学习体验，拓宽其思维领域。以语文学科的拓展型教学设计为例：将小学低段的目标确定为"绘本阅读"，对课内内容进行延伸性学习，在进一步培养形象思维的同时提升阅读兴趣；小学中段是"整本书阅读"，重在形成逻辑清晰的课外阅读体系，放大读书趣味，培养学生分析、综合、理解、建构的整本书阅读能力；小学高段为"主题阅读"，是在一个主题下集中多篇文章进行整合的阅读形式，旨在培养学生语言文字探究能力，持续提升学生逻辑思维能力。再如数学学科的拓展型课程：小学低段为"游戏数学"，该年龄段的学生以直观、形象、体验为特点，在游戏中感悟思维方法，在能力生长的过程中不失童真童趣；小学中段为"绘画数学"，充分利用学生现有知识，通过思维导图、数形结合让思维可视化，落实本学段学生能力培养目标；小学高段为"推理数学"，突出学生推理能力的培养，在思维进阶的过程中提高数学学习能力，真正体验深度学习的过程，从而提升学生综合运用知识及解决问题的能力。

拓展型教学活动在思维能力培养方面是课堂教学的有效补充和深度拓展，使学生从"学习"走向"深度学习"，思维水平从低阶过渡到高阶，思维品质不断优化提升。

一、司马光

教材思维生长点：

《司马光》这个故事，大家耳熟能详，司马光的聪明机智与沉着冷静是素养型学生的形象模范。本课的思维生长点一是综合运用联系上下文、想象、对比的分析方法了解课文大意，感悟司马光爱护同伴的美好品质；二是引导学生初步感受文言文言简义丰的特点，再次走进文言文这种独特文体，培养学生分析综合的思维能力，力求通过分析与综合的思维训练方法，提高文言文拓展教学的实效性。

学生思维发展状况分析：

基础型课程中，学生已掌握文言文学习的基本步骤和基本方法。在拓展型课程中，学生就要运用这些步骤和方法进行新文章的自主学习。这体现了思维训练的渐进性和对所学方法的迁移运用。小学中段学生刚刚接触文言文，综合运用联系上下文、想象、对比等分析方法了解课文大意的难度不大，但是感悟司马光爱护同伴的美好品质、初步分析文言文言简义丰的特点及分析综合的思维能力还有待训练和提高。本课多次引导学生通过想象、分析的方法充分感受人物形象，为下文学习作好扎实铺垫。另外，本节拓展课特别关注引发学生深入思考的矛盾点，例如"众"指的是谁，目的是将学生带入思维的深层区域遨游。课堂上教师顺学而教，顺学而导，引导学生分析思考，最终明白"众"不是"群儿"，而是指除了司马光和跌入瓮内的孩子之外的那些小孩；通过巧妙点播引导，使学生掌握联系上下文思考问题的方法。这样的教学，不仅使学生的分析综合思维得到展现的空间，而且真正实现了由基础型课程到拓展型课程的方法迁移。

学生思维生长课堂设计理念：

分析与综合是思维的基本过程，是其他一切思维的基础。分析是指在思维过程中把事物的整体分成个别部分、要素和特性；综合则是把个别部分、要素和特性结合成一个整体。本课教学紧扣拓展要素和文言教学要点，将培养学生的分析与综合能力作为教学主线，将思维能力的训练在课堂上真正落地。

1.**感受文言特点，打开思维之门**

开课之初，范例引路，提供"抓手"。用文言文的形式介绍自己，让学生慢慢走进文言的世界。教学过程中使用文白对读的方式，让学生通过自己的感受总结出文言文"言简"的特点，并还原司马光救人的整个过程，感受文言文"义丰"的特点。

2.**三点三法，踏上思维之阶**

挖掘文言文中的教学点，运用思维训练的方法巧妙设计，使其成为增强思维张力的有力依托。"三点"指三个教学点，"三法"指三种思维训练的方法。三点三法相互融合，引导学生经历从言到文、从文到义的学习过程，落实古文学习的基本教学要求，引领学生踏上思维之阶。

3.**落实拓展要素，奠定思维之基**

教师在引导学生找寻文中人物时要求同学们默读课文，并做到边读边思考边圈画。在研究"众"到底是指哪些人时，要求学生再次默读课文，边读边思考，以有效落实本课的拓展要素，带领学生体验边读边分析与综合的思维过程。

本节课教学致力于通过分析与综合思维能力的培养，提高文言文教学的实效性，打通"言—文—义"的路径，完成拓展课型中基于文言文学习的补充和延伸。

目标预设：

1.结合识字经验、观察比较的方法认识"瓮""登"等生字，读准多音字"没"，正确朗读课文，注意词句间的停顿，背诵课文。

2.综合运用联系上下文、想象、对比的分析方法了解课文大意，初步感知文言文言简义丰的特点。

3.通过多形式朗读、讲故事等方式，感悟司马光爱护同伴的美好品质，激发学生学习文言文的兴趣，培养学生分析综合的思维能力。

学习准备：

自主学习单、教学课件。

学习过程：

（一）文言模式导入，营造古文氛围

1.文言文式自我介绍

教师用一种特殊的自我介绍方式导入课程，例如，吾姓勾，名永阔，尤爱作画也。

2.引导学生用文言文进行自我介绍

例如，吾姓张，名恩语，尤爱抚琴也。

【设计意图】

范例引路，提供"抓手"。开课时，教师用文言文句式进行自我介绍。这种开课方式拉近了学生与文言文之间的距离，消除了学生对文言文的畏惧感。然后，教师鼓励学生运用"吾姓×，名××，尤爱××也"的表达方式进行自我介绍。因为有了教师的范例引路，学生虽是第一次尝试用这种方式进行自我介绍，但他们的学习热情比较高涨，这在一定程度上激发了学生学习文言文的兴趣。

（二）递进式学习，增强文言文乐趣

1.认识复姓

同学们之中有姓张的，还有姓王的，那大家知道司马光姓什么吗？（司马光姓司马，司马是一个复姓）大家还知道哪些复姓？其实我们中国的姓氏有很多，有些是单姓，有些是复姓，大家要区分清楚。

2. 认识司马光

司马光（1019—1086），复姓司马，名光，是北宋的政治家、思想家、文学家，主持编纂了中国历史上第一部编年体通史《资治通鉴》。

3. 走近文言文

一提起司马光，我们就会想到一个家喻户晓的故事——司马光砸缸。这个故事在历史上是有真实记载的，它出自《宋史·司马光传》。课文节选的这段文字，就是我们今天要学习的内容。首先请同学们自己读一读这篇文章，感受一下它的特点。

古人写文章用的语言叫文言。我们还可以把这种篇幅比较短小的文言文叫作小古文。正如你们刚才所说的，文言文最大的特点就是语言简练。

【设计意图】

此环节充分尊重学生的已有经验和主观感受，通过设疑激趣引发学生思考，引导学生通过初步的分析和比较感受文言文的语言特点，给学生营造出宽松的思维活动空间，为下一步的学习奠定基础。

（三）结合识字经验，分析重点字

1. 指名读

请一位同学把这个故事读给大家听。其他同学仔细倾听，听听这位同学能不能把每个字都读对。

2. 识字读

这篇课文中有的字很难读，请同学们自主阅读课文，一边读一边结合自己的识字经验来分析一下那些难读的字。

（1）预设：迸

组词理解，迸：水迸—迸裂—迸发。

（2）预设：瓮

图片对比，口小肚大称之为"瓮"，口大肚大称之为"缸"。

（3）预设：没

据意定音，为什么读 mò？因为小孩子被水淹没了。

（4）预设：登

寻找字源，利用课件展示它的甲骨文、金文、小篆的字形，让学生猜测这是哪个字。介绍该字：上面的这一部分像盛饭的东西，"登"就是双手捧着装满粮食的器皿，走上祭台，敬献神灵。所以登的方向永远是高处，我们今天就保留了它往高处走的意思。这个字不仅要会认，还要会写，先让学生认真观察，再请一位同学作为"小老师"来分析讲解一下该字。

教师点评："小老师"很会观察分析。她从整体分析了字的结构，然后观察局部分析了字的笔画。根据她的分析，老师还总结了一首儿歌，我们一起来读读。

上要宽下要窄，左低右高才美观，右上两撇要平行，撇捺舒展才好看。

引导学生书写"登"字，并进行文言文齐读训练。

【设计意图】

此环节是朗读环节中的正音读，教师通过设计问题"你认为哪个字最难读"，引导学生结合自己的识字经验自主发现字音学习的重难点，为下一步理解意思奠定基础。

（四）借助圈画人物，总结停顿规律

1. 找人物

想要读好文言文，仅仅读准字音是远远不够的，还要读好停顿，读出韵味。请同学们默读文章。

温习默读要求，这一次不仅要不出声，不指读，还要增加一个要求，即一边读一边圈画出文中的人物。

2. 师范读

提示要求：读文言文的时候，要在人物后面稍微停顿一下。

群儿 / 戏于庭，

一儿 / 登瓮，足跌没水中。

众 / 皆弃去，

光 / 持石击瓮破之，水迸，

儿 / 得活。

3. 自由读

引导学生自主尝试。

4. 展示读

请两位同学读给大家听。

5. 理人物

引导学生思考：我们刚才圈出了这么多人物，其中"众"是指许多人。那么这里的"众"是不是指前文中"群儿"呢?

让学生带着问题再次默读课文。读完后说说自己对问题的理解，注意把理由说清楚。

小结：刚才我们用联系上下文的方法，通过分析准确理解了"众"在这里的意思。

【设计意图】

此环节是停顿读环节。在这个环节中，我们落实了"带着问题默读课文"的语文要素。在这个过程中，有一个思维生长点，就是抓住"众"这个关键词，引导学生借助联系上下文的分析方法，准确理解"众"在这里的含义，培养学生的分析能力。

(五) 综合运用方法，理解文意感悟形象

1. 群儿戏于庭，一儿登瓮，足跌没水中。

司马光这个故事非常有名，从宋朝流传至今。所以我们不仅要读好这篇课文，还要理解它的意思。

学习古诗的时候，我们曾经用借助注释和结合插图的方法理解诗意，这样的方法同样适用于文言文的学习。下面就请同学们运用这两种方法来

说说第一句话的意思。（生自由练说）

一群儿童在庭院里做游戏，一个儿童爬上了水缸，失足掉进了水里。

分析点：一儿登瓮，足跌没水中。看到这个"没"字，展开想象，你的脑海中出现了什么画面？

一个人没在水中2—3分钟，几乎就救不活了。你看这个小朋友正在奋力挣扎，可以说是命悬一线啊！此时此刻，你有什么样的感受？

你看，一个"没"字，就让我们想象到了当时那种紧张的画面，感受到了情况的危急。这就是通过抓住关键词，进行联想想象，分析出故事起因的方法。

2. 众皆弃去，光持石击瓮破之，水迸，儿得活。

引导学生讲一讲故事的经过和结果。

分析点："众"和"光"的表现是不一样的，他们都有什么样的表现呢？

当时的那些小孩子和大家现在的年龄是差不多的，都被这突如其来的危险吓坏了。想象一下，有的孩子会……有的孩子会……还有的孩子会……面对这样的情形，如果你是司马光，你的第一个想法会是什么？

在面对危急情况时，司马光的第一个想法是要救他，要想办法。和"众皆弃去"相比，你觉得司马光是个什么样的孩子？（沉着）

如果你也在现场，你会想到用什么办法去救人呢？

例如：持石击瓮、捞出来、推倒瓮、叫大人……

分析点：请同学们来对比一下，司马光为什么会选择这样的方法，这个方法好在哪里呢？

小组合作学习，借助图片和文字资料，把以上问题说清楚。

预设回答：

（1）时间短，情况紧急。

（2）小孩力气小、个头矮，需要借助身边的工具。

（3）既不伤害同伴，还能保全自己。

通过对比，我们感受到了，面对危急情况，司马光不仅沉着冷静，而且还能根据周围的情况迅速想出办法来，特别聪明机智。

【设计意图】

这个环节中的思维生长点是引导学生进行两个层次的对比。一个是将司马光和众人的不同表现进行对比；另一个是将各种不一样的方法进行对比，从而说出司马光的方法好在哪里。在对比的过程中，学生循着当时司马光救人的思路，想其所想，悟其所悟，分析能力在潜移默化中得以提升。在最后的总结中，学生也跟着教师借助板书一起理清本节课的两条主线：一条是借助三种分析方法感受文言文言简义丰的特点；另一条是借助三种方法理解课文大意，领会司马光的救人思路和美好品质。

（六）拓展延伸训练，聚焦言语思维表达

1. 讲故事

这是一个充满智慧的小故事，请大家加上自己的想象和动作，试着用自己的话来讲一讲这个故事。

小结：刚才这位同学用具体生动的语言给我们讲述了这个小故事，而这篇文言文仅仅用 30 个字就把这么多内容呈现出来了。由此可见，文言文不仅语言简练，而且内容非常丰富。

我们借助联系上下文、想象、对比的分析方法，对文言文中的关键词进行分析，不仅体会到了司马光的沉着和机智，同时也感受到了文言文言简义丰的特点。

2. 多种方式读背

（1）去标点朗读。

（2）朗读竖版文章。

（3）根据提示背诵。

3. 拓展阅读

对比阅读文言文《孔融让梨》，用自己的话讲述这个故事，说说孔融是一个怎样的人。

【设计意图】

该学段的学生对文言文的学习已有一定的基础和经验，因此立足于思维能力培养，本课将教学目标定位于"再认识"：一是对司马光其人其事的再认识，二是对文言文阅读方法的再认识。最后的讲故事、多种方式读背、拓展阅读文言文，都是对学习内容和方法的迁移运用，以及对逻辑思维能力的深化训练和提升。

（勾永阔）

二、昆虫记

教材思维生长点：

法国昆虫学家法布尔的杰作《昆虫记》是一部长篇观察日记，属于科普作品。它是一部文学名著，也是一部关于昆虫的百科全书。作者通过长时间的细致观察，获得了大量关于不同种类昆虫的特征、习性等科学知识，记录了昆虫的真实生活，也展现了法布尔痴迷昆虫研究的动因、生平抱负、知识背景、生活状况等。该书是课标规定的阅读篇目。

《昆虫记》中昆虫形象生动，语言描写通俗易懂、生动有趣，人性与虫性相融，为学生的阅读提供了广阔的天地。"悟趣"成为本节阅读推进课的核心问题和学生思维生长点。在逐层深入的阅读中，学生逐步感受虫的趣味、写虫人的趣味，在朗读、表达、对比中感受《昆虫记》的独特魅力，体验阅读思维生长的乐趣。

学生思维发展状况分析：

小学中段学生的思维已经开始由形象思维向抽象逻辑思维过渡，他们具有一定的思维习惯及思维能力。学生的思维水平在持续发展过程中，而思维的整体性和连续性需要在学习中进行培养，因此教师要引导学生联系文本整体，活用比较阅读的方法。

学生思维生长课堂设计理念：

以提高学生语文核心素养为目标，挖掘文本内在的思维逻辑，设计驱动性问题。本课教学以体会"虫趣""书趣"为主干问题，激活学生内在思维深度，构建一个前后有序的问题系统，从理解到运用，层层递进，环环相扣。通过主干问题的引领，开发学生自主思维能力，加快学生思维发展，培养学生思维意识，促进学生深度学习真实发生。

目标预设：

1. 借助"猜猜猜"的游戏，运用昆虫名片、思维导图、昆虫的自述等形式进行前期阅读成果汇报，锻炼学生的分析能力，使学生在交流中感受分享与表达的乐趣。

2. 通过教师指导，让学生掌握边读边想象画面、想象内心的阅读方法，进行想象思维的训练。

3. 在趣读、趣想中感受书中细致生动的语句，体会法布尔对昆虫的热爱、对科学研究的执着。引导学生借助对比阅读，感受文本特点，初步具备比较综合分析的高阶思维。

4. 提供阅读小贴士指导学生继续阅读，引发学生继续阅读的兴趣，提升其阅读质量。

学习准备：

教师：设计学习单，制作课件。

学生：阅读《昆虫记》，制作昆虫名片、思维导图等。

学习过程：

（一）快乐游戏，情境展示，激活思维

1. 快乐游戏

同学们，大家已经根据前期制订的阅读计划表，利用一周的时间阅读了《昆虫记》的前三章。你一定认识了不少昆虫，咱们来玩个有趣的游戏吧！

第一关——图片猜猜猜。

第二关——我说你猜。

小结：通过以上活动，大家对昆虫的外形、习性已了如指掌。

【设计意图】

本环节通过创设真实的语文学习情境，以任务为驱动拉近了文本、作者与学生的距离，引领学生积极投入到语文实践活动中来。通过游戏，带领学生快速走入书中，奠定趣学的基础。

2."昆虫推介会"情境展示

推荐课上，老师建议大家可以用昆虫名片、思维导图、昆虫的自述等形式，介绍自己喜欢的昆虫。我们的"昆虫推介会"正式召开。

学生分别运用昆虫名片、思维导图、昆虫的自述等形式介绍自己喜欢的昆虫。

【设计意图】

新课标提出学生要能借助多种方式分享阅读心得，交流研讨阅读中的问题。本环节中学生借助思维导图、昆虫名片等方式进行交流，他们思维的条理化及分析整合能力得到了训练。

3.谈论阅读方法，激活阅读思维

（1）谈论阅读中遇到的困难，并说明解决方法。

（2）在阅读中遇到困难是很正常的，我们既可以运用课内学过的阅读方法来解决问题，还可以结合阅读经验进行合理猜想，甚至可以跳过去。像《昆虫记》这样的经典名著，随着大家年龄的增长、阅读经验的日趋丰富，当你再次阅读时，你曾经遇到的困难一定能得到解决。

【设计意图】

新课标提出学生要能与同学分享自己整本书阅读的经历、体会和阅读方法。本环节中师生通过充分交流，梳理阅读方法，激活阅读思维。

（二）观金蝉脱壳，细致感受，发现分析

1. 学生自读

自读《蝉出地洞》一章中的第三、四自然段，用一个成语概括本部分内容。

2. 老师范读

法布尔这一段描写很有画面感，老师想读给大家听，请闭上眼睛，跟老师一起走进金蝉脱壳的画面吧！

3. 观看视频，对照文字，发现分析

（1）观看金蝉脱壳视频。

（2）看了金蝉脱壳的视频，再来读读法布尔的这段文字，说说你有什么发现。

小结：法布尔将蝉脱壳时的样子描写得活灵活现。正是法布尔这种细致的描写，才让这段文字富有画面感，让我们读过之后脑海中会呈现出金蝉脱壳的过程。作为昆虫学家，法布尔细致准确地记录了昆虫的一切，让这本书充满科学趣味。

【设计意图】

本环节的设计通过"文字阅读，想象画面—观看视频，对照文字—两相比较，发现分析"的教学设计，在读、听、看、想的多种感官训练中，充分调动学生的想象思维，引导学生发现文本与真实画面的联系，感受法布尔细致的观察和描写。

（三）赏螳螂外形，比较思考，整体感知

1. 学生自读

学生自读描写螳螂外貌的段落，说说自己看到的螳螂是什么样的。

通过课件出示描写内容：一只仪态万方的昆虫半昂着身子庄严地立着。只见它那宽阔薄透的绿翼像亚麻长裙似的掩在身后，两只前腿，可以说是胳膊，伸向天空，一副祈祷的架势。——《螳螂捕食》

小结：作者通过描写螳螂在捕食时"祈祷"的动作，不但将读者带入当时的画面，还使读者展开想象进入螳螂的内心。在整本书阅读中，我们可以边读边想象画面所描写对象的内心，这样读起来就更有意思了。螳螂真的像看起来这么美丽、柔弱、谦卑吗？相信课下读了《螳螂捕食》这一章大家就会找到答案。

2. 对比体会

同样是写螳螂的外形，《辞海》中是这样描写的，自己读读，看你更喜欢哪段描写。

通过课件出示《辞海》中的描写：胸部具翅两对、足三对；前胸细长，前足粗大呈镰刀状，其股节和胫节有倒钩状刺，用以捕捉害虫。

小结：与《辞海》的严谨简洁不同，《昆虫记》不但具有科学性，法布尔生动有趣的表达还使得《昆虫记》充满浓浓的文学气息。

3. 读书验证，整体感受

细致生动的描写是《昆虫记》表达上的一大特点。书中处处充满着这样的描写，极富画面感。随手一翻就能找到这样的句子。咱们来验证一下吧！

小结：就像我们刚才验证的那样，书中真的随手一翻到处都能看到细致生动的描写。《昆虫记》这本书太有趣了！

【设计意图】

本环节主要通过"读文字想画面、对比作品谈感受"的设计，引导学生感受《昆虫记》独具魅力的文学性。学生借助文字中"祈祷"这一动作展开联想及想象，感受法布尔对昆虫的喜爱；通过与《辞海》的描写对比，运用辩证思维，感受到同一事物在不同描写方法中给人不同的感受，进而提升思维能力，训练思维品质，呈现思维深度，增强对《昆虫记》的理解和感悟。

（四）谈成书经历，引深度思考，激发再阅读兴趣

1. 谈读书感受，感受坚持、执着

同学们，法布尔为什么能把昆虫写得这么细致生动呢？结合你阅读这

本书的感受来说一说吧！

教师补充：法布尔为了观察、研究昆虫，专门买了一块荒地，取名荒石园，一待就是 30 年。数十年如一日的观察研究，表现了法布尔对科学的痴迷和执着。

2. 观生平视频，感受热爱、痴迷

观看一段法布尔的视频，说说你感受到了什么。在法布尔眼中，它们不是一只只普通的虫子，而是一位位可爱的朋友。法布尔不仅仅是喜爱昆虫，更是一生热爱、痴迷于昆虫。

3. 感受书的影响力，引发深度思考

《昆虫记》已经出版 100 多年了，先后被译成 50 多种文字，它不仅是一本科学巨著，也是一本文学经典。我国文学家鲁迅先生说："《昆虫记》是一部很有趣，也很有益的书。"

小结：同学们，我们运用边读边想象的方法，跟随法布尔细致生动的语言，走进有趣的昆虫世界，享受到读书的乐趣，感受到法布尔一生对昆虫的执着与热爱。

【设计意图】

在整本书阅读中，学生不仅可以感受作品的魅力，更可以从作者创作的过程中汲取成长的养分。本环节通过核心问题"法布尔为什么能把昆虫写得如此细致生动"，引发学生对法布尔创作过程的探究，感受法布尔对昆虫研究的热爱、执着和痴迷，激发学生继续深入阅读的兴趣。

（五）任务驱动，思维拓展，迁移应用

课下，请大家借助阅读小贴士，制订下一步的阅读计划，运用学过的阅读方法，继续阅读《昆虫记》。

读完后请选择自己喜欢的形式来准备读书成果的展示。你可以变身小小摄影师，为你喜欢的昆虫拍照；你也可以成为小小法布尔，做做有趣的昆虫实验。总之，让我们"走进虫趣，读出书趣"。下节阅读汇报课，我们精彩继续。

表7.1 "走进虫趣，读出书趣"——《昆虫记》阅读小贴士

阅读计划		阅读方法	成果展示
阅读时间	阅读内容	边读边想象	画昆虫名片
月　　日		对比阅读	写昆虫诗歌
月　　日		猜读	讲昆虫故事
月　　日		跳读	拍昆虫照片
月　　日		借助工具书	做昆虫实验
月　　日		请教他人	演昆虫话剧
月　　日		……	……

【设计意图】

新课标提出，学生要在阅读中积累整本书阅读经验，养成良好阅读习惯，提高整体认知能力，丰富精神世界。本课为《昆虫记》阅读推进课，教师引导学生总结前期阅读本书的收获和经验，激发学生可持续阅读的动力，为学生开启下一段读书之旅；通过阅读小贴士的方式，帮助学生总结阅读方法，制订阅读计划，为整本书阅读的展示阶段做准备。

（张琪）

三、买送问题

教材思维生长点分析：

思维能力已经成为学生核心能力的重要表现。深度学习使得小学数学

课堂教学不再是简单的知识讲授，课堂教育由知识导向转变成思维导向，从而实现全面育人。"会用数学的眼光观察世界，会用数学的思维思考世界，会用数学的语言表达世界"，是基础教育阶段数学教育的培养目标。

本节课以"画图活动"为主线，以"促进学生思维能力生长"为目标，将教学内容化静为动，指导学生运用画图这一思维工具，把文字转成图画，把图画转成思维，经历从"外化"到"内化"的逻辑思维发展过程。教学中，化数为形，有助于学生把握数学问题的本质，提高解决问题的能力，渗透数形结合的思想，培养学生符号意识、几何直观能力，引导学生在真实鲜明的感性认识中发展智力，培养抽象思维能力。

学生思维发展状况分析：

四年级学生正处于以形象思维为主、向抽象思维过渡的阶段，他们生活经验较少，理解能力有限，一些抽象的概念、复杂的关系成为其数学学习中的难点，阻碍其学习能力的提升。因此教师要使抽象的数学知识直观化、形象化，促进学生"画中思，做中学"，从而培植学生的学习兴趣，激活他们的创造潜能。思维品质的训练是培养学生思维能力的突破口。关于灵活性品质的训练，教师需要通过画图抓住知识、方法间的渗透与迁移，引导学生进行发散式思考、立体式思考，培养学生一题多变、一题多解、一题多问、多题归一的能力，教给学生灵活解决问题的方法。

学生思维生长课堂设计理念：

本节课以"思维生长"为中心构建深度学习课堂，努力探索提高学生思维能力、改善学生思维品质的实施路径。"尝试、生成、迁移"三阶段建构起学生思维生长模型。三个阶段就是由学生尝试解决问题开始，运用画图方法推论、生成新认识，再通过迁移应用对新认识进行检验与积累，为下一个思维发展过程的展开奠定基础。这样做能够促使学生理解概念，体会数学思想，总结画图方法，学会用数学的思维思考问题。在此过程中，引导学生从"有所发现"向"全面发现"、从"悟"向"顿悟"转变。

目标预设：

1.在自主探究的活动中，用画图的方法解决生活中的"买送问题"。

2.通过小组合作交流，感受画图策略的多样性，养成运用多种策略解决问题的能力。

3.体会画图作为思维工具的重要作用，渗透数形结合思想，养成有序思考问题的习惯。

学习准备：

直尺、笔、练习本，教学课件等。

学习过程：

（一）创设情境，探究画图，激活思维

为了迎接国庆节、美化环境，四年级（1）班的同学们决定购置一批树苗去植树。每棵售价16元，176元能买多少棵这样的树苗？请你用喜欢的方法表示出来。

（学生独立完成，教师巡视，指名上台汇报结果。）

预设回答1：176元最多能买多少棵树苗，也就是求176里面有几个16，所以列式：176÷16=11（棵）。

预设回答2：用画图的方式表示，一共有176元，每16元一棵，可以买11棵。

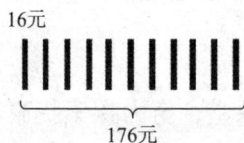

16元

||||||||||||

176元

教师引导：同学们都用自己喜欢的方式解答出了这个问题，你们觉得哪种方式能更直观地表示出这道题目的意思？

预设回答：画图的方法更直观，更能帮助我们准确理解这道题的意思。

小结：这节课，我们就用画图的方法，来探究生活中的数学问题。

【设计意图】

本环节将画图的思想渗透到解决问题的过程中，巩固学生对旧知的掌握；要求学生能独立思考解题方法，通过比较，优化方法，感受画图法直观、形象的特点。

（二）以画促思，分析信息，解决问题

1. 尝试

商店做活动，买 3 棵可以送 1 棵，每棵树苗的售价还是 16 元，176 元能买多少棵这样的树苗？请同学们小组讨论，先说一说你是怎么想的，再尝试着用画图的方式解决这个问题。

（小组讨论，教师巡视，学生尝试画图表示。）

2. 生成

（1）小组汇报，交流想法

预设回答 1：将所有树苗分为买的和送的两部分分别算出数量：$176 \div 16 = 11$（棵），买了 11 棵树苗。$11 \div 3 = 3$（组）……2（棵），$1 \times 3 = 3$（棵），送了 3 棵树苗。一共是 $11 + 3 = 14$（棵）。

预设回答 2：用画图的方法来解决问题。

① 先假设没有"买 3 棵送 1 棵"这个数学信息，求买了多少棵树苗，即每棵树苗售价 16 元，176 元能买多少棵这样的树苗？算式为：$176 \div 16 = 11$（棵）。画出 11 条竖线，表示能买 11 棵树苗。

② 因为"买 3 棵送 1 棵"，所以再想：11 棵树苗能满足几组这样的买送活动，也就是求出 11 里面有几个 3。列算式为：$11 \div 3 = 3$（组）……2（棵）。用画图的方法圈一圈，11 棵树苗，每 3 棵一组，能圈出这样的 3 组，还剩 2 棵。

③ 再求出通过"每买 3 棵送 1 棵"的买送活动，多送了多少棵树苗。刚才通过画图，圈出了 3 组，每一组都可以送一棵树苗，一共送了 $1 \times 3 = 3$（棵）。我在每一组的下面画一条竖线，表示送的树苗，用不同颜色的笔与

买的树苗区别开。

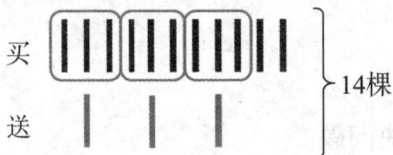

④ 最后数一数买的树苗和送的树苗一共有多少棵，就能得到我们要求的 176 元能买多少棵这样的树苗。黑色的竖线表示买的 11 棵树苗，灰色的竖线表示送的 3 棵树苗。我列的算式是：11+3=14（棵）。

（2）以画促思，生生互动

分析比较：你们的想法特别好！这两个小组的想法，你更喜欢哪一种？为什么？

（学生表达自己喜欢的方法和原因）

小结：我们可以通过"画数学"的方式，将抽象的数学问题通过形象的图示表示出来，从而形成比较形象、直观、整体的认识和理解。把文字转化成图画，把图画转化成思维，这是数学上一种重要的思想——"数形结合"。

教师提问：关于用画图的方法解决"买送问题"，同学们还有什么问题想问刚才两个小组的同学吗？

（生生互动）

预设回答 1：在图中，上面的 11 条竖线表示什么意思？下面的 3 条竖线表示什么意思？3 个圈表示什么意思？

生：11 条竖线表示买了 11 棵树苗，下面的 3 条竖线表示送了 3 棵树苗，3 个圈表示 11 棵树苗能满足 3 组这样的"买三送一"活动。（生上台，一边用手在图中指明，一边讲解。）

预设回答 2：为什么 11 棵树苗，每 3 棵一组，圈了 3 组，剩下的 2 棵不再圈起来？

生：因为活动是"买三送一"，每买 3 棵，才能送 1 棵，剩下的 2 棵不够一组，不满足"买三送一"的条件。

预设回答 3：为什么要用不同颜色的笔表示买的和送的树苗？

生：这样更直观、更清晰，看到图就能区分出买的树苗和送的树苗是两个不同的部分。

　　小结：数学是来源于生活又应用到生活中去的。同学们刚才自主尝试了用画图的策略理解题意、分析数量关系，从而确定了合理的解题思路，接下来让我们一起再次探究生活中的"买送问题"。

　　【设计意图】

　　本环节旨在让学生在交流、讨论、讲题过程中，敢于发表见解，提出疑问，并乐于倾听别人的意见，采纳正确的建议。

　　（三）思维拓展，解决问题，迁移应用

　　某商场举办"迎五一"促销活动，一种袜子买五双送一双。这种袜子每双 4.68 元，张阿姨买了 12 双，花了多少钱？

　　（学生独立完成，教师巡视，学生汇报。）

　　预设回答：我用画图的方式表示这个问题。

　　（1）买五双送一双，所以我画了 5 个黑色的长方形表示买的五双袜子，用 1 个灰色的长方形表示送的一双袜子。5+1=6（双），这 6 双为 1 组，我把它圈起来。

　　（2）张阿姨买了 12 双袜子，求 12 里面有几个这样的一组。我圈了两组，每个大圈里面有 5 个黑色的长方形，即买的五双袜子，有 1 个灰色的长方形，即送的一双袜子。列式为：12÷6=2（组）。

　　（3）求张阿姨花了多少钱时，因为只有买的袜子需要花钱，送的袜子不需要花钱。所以我们数一数，两大组中一共有几个黑色长方形，就表示买了几双袜子。一组中有 5 个黑色长方形，一共有两组，列式为：5×2=10（双）。所以买的袜子数为 10 双。

（4）最后计算金额，每双袜子 4.68 元，我在每个黑色长方形下标出 4.68 元。由于送的袜子不需要花钱，所以灰色的长方形下不做标注。一共花了 4.68×10=46.8（元），张阿姨花了 46.8 元。

4.68 4.68 4.68 4.68 4.68   4.68 4.68 4.68 4.68 4.68

【设计意图】

本环节通过解决两类不同的买送问题，让学生真正能灵活运用画图法解决问题。把文字转化成图画，把图画转化成思维，发展学生的思维能力。

（四）总结归纳，深度思考，提炼方法

总结提升：这节课通过画图的方法解决了"买送问题"，你有什么收获？如果遇到类似的问题，你能试着总结出用画图的方法有序思考的方法吗？

预设回答 1：要仔细阅读题目，只有理解了题意才能清楚地画图。

预设回答 2：画的图要简洁，不要画一些用不到的东西。

预设回答 3：按照题目给的提示，一步一步画清楚其中的数量关系。

小结：画图法是小学数学中解答应用题的主要方法之一，不同类型的应用题可以用不同的画图法来解决。画图可以让人直观、形象地了解题目和数量关系。掌握画图法，能够有效提升数学思维能力。在用画图的方法解决问题时，需要注意：

（1）熟读题目。读懂题目是解答应用题的第一步。如果对题目都不甚了解，就别谈深入解答问题了。

（2）按题意画图。按照题目给的条件，一步一步画清楚。这样可以较快地读懂题意，提高解题速度。还要根据不同类型的题目，用不同的画图方式来表达。

（3）找准数量关系。应用题中数量关系是解题的关键，找准应用题中

的数量关系对解题有很大帮助。

小结：希望同学们能重视运用画图法去理解问题，开拓思维空间，学会用数学的眼光看待生活、思考问题。

【设计意图】

本环节引导学生深入探究"买送问题"的本质，找到用画图方法解决问题的思路框架；培养学生运用多种策略解决问题的能力，养成有序思考问题的习惯，真正让学生以画促思、学以致用。

（杨婧泽）

四、Imagine your future

教材思维生长点分析：

在小学阶段，我们需要充分利用教材，发展学生观察与辨析、归纳与推断、批判与创新等多方面的思维品质。在中低年级，我们需要引导学生通过对图片、具体现象和事物的观察获取信息，了解不同事物的特点，辅助对语篇意义的理解，能注意到不同的人看待问题是有差异的，能从不同角度观察周围的人与事。我们要让学生根据图片或关键词，归纳语篇的重要信息，能就语篇信息或观点初步形成自己的想法和意见，能根据标题、图片、语篇信息或个人经验等进行预测。我们还要让学生根据个人经历对语篇内容、人物或事件等表达自己的喜恶，初步具有问题意识，知晓一问可有多解。而到了高年级，我们要进一步引导学生对获取的语篇信息进行简单的分类和对比，加深对语篇意义的理解；能比较语篇中的人物、行为、事物或观点间的相似性和差异性，并作出正确的价值判断；能从不同角度辩证地看待事物，学会换位思考。我们要让学生学会识别、提炼、概括语篇的关键信息、主要内容、主题意义和观点，能就语篇的主题意义和观点作出正确的理解和判断，能根据语篇推断作者的态度和观点。我们还要引导学生就作者的观点或意图发表看法、说明理由、交流感受，能对语篇内容进行简单的续编或改编等，具有问题意识，能初步进行独立思考。

学生思维发展状况分析：

小学是学生思维能力发展培养的关键时期。从小学中段开始，学生开始产生归纳演绎的思维意识，对部分与整体的关系有了一定的认识，并可以进行简单的逆向或互换的逻辑推理；在阅读方法上也初步学会了默读、略读、带着问题阅读等，并有尝试解决问题的意识和能力。在这个阶段，我们可以将思维能力发展目标定位于培养学生的理解与感悟、分析与归纳、比较与分类等能力上，让学生思维的深刻性、敏捷性和灵活性等品质在循序渐进中得到培养。而到了高年级，学生思维由低、中年级时的直觉思维、形象思维向抽象思维过渡。他们在阅读中问题意识增强，阅读速度逐渐提高，在阅读中的想象力、分析能力、创新思维、质疑和解决问题的能力等都有明显提高。在这个阶段，我们应注重培养学生的分析与综合、迁移与应用、抽象与概括能力，使其逻辑思维能力得到进一步发展。

学生思维生长课堂设计理念：

基于我校思维生长课堂，我们以体验思维过程为主要教学方法，提高思维能力培养的质量，促进学生思维品质的不断提升。结合英语课程，带领学生在语言学习中发展思维，在思维发展中推进语言学习；初步从多角度观察和认识世界、看待事物，有理有据、有条理地表达观点；逐步发展逻辑思维、辩证思维和创新思维能力，使学生思维具有一定的敏捷性、灵活性、创造性、批判性和深刻性。在课堂设计中，我们把"思维生长点达成和体验思维过程"作为教学目标，采用问题驱动的方式，将核心知识问题化，引导学生体验思维过程；营造积极思维的氛围，鼓励学生大胆尝试；设置真实的问题情境，并在恰当时机进行追问，推动学生深入思考，拓宽其思维的深度、广度。

目标预设：

1. 在看、听、说的活动中，获取、梳理语篇主人公 Kitty 在使用神奇机器预测未来的过程中所用的语言和方法。（学习理解）

2. 与同伴一起表演课文，通过合作学习的方式总结并运用语篇中的语言和方法。（应用实践）

3. 在小组内交流、讨论，说说除了课文中提到的外貌、工作和居住地以外，还可以从哪些方面畅想未来，并进行预测，然后向全班分享并做简要评价。在这一过程中，教师要引导学生对未来的美好生活充满信心，产生"到祖国最需要的地方去"的价值认同。（迁移创新）

4. 思考怎样才能实现自己未来的梦想，产生情感共鸣，愿意为自己的美好未来而努力。（迁移创新）

学习准备：

课前复习表示职业的单词，并画一画自己对于未来的想象。

学习过程：

（一）趣味热身，复习旧知，激活学生思维

老师通过说唱一首节奏欢快的歌谣的形式进行自我介绍，内容包括外貌特征、爱好、职业等。学生通过老师的自我介绍，了解新老师，激活旧知，并模仿老师介绍一下自己的外貌特征、爱好、理想职业等。歌谣内容如下：

> Hello, everybody. My name's Betty.
>
> I am tall. I am friendly.
>
> And you see my hair is very pretty.
>
> Look at my eyes. They're not so big.
>
> But when I smile. They look so sweet.
>
> I like English. I like school.
>
> So I teach English, that's so cool.
>
> This is me, your friend Betty.
>
> Hope you'll like me and be happy.

【设计意图】

本环节通过 chant 创造轻松愉悦的课堂氛围，让学生了解新老师，在交流中实现师生关系的快速破冰，同时引导学生复习外貌、爱好、职业等旧知，为导入新课做准备。

（二）创设情境，引入文本，巧用设问激趣

1. 巧妙创设生活情境

结合日常生活创设情境，通过打开 Kitty 个人主页的方式介绍她的外貌、年龄、居住地等相关信息，为后文学习 Kitty 未来情况进行铺垫。然后教师播放 Kitty 的语音信息，导入本课主题"Kitty knows about her future."，让学生带着对未来的畅想，认读新单词。

2. 巧妙设置问题

教师提出两个连续的问题，引发学生思考：How does Kitty know about her future? How does she use the machine? 学生观看视频，回答这两个问题，并在回答的过程中，学习核心词汇及短语 machine、take a photo 等。教师引导学生根据 Kitty 现在的外貌特征展开想象，使用一般将来时句型（Kitty will/ will not...）预测 Kitty 未来的样子。

【设计意图】

本环节创设情境真实有趣，充分调动了学生学习文本的兴趣。在此情境中，学生复现 Kitty 年龄、外貌、居住地等背景知识，为后文学习未来情况奠基，同时在复现中自然而然地完成了两个核心词汇的学习。教师通过连续设问，让学生了解本课的情境是 Kitty 使用神奇机器得知了自己未来的情况，通过对 Kitty15 年后的情况进行猜想，达到了听前预测的目的，初步感知了含有 will 的一般将来时。

（三）分析文本，学习理解，培养听说能力

1. 进行听、读指导

教师呈现三张 Kitty 未来样子的照片，播放文本音频，引导学生观察图片，抓住关键信息，选出正确的那张照片。学生听音选择正确照片并通过画图、记录首字母等方式速记关键信息，说明选择的理由。在核对原因的过程中，教师进行朗读指导。

2. 进行综合问答

教师用一般疑问句再次提出两个新问题，学生翻转 Kitty 的照片，阅读照片背面信息后进行回答，学习 won't 的表达方式。随后学生运用一般疑问句对 Kitty 所有信息进行综合问答，了解 Kitty 的变化。教师将关于 Kitty 未来的信息贴在黑板上，作为学生问答的参考。

【设计意图】

本环节通过环环相扣的活动，对课文第一部分——机器告知 Kitty 未来情况——进行了学习，从听音选出正确的照片到读文回答问题，再到利用一般疑问句进行综合问答，掌握了核心句式"You will..." "You will not..." "Will Kitty..."。教师在教学中要注意通过听音策略、朗读策略等培养学生听说学习的能力。

（四）以读促思，应用实践，教学评一体化

1. 以读促思

教师鼓励学生猜测 Kitty 对未来情况的态度，并播放动画，学习第二段文本。学生观看动画，体会 Kitty 的心情，借助合适的语调、肢体动作扮演 Kitty，读出 Kitty 高兴的心情。在朗读过程中，学习口语中的缩写形式。最后通过 chant 形式对第二段文本进行总结。

2. 在表演中加入评价量规

指导学生跟读、表演课文内容，并给出明确的评价标准。如图 7.1 所示：

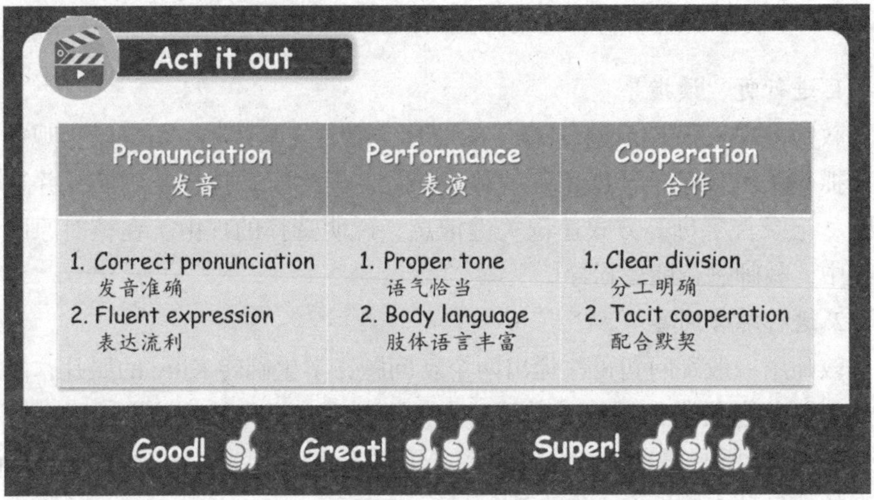

图7.1 评价标准

【设计意图】

教师引导学生通过两个环节，对第二段文本进行处理，抓住 Kitty 喜不喜欢她的将来、她的心情如何这条主线，先猜想再通过看动画视频找答案，然后借助朗读策略扮演 Kitty 读出喜悦之情，最后用朗朗上口的 chant 进行阶段小结。本环节以读促思，以思促学，突破了核心句 "I'll..." "I won't..." 的学习。在表演环节，增加学生评价并给出具体的评价量规，明确呈现表演要求，让学生有据可依。

（五）联系实际，迁移创新，适时进行价值引导

1.引导学生联系自身

教师翻转板书，归纳机器给出的未来情况的三方面，即 appearance、job、living place，引导学生想象自己未来这三方面的情况。

2.适时进行价值引导

教师结合与学生交流的情况，给出去乡村、去西部、去边疆、留在家乡等多种选择，进行德育教育，帮助学生认识到作为祖国的花朵，我们应该有更高的理想追求。

【设计意图】

学完本课文本后，教师要引导学生迁移创新、学以致用，让学生运用本课核心词汇与核心句式谈论自己对于未来外貌、职业、居住地的设想。通过交流发现，大部分学生都选择去大城市生活。这里老师要适时进行价值引导，进行德育教育，引导学生心系祖国，到祖国最需要的地方去。

（六）思维拓展，情感共鸣，迎接未来挑战

1. 头脑风暴，拓展思维

通过头脑风暴扩充课文内容。通过引导学生组内交流、全班展示评价，进一步激发学生对未来的憧憬之情，提炼本课第二个德育点："Your future will be beautiful, colorful and meaningful." 教师根据学生回答现场完成导图："I want to know about my _____ in the future. Maybe I'll/ I won't _____."学生回答完后，教师将船身贴上黑板，形成一艘"梦想之舟"。学生全面畅想自己的未来，先在小组内谈论，再和全班同学分享。

2. 观看视频，引起情感共鸣

播放苏翊鸣小时候的梦想和长大后实现梦想的视频，并进行总结，提炼本课第三个德育点："Nothing will be impossible!"由此引发学生情感共鸣，师生齐呼口号："Sail for my dream! Sail for my future!"

【设计意图】

引导学生进行头脑风暴，对未来更多方面进行想象，不再局限于课本内容。然后通过组内交流、全班展示，让学生有更多表达的机会，在老师评价、生生互评中，提炼第二个德育点："Your future will be beautiful, colorful and meaningful." 通过观看苏翊鸣的视频找到如何实现美好梦想的答案，并产生情感共鸣，达成本课第三个德育点："Nothing will be impossible!"

（七）作业

Homework

1. Read and act out the text with your friends.
   和朋友一起朗读并表演课文。

2. Try to finish your dream card, then share it with others.
   尝试完成你的梦想卡片，并与其他人分享。

（八）板书设计

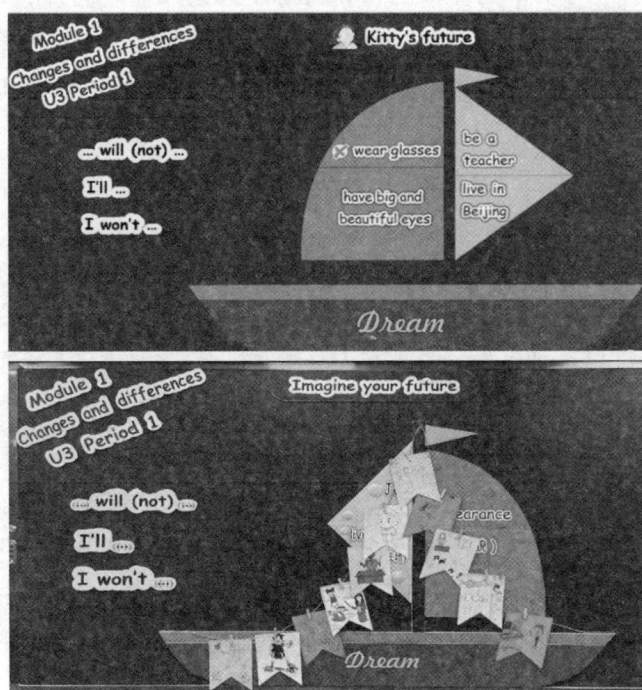

图7.2 板书设计

（杜文晋）

五、Lorna Is Upset

教材思维生长点分析：

本课是英语绘本阅读教学，讲述了 Matthew 跟班里来的新同学 Lorna 一起做调查的故事。故事中体现了"提出问题—分析问题—解决问题"的思维模式，这也是本课的思维生长点。这次解决问题的过程既是 Lorna 学会合作、融入集体的过程，也是他人关怀 Lorna 的过程，彰显出人文思想和人文关怀。教师在了解学生的思维发展规律的情况下，站在思维生长的角度设计开展英语绘本教学，优化提问策略，培养学生的创新性、探究性思维能力，促进学生英语思维的生长。

学生思维发展状况分析：

学生观察能力强，善于提取图片信息、总结故事情节。他们积极思考，具有一定的思维能力和语言基础，能够在教师的引导下运用语言框架描述文本内容或表达自己的观点，具备小组活动的经验与能力，掌握了统计与图表分析等涉及数学学科的相关知识。学生在三、四年级数学学科的学习中已经学过使用柱状图分析数据的方法，具备一定的使用工具分析数据的能力，但是对于做调查的系统步骤比较陌生。

学生思维生长课堂设计理念：

绘本强调理性思维。该绘本以 Modes of Transportation 为主题，围绕核心问题"How do you get to school?"展开叙事。故事中体现了"提出问题—分析问题—解决问题"的思维模式：主人公 Lorna 和 Matthew 两人合作，通过使用调查问卷、柱状统计图等统计学方式，对数据进行收集、观察和分析，进而找出了问题的症结，体现了统计学的工作思路和方法。绘本中，主人公进行了两次调查，第一次调查局限于主人公的班级，第二次调查扩展到了其他班级。绘本详细展示了社会调查的方法和步骤——调查问卷—分析—汇报—讨论—结论—应用，这也是"解决问题"思维的具体表现。

目标预设：

1.看懂统计图表，分析数据，使用"...come to school..."描述柱状统计图，培养学生数据分析的思维能力。

2.在文本中提取关键信息，借助思维导图，复述故事，提升学生英语思维能力。

3.理解"提出问题—分析问题—解决问题"的思维模式，并能与他人合作，应用该思维模式做调查。

学习准备：

主人公 Lorna 的头饰、walking bus 的道具。

学习过程：

（一）情境导入，激活思维，预测情节

Step 1　Brainstorm.

用头脑风暴的方式，询问学生上学的交通方式，提出问题："How do you get to school? Do you often walk to school?"激活学生的背景知识。

【设计意图】

本环节通过游戏导入，活跃气氛并激活学生已有经验和已有语言知识。

Step 2　Cover page observation.

教师引导学生观察封面，预测情节。提出问题："What do you see in the picture?"引导学生观察封面图片。提出问题："What else do you see in the picture?"引导学生观察封面图片上的文字信息。提出问题："What is the title?"引导学生关注题目，猜测情节。

【设计意图】

教师引导学生通过观察图片及图片上的文字信息，初步建立对绘本的认识，并预测情节。

（二）研读绘本，提取信息，分析解决问题

Step 3　Listen and answer.

学生观察绘本中的图片，听录音，看图片，在教师的指导下回答问题 "Why is Lorna upset?"。

【设计意图】

本环节由题目设疑，切入文本。引导学生总结 Lorna 不开心的原因，为接下来分析 Lorna 情绪变化做好铺垫。

Step 4　Read and underline.

教师设置问题："How does teacher help Lorna? What is the question?"引导学生画横线标记答案，继续深入了解情节的发展。

【设计意图】

本环节旨在引导学生找出推动情节发展的核心问题，即"What is the question?"，进而引导学生推测探究情节的发展方向。

Step 5　First survey.

教师组织学生根据图片进行环游，提取第一次调查的步骤，并进行分析。

1.组织学生进行自主阅读，填写部分思维导图。

教师提问："What do they do for the question?"

2.观察并分析调查问卷。

教师提问："What do you see in the question paper?""What is the question paper used for?"

3.根据调查问卷，完成柱状图。

4.两人合作，分析柱状图，并进行汇报。

教师提问："What do you find out from the bar chart?""What do you think of the findings?"

5. 思考并分析。引导学生再次观察并分析 Lorna 的情绪变化。

教师提问："Why is Lorna upset?""Why is petrol bad for the environment?"

【设计意图】

本环节旨在让学生自主阅读，提取关键信息，并借助思维导图整理信息。在教师的引导下，分析调查问卷的内容构成、使用方法、用途；根据调查问卷完成柱状图，使用核心语言在小组内进行分析汇报。引导学生思考调查的结果，再次推断 Lorna 情绪变化的原因，理解上学的交通方式与环境保护之间的联系，增强学生身体力行保护环境的意识。

Step 6　Second survey.
引导学生继续进行阅读，提取第二次调查的步骤，并进行分析。

1. 引导学生开展自主阅读，填写第二部分思维导图内容。

教师提问："What do they do for the question, then?"

2. 两人合作，分析柱状图，并进行汇报。

教师提问："What do you find out from the bar chart?""What do you think of the findings?""What is the problem?"

【设计意图】

本环节旨在让学生完成思维导图信息，梳理两次调查的完整步骤；找出第二次调查的结果，并与第一次调查的结果进行对比分析，得出两次调查的最终结论。

Step 7　Solution.
找出如何解决问题的相关信息。

1. 引导学生进行自主默读，阅读并圈画信息。

教师提问："How do they solve the problem?"

2. 思考并讨论为什么称最后的步行为 Walking Bus。

教师提问："Why is it a Walking Bus?"

3. 思考并讨论 Lorna 开心起来的原因。

教师提问："Why is Lorna happy now?"

【设计意图】

引导学生通过阅读找出解决问题的方法，梳理 Lorna 情绪变化的路线及原因。

Step 8　Shadowing.

跟读故事，纠正发音，培养语感。

Step 9　Retell.

根据板书思维导图的提示，复述绘本主要情节。

【设计意图】

本环节旨在提升学生逻辑思维能力，引导学生内化核心语言，提升语言表达能力。

（三）总结归纳，深度思考，迁移应用

1. 小组合作讨论如何制作调查表格，引出 Lorna 想出一个好主意，并且将这个好主意告诉她的每一个好朋友。

2. 让学生猜测 Lorna 想出的好主意是什么，引导学生猜出正确答案："It's a walking bus."

3. 老师提问："现在 Lorna 开心了吗？"学生回答："因为 Lorna 帮助同学们解决了开车污染环境这个问题，同时还在解决问题的过程中与同学们建立了友谊，成为了好朋友，所以 Lorna 现在非常开心。"

4. 通过板书，引导学生回顾解决问题的过程，总结出"提出问题—分析问题—解决问题"的思维模式。同时组织学生开展四人小组合作学习，针对身边的问题，设计一套解决方案，尝试在解决问题的过程中，操练所学语言，提升语言运用能力。

【设计意图】

本环节通过板书思维导图的构建，归纳绘本的两条核心线索：一是解决问题的思维路径，即如何提出问题、分析问题、解决问题；二是 Lorna 的情感线索。引导学生学以致用，提升其深度解析问题的思维能力。

引导学生思考绘本中教师让学生做社会调查的目的：一是让学生学习做社会调查的步骤和方法；二是通过做调查让学生意识到身体力行保护环境的重要性，让更多的同学加入到保护环境的行列中来；三是通过让新同学 Lorna 和 Matthew 做调查工作，让 Lorna 融入班级，找到归属感。总之，教师要引导学生从不同角度分析问题，提升学生的批判性思维能力。

根据在绘本中所学社会实践的步骤，引导学生利用本课所学的"提出问题—分析问题—解决问题"的思维模式进行小组合作，设计一套解决方案，将本课所学的思维方式迁移和应用到学习生活中。

（李继恩）

六、趣味玩吸管

教材思维生长点：

《综合实践活动指导纲要》明确提出以下要求：能在教师的引导下，结合学校、家庭生活中的现象，发现并提出自己感兴趣的问题。能将问题转化为研究小课题，体验课题研究的过程与方法，提出自己的想法，形成对问题的初步解释。本课教学设计通过动手操作实践，初步了解吸管发声的原理，进行手工设计与制作，实现创意物化目标。教学中采用"体验思维教学模式"，强调"尝试、生成、迁移"三阶段相互贯通，相互促进。

教学目的不仅是为了给学生传授知识，更重要的是教给学生自主学习、探究和创造的方法，真正落实对学生思维能力的培养，尤其是高阶思维能力的培养，让学生通过自己的思维活动来学习，提高他们分析问题、解决问题的能力。

学生思维发展状况分析：

思维能力是各种能力的基础。对五年级的学生来说，创造是一项极富挑战性的活动。学生对感兴趣的问题乐于思考探究，态度积极，这是上好综合实践活动课的基础。《趣味玩吸管》教学，安排了"问题与思考""学习与探究""实践与体验""总结与交流"四个活动环节，由"一根吸管为什么能吹响"引发学生学习兴趣，展开探究试验，并以这一过程中得出的结论指导实践。学习中，学生通过观察发现、创意制作、交流评价等锻炼动手动脑能力，充分激发对科学探究和实践的兴趣，培养了创新意识，锻炼了创造能力。

学生思维生长课堂设计理念：

充分利用学生这一年龄阶段思维生长的特点，由接受式学习向发现式学习转变，由独立学习向合作学习转变，让学生的主体性得到加强，充分释放学生的想象力和创造力，培养学生对生活、学习的积极态度，发展其交往合作能力、观察分析能力、动手操作能力。引导学生初步掌握参与社会实践的方法，信息资料的搜集、分析和处理问题的方法以及研究探索的方法；形成合作、分享、积极进取等良好的个性品质，成为创新生活的小主人。学习本课，学生在教师指导下制作一件吸管排箫不难，但在对吸管发声的原因进行自主思考、探究和对排箫进行设计并调试音准等方面仍然小有难度，需要用到的知识既是生活常识又和科学等学科息息相关。在探究任务驱动下，学生围绕主题提出问题，利用资源思考理解并动手验证，从玩入手产生对科学现象的兴趣，再借助资料验证实践，从而展开系列探究，在一个个"玩"的环节中玩出新发现，使思维能力得到锻炼生长。

目标预设：

1. 从玩出发，了解声音传播的知识，探究吸管能发出声音的奥秘。

2. 试着利用吸管等材料，制作吸管排箫。

3. 在探究发现的过程中，培养学生发现问题、解决问题的能力。

学习准备：

各种吸管、卡纸、胶带、剪刀、彩泥等。

学习过程：

（一）激发兴趣，情境引入

教师和同学一起交流、展示课前搜集到的各种吸管，并提出问题：平时你都用这些吸管干什么？吸管还有别的用处吗？

学生展示搜集到的吸管，说明吸管不同的用法，如喝饮料、搅拌、吹泡泡等。

师：小小的吸管用处还真不少呢。今天这节课我们就来"玩"吸管。教师手持吸管吹出声音，你能像老师这样吗？

请学生尝试吹一吹吸管，并提问：你有什么疑问吗？（学生质疑：为什么响？吸管吹出的声音为什么不同？）谁能解决这些疑问？

在观察和体验中，学生会发现保持正确的吹吸管口型和堵住吸管下端才能吹响等小细节，教师要及时肯定他们的发现，增强学生的信心。

【设计意图】

兴趣是最好的老师。学生对课堂探究的形式和内容感兴趣，才会主动去学、去听、去做。本环节根据生活中常见的现象设计问题并导入学习，充分激发学生的探究兴趣。

（二）研究学习，探索发现

1. 借助资料，验证规律

教师引导学生借助资料来探究一下吸管发出声音的奥秘。

师：老师为大家准备了一些资料，请各组同学合作学习，对有些说法进行实验以验证其真实性。

【设计意图】

引导学生重温五年级上学期科学学科声音传播的知识，为本课将要进行的创意实践给予理论支撑。学生虽对本课涉及的关于声音传播的相关知识已有一定了解，但又往往停留在模糊的知识层面，难以将其与实践结合。通过小组合作学习，引导学生在自主探究中发现并验证科学道理。

2. 小组展示交流

（1）根据资料交流后发现吸管发出声音的原理：吸管里的空气振动产生了声音。（借助吸管演示）

（2）声音的不同又和什么有关？

吸管长短、粗细、材质不同，发出的声音也会不同。其他组同学补充交流，并请学生演示如何验证这一规律。

（3）长吸管发出的声音是怎样的？短的呢？各组实验验证。

长　　　短

小结：通过刚才的学习，我们不仅明白了吸管发出的声音是怎么产生的，还发现了声音的规律。

3. 尝试创新，创造性"玩"吸管

请大家再吹一吹手中的吸管，并说说你对发出的声音满意吗。一根吸管的声音比较单调，不悦耳，怎样才能吹出好听的音调来呢？根据我们刚才发现的规律，可以做到吗？

【设计意图】

本环节引导学生在理论支撑的基础上带着任务来"玩"吸管，让学生自由地尝试探究，在玩的过程中验证科学书里的知识，验证自己发现的规律。

4. 深入探究，产生创意

不同的吸管可以发出不同的声音，那同一根吸管呢？改变它的长度能让它吹出我们想要的音调吗？

教师展示一组音阶：1、2、3、4、5、6、7。

你能"制造"一个想要的声音吗？各小组商量并领取音符制造任务。

桌上有音准制作示意图，能帮助我们调试出想要的音调。各小组尝试制作一根有音准的发音吸管。

学生动手制作，教师巡视指导。

小组派代表展示：你们小组调试了哪个音？上台吹一吹、试一试。其他学生进行评价，然后再请一组上台展示。

师：从每组收集一根吸管，放在一起是不是可以制造一件乐器来吹一首曲子？

这种乐器早就诞生了——三千多年前的古人用野兽中空的骨头制作了世界上最早的排箫，后人也用竹子、木头等材料来制作，尤以竹制的居多。

【设计意图】

本环节旨在引导学生在合作的过程中进一步发现吸管发声的奥秘，体验"尝试、生成、迁移"的全过程。其中"不断尝试"为学生打开思维空间，"借助每一次新的生成"总结方法，引领学生深入探索，体验创意制作的快乐。

5. 师生合奏表演

各小组在教师指挥下尝试合作吹奏简单乐曲《小星星》。

6. 展示资料图片

师：这几支排箫有什么相同之处？

学生：都由多个管组成，各管粗细一致，长短有序排列，被固定在一起。

教师出示一支排箫，请学生近距离观察，说说还有什么没被发现之处。由此引出每根发音管有堵头，这也是排箫能发声的关键。

（三）设计制作，创意物化

排箫吹奏的声音悦耳动听，大家想不想也有一件这样的乐器？今天我们就利用手边现有的材料来制作一支吸管排箫吧！

1. 材料和工具

想一想需要哪些材料和工具。

小组交流，说说该怎样制作。

根据学生所述出示制作步骤：（1）截箫管；（2）补堵头；（3）固定好；（4）调音准。

教师进行安全提醒，并说明注意事项：安全使用剪刀，注意密封，管要排列均匀、整齐等。

学生创意制作，教师指导巡视。

2. 作品展示

各组派代表展示，其他同学对排箫的外观、音准等进行评价。

3. 总结学习收获

今天我们不仅开心地"玩"吸管，还在"玩"中发现了科学的奥秘，"玩"出了名堂，大家都充分发挥创意，制作了吸管排箫。

老师再把两首简单的乐曲推送给大家，请大家课后继续调试练习。

【设计意图】

本环节从学生的实践角度设计教学，让学生从实践中掌握知识、培养能力，体验创意制作的快乐。让学生在这种不断尝试与反思的过程中，将结论与方法迁移到其他新知的学习中。在"尝试、生成、迁移"的交织进行中，学生的思维能力不断提升。

（马琳娜）

七、人行道安全系统

教材思维生长点分析：

本课教学通过交通安全知识的宣传，利用机器人模块，引导学生对基本硬件舵机、发光二极管、点阵屏进行初步认识，并综合掌握和应用对应积木；能较好地培养学生的计算思维能力，使学生形成正确的编程思路，为学生的创意创作提供较为完整的知识构架，为学生"学以致用"提供良好的展示空间。

学生思维发展状况分析：

本课的授课对象是小学六年级学生，他们对于计算机一些常用的应用软件和图形化编程已经比较熟悉。在学习本课前，学生已经初步具备利用图形化编程创作的能力，形成了编程思维，可以说本课是引导学生在原有基础上进行提升。虽然有一定的难度，但是其趣味性可以吸引学生尽可能地完成操作，所以学习本课是学生提高思维能力和陶冶情操的完美结合。我们设计了符合学生认知水平的、有趣的任务，让学生在初学时不畏难、敢动手、乐学习，在此过程中培养学生创新意识，提高学生思维活跃度，让学生体会通过技术实现创意的过程。

本课的教学内容对于学生来说并不困难，尽管如此，我们在教学中仍应因材施教，以实现课堂效率最大化。六年级的学生对待新事物有强烈的好奇心，但要让他们真正按教材去学习，一般兴趣都不高，很多学生对电脑的好奇只停留在玩游戏上，自主学习能力比较差，所以，我们设计的教学任务既要顾及学生的学习兴趣，也要顾及学生的技能基础和个体差异，同时也要注意到它的可行性、操作性和实用性。学生带着问题去探究、去思考，在任务驱动下自主学习、合作交流、解决问题，才能逐渐养成主动思考和学习的能力。由于学生对信息技术这门学科的掌握程度不同，甚至存在很大的差异，所以针对学生学习基础的差异，在设计任务时，我们注重任务的层次性，让所有的学生都能参与到任务中去，真正学会所要掌握的重点知识。

学生思维生长课堂设计理念：

本节课的设计，目的在于让学生通过了解交通安全知识，增强交通安全意识，知道信息技术就在我们身边，利用学过的信息技术知识大胆想象、动手实践，就可以更好地服务我们的生活。信息技术课是以培养学生的信息素养为宗旨，强调学生的自主学习和探究学习。建构主义理论指出，学生获取知识不是通过教师教育，而是学习者在一定情境中，借助他人的帮助，利用必要的学习资料，通过自我建构重组的方式获得知识。为实现教学目标，我们的教学设计就以学生"任务驱动"为主线，通过学生自主探究、合作交流完成教学任务，培养学生的信息素养和思维意识；遵循认知规律，充分发挥学生的主体作用，采用观察、练习等思维培养方法，调动学生积极性，让学生肯学、会学、学会。

目标预设：

1. 学科素养目标

（1）信息意识：利用机器人设备，如舵机、LED 灯、点阵屏、红外传感器等，创造性地高效解决生活中的问题。

（2）计算思维：在编程过程中，尝试模拟、仿真、验证从而解决实际问题，并在此过程中反思、优化解决问题的方案。

（3）数字化学习与创新：在日常生活和学习中，利用信息科技手段开展研究性学习，创造性地解决问题。

2. 科学目标

（1）了解交通安全的知识，提高交通安全意识。

（2）认识舵机、LED 灯。

（3）了解点阵屏的作用。

3. 技术目标

（1）学会使用积木改变舵机的方向从而带动起降杆抬起、落下。

（2）学会将 LED 灯设置为红色、绿色，并配合舵机实现效果。

（3）知道点阵屏的作用，学会设置数字实现倒计时，完成人行道安全系统。

（4）运用分支结构编程指令块进行程序设计。

4.能力目标

（1）通过了解交通违法行为带来的危害，知道交通安全对我们的重要性；能利用学过的人工知识解决问题，提高学生的信息素养。

（2）通过任务驱动、小组合作，引导学生进行自主实践、小组帮扶，培养学生自主学习及合作学习的能力，培养学生对难度较小的部分内容进行自学的能力；在实践中运用发现问题、提出问题并解决问题的方法，完成人行道安全系统的学习；在设计、制作与展示评价的过程中，感受与体会结果处理的意义。

5.情感目标

（1）培养学生对信息技术的兴趣，鼓励学生大胆操作，体验掌握知识与技能的乐趣。

（2）通过引导学生了解机器人硬件设施配合软件实现效果的过程，培养学生遇事先分析、自己找解决方法的能力；在自主探究的基础上，鼓励学生与同伴分享知识与发现；在对操作步骤的讲解中，培养学生的逻辑思维与口头表达能力。

重点、难点分析：

1.配合软件，知道硬件对应接口及实现效果。

2.确定舵机抬起、落下的角度。

3.LED灯配合舵机实现红灯亮落下、绿灯亮抬起。

4.点阵屏依次出现数字，以实现倒计时的效果。

5.人行道安全系统各部件配合使用，完成最终效果。

学习准备：

学习制作材料：mBot主机器人、舵机、LED灯、点阵屏、数据线、线接线等。

学习过程：

（一）生活场景导入，引发思考

同学们，你每天都用什么样的交通方式来上学呢？每个人的交通方式虽然不一样，但是我们都要遵守交通规则，注意交通安全。

请看大屏幕（如下图所示），给大家 30 秒钟观察时间，指出图片对应的是哪种交通违法行为。

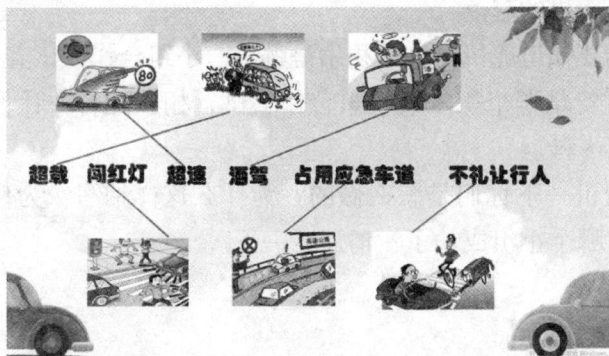

图7.3　交通违法行为

接下来再来看一段视频（播放相关视频），请思考：视频中介绍了哪种交通违法行为？这些行为都有哪些危害呢？

道路交通安全事故是中国 45 岁及以下人口死亡的"第一杀手"，每年大约有 6 万人死于交通事故，20 多万人在事故中受伤。

怎样才能减少这样的事情发生呢？为了减少交通事故的发生，国家将每年的 12 月 2 日定为全国交通安全日，向全国人民宣传交通安全知识，提高人民交通安全意识。除了这些之外，我们还可以利用学过的人工智能知识，添加智能设施保障人们的出行安全。

今天这节课，我们就用手中的机器人，制作"人行道安全系统"。它既要模仿红绿灯提醒人们信号灯的变化，又要保证行人过马路的安全。同学们有信心完成这个内容吗？

【设计意图】

本环节为导入部分，通过设置一定的真实问题情境激发学生的求知欲，是这节课成功的关键点。这一环节旨在让学生感受到信息技术其实离我们并不遥远，而且就源于我们的生活。

（二）合作尝试，生成新知

首先，看机器人上的这三个装置，猜猜它们是做什么用的，小组讨论一下。

活动一：舵机的起落

首先我们要知道舵机对应的积木是哪个？小组合作，试着找一找。

谁找到了？是哪个积木？小组合作尝试，相互配合，让你的起降杠抬起 5 秒、落下 5 秒。

哪个小组讲一下你们是怎么做的？为什么这样编写？为什么更改接口和插头？还有哪个小组成功了？请展示一下。

【设计意图】

本环节中，老师采用任务驱动法，让学生以实际的任务明确学习的意义，进行有意义的学习。在课堂上，有些技能学生都已经掌握了，对于不熟的技能，教师可以引导学生相互学习。

活动二：红灯落下，绿灯抬起

现在加入 LED 灯，实现红灯亮落下 5 秒，绿灯亮抬起 5 秒。小组合作，尝试完成。

哪个小组能讲一讲你们是怎么做的？你们的编程思路是什么？给大家边展示边讲解。还有哪个小组想展示一下？哪个小组有疑问？

【设计意图】

本活动能够较好地培养学生的计算思维能力，帮助学生形成正确的编程思路，为学生进行创作性的制作提供较为完整的知识构架，为学生"学以致用"提供良好的展示空间，同时提高学生合作、创造、思考、分析、综合等能力。

活动三：倒计时红灯落下、绿灯抬起

我们的人行道安全系统基本完成了，这个白色的装置叫"点阵屏"，同学们猜猜它的作用是什么。这个点阵屏可以帮助我们实现倒计时，就像大家日常生活中看到的红绿灯切换时的倒计时提示。"点阵屏"对应的积木是哪个？有知道的吗？找到了对应的积木，下面请小组合作尝试将倒计时加入到我们的程序中。

哪个小组汇报一下你们是怎么做的？展示一下，有不同的吗？

【设计意图】

本环节中，教师通过展示各个部件让学生明确其作用，同时布置任务。随着问题逐步解决，知识点逐步渗透，学生在解决实际问题中体会到人工智能的用处，培养了领悟能力，并完成这节课的学习任务。

（三）总结提升，拓展迁移

今天这节课大家的收获是什么？这些硬件除了应用于人行道安全系统，还可以用在哪儿？关于制作的人行道安全系统，大家觉得还有哪些建议或改进的地方？相信大家终有一天会将这些想法和建议真正应用于我们的生活，保障人们的出行安全。

【设计意图】

为了促进每个学生达到预期目标，发现教学中的问题，对学生的学习效果进行评价是必须的，也是有效的。本环节的目的在于加深学生对知识的记忆、理解，完成真正意义上的知识建构；尽量多地发掘学生的优点，适量提些建议，使每个层次的学生都有被赞赏的感觉。此外，人行道安全系统还有待改造升级的空间，教师可以引导学生进行创造性完善。

（尹梅）

第八章

思维生长课堂探究型教学案例

　　基础型课程为学生的思维生长奠定了根基，拓展型课程拓宽了学生思维生长的空间。探究型课程则强调在问题驱动下，进行实践应用迁移，重在引导学生于学中做、做中学，在探究的过程中促进思维生长。

　　疑是思之始、学之端。创设能够激发认知冲突的情境，可以有效激发学生的学习动机和思维活力。探究型课程在体现学科综合性的同时，最大限度地满足了学生的探究欲望，利于提升学生的思维能力。学校将校内外劳动教育、研学、志愿服务纳入探究型课程，联系社会、家庭、学校的实际生活，创设真实学习情境，用问题探究撬动思维起点，以问题解决为探究路径，在实践研究探索中，积累经验、反思总结，促进思维能力和品质的全面提升。以《学做菊花毽》一课为例，从学生的真实生活和思维逻辑出发，我们设计了以"何为菊花毽？花样毽子如何做？如何巧踢乐趣多？"三个问题为中心的层次递进式的探究型学习活动，引导学生利用跨学科知识解决实际问题。学生在积极的思维活动和实践体验中认识到：小事物中也有大学问。由此，学生思维的灵活性、深刻性、敏捷性、批判性都在探究中得到充分锻炼。

　　探究型课程以思维培养为目标，引领核心素养的协调发展。课程设计有明确的活动主题、活动目标和活动内容，活动呈体系化、阶梯化、系统化，促进了学生的自主学习与合作学习，支撑起探究过程中学生的自主建构，不断拓展学生思维生长的空间和时间，不断丰富思维生长的课程资源。

　　探究型课程突出选择性，学生的选择贯穿于学习领域、内容、过程、结果呈现四个方面，突出个性思维发展，是具有学校研究特色的课程体系。

一、寻访家乡文化

教材思维生长点分析：

　　寻访家乡文化、关心家乡发展，是统编道德与法治四年级第四单元的主要内容。这个单元侧重从家乡的文化形态与家乡整体发展变化的角度，提升学生对社区和家乡生活领域的社会性学习能力。教材选取了学生较为熟悉的、与他们生活密切相关的内容，帮助学生认识家乡风俗、民间艺术对自己生活的影响，引导学生关注家乡文化的发展与衰落问题，培养他们对家乡发展的忧患意识与公共参与意识，激发其热爱家乡文化的情感。2022版义务教育课程方案强调要推进综合学习，积极开展项目化综合性教学活动，而项目化学习是核心素养生成的学习路径之一。在培育核心素养时，我们需要关注培养学生的高阶思维能力。高阶思维能力是学生终身学习和应对21世纪挑战的关键能力，是发生在较高认知水平层次上的心智活动或认知能力。为此，我们结合探究性课程的开展，突出项目化学习跨学科性、多个学科知识的综合性特点，设计用项目化学习的方式在探究学习的过程中培养学生的分析思维、创造思维、评价思维能力；通过驱动问题，引导学生进行实践应用，培养学生发现问题、分析问题、创造性解决问题的能力。

学生思维发展状况分析：

　　我国心理学者研究发现，小学四年级是从具体形象思维向抽象逻辑思维转化的一个比较明显的时期，也是学生思维发展的关键时期。创造性思维是逻辑思维的精髓和核心，因此，在学生思维发展的关键时期，我们要结合学生的生理特点及思维发展的规律性特点，在道德与法治教学中，渗透创造性高阶思维的培养，通过项目化学习提高学生的学习动力，培养其批判性思维、问题解决等高阶思维能力。通过对低中学段教材中家乡话题的学习，学生对家乡的地理环境、物产、自然风光、人物有了一定的了解和情感认同。本课在此基础上引导学生通过较为深入的调查活动，开展研究性学习，丰富和深化学生对家乡的认识，使其全面地了解家乡、感受家乡文化。

学生思维生长课堂设计理念：

项目化学习在培养学生创造思维方面具有一定的优势。在项目化学习中，面对真实、有挑战性的问题，学生需要分析问题并构思解决问题的方案，然后在不断探究和验证中来解决问题。这些都非常考验学生的解决问题、决策、批判等能力。在项目化学习活动中，我们通常从具体的情境出发，引导学生关注情境中隐含的真实问题，通过问题唤醒学生的生活化认知，促使他们积极主动地参与到项目的研究中去，聚焦真实化的问题，提升创造性思维能力。

目标预设：

1.通过项目化学习提高学生发现问题、分析问题、解决问题的能力和运用多种方法搜集、处理信息的能力。

2.通过项目化学习引导学生在实践活动中了解、继承和创新家乡地方文化，弘扬民族精神与创新精神，培养热爱祖国、热爱家乡的高尚情怀。

3.通过项目化学习引导学生主动、大方地与人交流，积极、自信地参与活动，培养学生的社会适应能力。

学习准备：

道德与法治四下课本、《天下泉城》宣传片、家乡风景文化以及传统民间艺术的相关资料、课件、评价表等。

学习过程：

探究活动一：济南为何被称为"天下泉城"？

播放宣传片《天下泉城》，欣赏济南的美丽风景，感受泉城的山水美景、人文风情。

同学们，在视频中，看到我们美丽的家乡、我们生活的地方，你想更深入地了解我们的家乡济南吗？以泉城著称的济南有哪些代表性的风景名胜呢？有哪些代表性的家乡人物呢？又有哪些代表性的多姿多彩的民间艺术呢？作为济南人，如果要宣传家乡，为自己的家乡代言，你又会做些什么呢？

【设计意图】

本环节在设计"立项"活动的驱动性问题时，从学生熟悉的真实生活情境出发，引导学生关注情境中隐含的真实问题，通过问题唤醒学生的生活化认知，促使他们积极主动地参与到项目的研究中去，激发学生的分析思维。

探究活动二：如何做好"寻访家乡文化"项目化学习计划？

以道德与法治四年级"感受家乡的文化"这一主题为依据，结合社团活动开展项目化学习。首先组织学生在班级展开小组讨论，确定每一个小组的项目化学习的任务；其次各组根据组员的时间以及实际情况，制订好合理且可行的节假日寻访计划，在老师的协调和统一管理下，开展项目化学习活动，并在规定的时间内完成；最后各组在班级交流群中展示本组学习成果，并在班级进行汇报，其他组进行评价，由此让项目化学习落地开花。

【设计意图】

在项目化学习中，面对真实、有挑战性的问题，学生需要分析问题，构思解决问题的方案，并在不断探究和验证中解决问题。这些都非常考验学生的解决问题、决策、批判等能力。本环节的设计旨在帮助学生根据驱动性问题做好计划，为进一步的研究学习奠定基础。

探究活动三："寻访家乡文化"项目化学习如何开展？

1. 任务一：初探济南的山水美景

（1）问题引导：你知道济南的三大名胜是什么吗？

（2）活动设计

① 网上搜集资料。通过上网查询，初步了解最能代表济南特色的山水。其中水就是泉水，而72名泉中最有名的是趵突泉，最能代表济南的山就是千佛山。济南的三大名胜中还有大明湖。了解济南三大名胜的历史，为实地考察和研究奠定基础。

② 实地考察济南的三大名胜。在参观或者游赏中感受三大名胜的魅力，并拍照留念，再结合所查的资料制作一张有关三大名胜的手抄报或者绘画作品。

（3）展示项目成果。以绘画、手抄报或者照片的形式呈现项目成果。

2.**任务二：再探家乡的风土人情，了解家乡的民间艺术**

（1）问题引导：民间艺术是指哪些艺术？在我们济南，有哪些代表性的民间艺术？

（2）活动设计：民间艺术交流会

① 小组讨论交流，得出结论。民间艺术的形式包括民间文学、民间音乐、民间舞蹈、民间美术、民间手工艺等。这些都是民间艺术的重要组成部分。

② 查找资料，围绕"济南的民间艺术有哪些"进行再交流。济南有代表性的民间艺术有面人、内画鼻烟壶和皮影戏等。

③ 感受民间艺术的魅力。请同学们假期走进百花洲民间艺术手工坊，去体验民间艺术的制作过程，感受民间艺术的魅力。

（3）展示项目成果。以照片、手抄报或者视频形式呈现项目成果。

3.**任务三：考察、寻访具有代表性的家乡人**

（1）问题引导：你知道济南的历史名人有哪些吗？我们身边的济南名人有哪些？

（2）活动设计

① 小组合作，选择要寻访的济南名人，并说明理由。

② 小组合作交流后全班讨论，并规划具体时间和具体行动。

（3）展示项目成果。制作寻访手抄报，或以照片或视频形式呈现寻访成果。

4. 任务四：我爱泉城，我为泉城代言

（1）问题引导：身为一名济南人，了解了家乡美丽的三大名胜，了解了家乡的民间艺术，了解了家乡有代表性的人，你会怎样向别人宣传和介绍自己的家乡呢？快来担任家乡推荐官，为自己的家乡济南代言吧！

（2）活动设计

表8.1　我爱泉城，我为泉城代言

从济南的山水、传统手工艺以及济南历史名人中任选其一，为家乡代言	设计宣传图片
将选好的代言内容写成宣传文稿	宣传文稿不少于300字
形成手抄报或视频，向别人介绍济南	以手抄报或视频形式呈现

（3）展示项目成果。制作宣传图片、宣传文章，或以手抄报、视频形式呈现。

表8.2　项目成果展示安排

时间	项目名称	具体内容
第一周	制定研讨项目化学习方案	各组制定研讨方案，并安排相关事宜
第二周	小组讨论交流家乡济南的山水、人以及民间艺术	家校共育，帮助孩子上网搜索相关资料，确定学习内容，为下一步的寻访做好准备
第三、四周	学生展开实地调查研究	在家长或者教师的协助下，先以小组为单位，进行实地调查研究和寻访活动
第五、六周	搜集、整理、汇总学习内容	利用节假日，走出家门实地寻访，在小组内交流寻访内容，共同制作手抄报或者视频
第七周	我为泉城代言	选择喜爱的内容，在家长协助下拍摄"我爱泉城，我为泉城代言"的视频，在班级进行展示

成果展示呈现形式：

成果1：以济南趵突泉、千佛山、大明湖为主题的手抄报或者宣传画。

成果2：寻访家乡历史或者现当代名人的微视频。

成果3：民间艺术作品照片。

成果 4：录制"我爱泉城，我为泉城代言"视频。

【设计意图】

本环节旨在让学生利用丰富的学习资源，通过探究体验、自主建构获得相对完整的知识。在这样的学习过程中，学生会创造性地有选择地将新知识与旧知识联结起来，解决遇到的问题，提升自己的创造思维能力。

探究活动四：项目化学习成果如何评价?

项目化学习结束后召开"项目化学习汇报会"：先将各组完成的宣传册、宣传视频等在班内进行为期一周的公开展示，然后召开"项目化学习汇报会"，由各组组长带领自己的团队轮流进行展示和汇报，每组时间控制在 5 分钟左右。

进行"我爱泉城，我为泉城代言"微视频比赛：在班级展示学生的微视频，让每位同学观看视频后进行投票选举，选出最优秀的 10 个作品，每投一票得 2 分。

表8.3 "寻访家乡文化"项目化学习评价量表一（评审分：60分）

被评价小组：＿＿＿＿＿＿＿＿

评价项目	评价标准	评价得分	备注
宣传册 （30分）	宣传册标题简洁新颖，内容紧扣主题（5分）		
	封面设计美观大方，能吸引人（5分）		
	表述清楚，语言优美（5分）		
	内容全面具体，每位队员积极参与（5分）		
	编排合理，图文并茂，条理清晰（5分）		
	没有知识性错误，错别字少（5分）		

续表

评价项目	评价标准	评价得分	备注
任务报告书（15分）	内容填写完整、详细（5分）		
	任务分工明确（5分）		
	工作安排细致，步骤合理（5分）		
任务汇报（15分）	汇报思路清晰，逻辑严密，主题突出，有技巧（5分）		
	汇报者仪态自然大方，形象得体（5分）		
	幻灯片设计优美，内容清晰（5分）		
评审得分			

表8.4　《我爱泉城，我为泉城代言》视频评价量表二（分数汇总表）

小组名称	评审得分（60分）	实践比赛得分（40分）	总分	名次

【设计意图】

本环节旨在通过高阶思维导向下的展示与评价，让学生在今后的项目化学习中知道怎样构思、怎样选择问题、怎样调整设计方案、怎样付诸研究，学会依据适当的标准对他人或者自己的作品进行评价，并能适时反思。由此，学生才会在评价中学会反思，在反思中促进新的思维形成。

（韩群）

二、探秘一粒籽

教材思维生长点分析：

《探秘一粒籽》秉承"敢于挑战、勇于尝试"的教育主题，是一节二年级探究型活动课。本课深入贯彻了习近平总书记"五育"并举的讲话精神，以《义务教育道德与法治课程标准（2022年版）》为依据，以学校三月份开展的生态科普种植园活动为契机，在原有教材内容的基础上，结合实践基地的实际情况，对课程内容进行了进一步拓展延伸：通过活动使学生增加对种子、植物生长情况的了解，学会播种的方法，让学生在活动中体验成功的喜悦，增强环保意识、生态意识，通过种植来学会做人，实现自我的成长，进一步增强自身的社会责任感，树立正确的劳动观、价值观。

《探秘一粒籽》这一课旨在培养儿童的观察能力以及动手能力，即学习用观察、比较、调查的方法进行简单的生活和社会探究活动。本课坚持创新导向，抓住学生心理期待，从课程综合性和实践性角度出发，展开多重路径拓展规划，精准对接学生思维。课程中教师要发挥积极导向作用，从教学各个环节中展开具体化引导，促进学生综合思维能力的生成。

学生思维发展状况分析：

从学生的学习能力看，二年级学生对事物的观察通常缺少整体性和连续性，因此，我们要给他们提供具体、易操作的观察方法的指导。

这一阶段的学生对具体、直观的形象有极强的兴趣。我们从学生的学习需要和心理期待着手，借助丰富多彩、直观鲜活的具体事物或形象，给学生以视觉触动，触发他们的感性具象思维。

二年级的学生具备一定的动手能力，也有积极参与实践劳动的欲望和意愿，因此本活动内容是学生比较感兴趣的，具有一定的可操作性。活动内容毕竟与学生的生活实际有一定的距离，自然也会面临一些问题和挑战。鉴于此，本课教学活动要从学生实际生活出发，引导学生正确使用简单的劳动工具，掌握植物种植的简单技能及植物管理方法，同时养成自主探索、合作交流和动手操作的能力。

学生思维生长课堂设计理念：

本课的教学以学生的需求为起点，采用直观展现的形式，引发学生的探索热情，让学生在视觉感官带动下，调动身体其他器官参与到学习活动中，启动感性具象思维，顺利进入知识感知状态。

本节课在对学生进行思维能力培养的过程中，让学生认识其主体地位是关键。教师要更多地了解学生、引导学生，鼓励学生表达自己的看法，即不仅能够与自己进行良性互动，还能和其他学生进行讨论交流。这样，学生的总结归纳能力和合作学习能力都会得到提高。

本课充分运用实践教学、趣味游戏教学、多媒体教学、小组合作学习等方式，对教材内容进行拓展延伸，为学生提供展示自己思维能力的平台，使学生的自主学习能力、独立思维能力都得到了有效培养。

目标预设：

1.通过了解种子的特点、观看种子生长视频，激发学生发现生命奥秘的好奇心，懂得尊重生命、热爱生命。

2.通过对地质剖面的介绍，了解济南泉水及土壤的形成原因；通过介绍种植园农作物的特点，认识并区分生活中的常见蔬菜，并产生亲手播种的愿望。

3.通过组织学生亲自种植和记录观察情况等活动，亲历植物成长过程，养成敢于尝试、勇于坚持的品质，感受生命的神奇及收获的不易。

4.学生乐于尝试与探索，能用观察、比较、调查等方法进行探究活动，愿意与同伴交流、分享、反思探究的过程和成果。

学习准备：

1.物质准备：种子、花盆、工具、展板图片、横幅等。

2.教师准备：活动设计、教具与学具、学习任务单、"双师"教学的沟通与衔接。

3.基地准备：场地布置，工具及农具准备，多种种植方法讲解。

4.学生准备：搜集种子，完成学习任务单，小组内做好种植计划与分工。

学习过程：

（一）进入真实情境，明确学习任务

学校一年一度的生态科普种植活动又要开始了，王老师带领同学们来到一个非常专业的基地——叶子的四季自然学校，来探秘种子的奥秘。

【设计意图】

本环节旨在引领学生了解实践学习的背景与内容，明确学习任务。

（二）探究活动实践，体验种植乐趣

探究实践一：认识多种种子，感知种子的奇妙

图8.1　认识种子

1. 联系学生旧知，激发学习兴趣

还记得我们二年级上学期学的一篇课文《植物妈妈有办法》吗？里面提到了哪三位植物妈妈？它们分别有什么办法呢？

学生回顾旧知。

这篇课文中植物妈妈的孩子就是植物的种子。它们有什么不同？都长在哪里呢？谁来介绍一下？（可以让学生在课前搜集相应的种子）

学生分别介绍收集到的蒲公英、苍耳和豌豆的种子。

2. 分享种子资料，丰富感性认识

生活中还有很多不同的种子，大家还找到了什么种子？它们又是什么颜色、什么形状的？它们长在哪里呀？

学生交流收获。

3. 做种子代言人，检验学习成果

我们班将有两组同学要成为种子代言人。你愿意接收挑战吗？请猜猜老师展示的种子，猜对了就可以翻开板子验证，就有希望得到神秘礼物。

学生依次竞猜。

4. 介绍专业教师，明确学习任务

今天王老师还请来了我们生态循环农业及劳动教育的专业老师，下面请 × 老师为我们讲解更加有趣的专业知识。

【设计意图】

　　本环节旨在通过介绍种子、开展"猜种子游戏"等活动，促使同学之间进行良性互动，充分了解种子的多样性，培养学生对种子的观察能力，激发其对大自然的探索兴趣。

探究实践二：观察地质剖面，了解土壤的成因

图8.2　观察地质剖面

1. 介绍地质剖面，明确岩石构造

同学们，我们的种子要想长成一株植物，主要需要水、阳光、空气和

土壤。俗话说得好:"一方水土养一方人。"植物也是如此。不同的气候、土壤所长出的植物也是不同的。那不禁要问:我们的土地是怎么产生的呢?

教师介绍地质剖面的岩石构造、形成过程及济南泉水的由来。

2. 了解土壤的成因,明确土质特点

耕地上面的土壤,就是由这些岩石经过数亿年风化而形成的。我们济南的土地多以褐土为主,富含丰富的矿物质,适合种粮食、棉花、蔬菜等农作物。我们的很多食物都产自这些耕地,所以大家一定要保护好我们的耕地。那我们的土地究竟能生长出哪些植物呢?接下来我们一起去种植园看一看。同学们可以近距离地触摸一下这些石块,感受一下沧海桑田的变化。

【设计意图】

学生通过老师讲解,采用近距离观察、触摸等形式进行学习,突破了校内教学空间的限制。本环节旨在培养学生的观察能力,进一步发散学生的思维。

探究实践三:参观种植园区,识作物增兴趣

图8.3 参观种植园区

1. 认识多种农作物

我们现在来到的是种植园,这里面种着小麦、韭菜、菠菜、油菜、大蒜等20多种农作物。

教师带领学生依次认识菠菜、葱、莴苣、北木瓜树、大蒜、苔菜、油菜、荠菜、小白菜等农作物。

2. 区分韭菜和小麦

接下来我们比较一下韭菜和小麦的叶子，看看它们有什么不同。

小麦叶子表面粗糙，韭菜叶子表面光滑。小麦的叶尖是尖的，韭菜的叶尖是圆的。韭菜闻起来还有比较浓郁的韭菜香，每年春季3月份开始种植。小麦每年国庆节后7天左右开始种植。小麦成熟后，我们可以把它磨成面粉。小麦的用途非常广泛，北方人的主食以小麦面粉制作的面食为主。

【设计意图】

此环节不仅让学生认识和区分常见的农作物，还可激发学生的好奇心和对种植的兴趣，并让孩子走进大自然感受植物生命的多样与神奇。通过活动，学生的观察能力、发散思维能力能得到进一步提升。

探究实践四：体验种植乐趣，迁移实践应用

1. 室内种植韭菜、油菜、大蒜

（1）感受生命的神奇，激发种植兴趣

图8.4　感受生命

同学们，我们现在来到了自然探索馆。之前我们了解了土地的成因，认识了各种神奇的种子和蔬菜，大家想亲眼见证一下种子成长的神奇过程吗？科学家用摄像机录下了萝卜种子的生长过程，让我们快来观看一下吧！一定要仔细看，然后交流一下彼此的感受。（播放视频）

　　每一个生命都值得尊重，只要努力，都能活得精彩。当你的小种子长势不好的时候也请你不要放弃，多给它一点关怀和帮助，助它一臂之力。当它遇到虫害或生病了的时候更要好好地帮助它。

　　相信同学们一定能种好种子，照顾好你们小组的植物。让我们快快学起来吧！

　　【设计意图】

　　本环节通过观看种子生长的视频，巧妙创设思维情境，有利于学生思考问题，激发学生发现生命奥秘的好奇心，从而引导学生懂得尊重生命、热爱生命。

　　（2）进行方法指导，学习花盆种植

图8.5　学习花盆种植

　　今天我们用韭菜、油菜、大蒜的种子进行种植，不同的种子用不同的播种方法。韭菜种子的播种方式是撒播，油菜种子的播种方式是条播，大蒜播种的方式是穴播。

　　①观察韭菜种子，明确种子的特点

　　韭菜种子呈半圆形或半卵圆形，比较扁。种子非常小，长2—4 mm，宽1.5—3 mm。韭菜种子表面黑色，一面是凸起来的，摸起来很粗糙，另一面是凹下去的，比较光滑。其顶端比较平，基部是尖的，点状突起部分是种脐。

②学习撒播的种植方法

撒播，就是将韭菜种子均匀地撒到营养土上。大家将种子握在手里，掌心向下，手指缓缓松开一点缝，让种子从手指缝里漏出去，慢慢移动胳膊，种子随着胳膊的移动落到营养土里。播种后需要覆盖一层薄土，浇水保持基质微微湿润。

③观察油菜种子，明确种子的特点

油菜种子呈球形，是紫褐色的，比韭菜种子稍微大一些。

④学习条播的种植方法

条播就是顺着盆面平行的方向开沟，沟深 1 cm 左右，行距 2 cm。开沟后把油菜种子均匀播撒在沟里，浇水保持土壤湿润，然后覆盖一层薄薄的营养土。

⑤学习穴播的种植方法

大蒜需要穴播。穴播，顾名思义就是挖个巢穴，把蒜瓣栽在里面。深度保持在 1 cm 左右，每穴种 1 瓣。先观察蒜瓣的形状——一头是尖的，栽种的时候尖头朝上。每个小穴之间横竖都间距 2 cm，播种后浇水保持土壤湿润，然后覆盖一层营养土。

⑥学生合作播种，老师在旁指导

请同学们以小组为单位，根据商量好的分工，先将营养土倒在花盆里，然后进行操作。

【设计意图】

我国著名教育家陶行知先生曾经提出了"教学做合一"的理论，主张教学要关注生活中的困难和疑问，引导学生尝试解决生活中的实际问题。本环节中，学生跟随专业老师在室内学习三种不同的播种方法，通过分组体验韭菜、油菜、大蒜种子的播种方式，学会了种植的方法和技巧，感受到劳动的快乐。

2. 室外种植土豆，扦插杨树苗

图8.6　学习种植土豆

（1）学习土豆常识

有一种作物，既是一种粮食又是一种蔬菜，你知道是什么吗？

土豆既和其他粮食一样含有大量的淀粉，又富含蛋白质和维生素，所以它既是粮食又是蔬菜。土豆又叫马铃薯，因长得像马的铃铛而得名。中国是世界上土豆总产量最多的国家。今天我们就分享土豆种植的相关知识和流程。

（2）认识常用农具

首先引导学生认识一下种植土豆用到的工具。锨主要用来铲土、装土、运土、翻土；镢头主要用来刨土、开沟；耙子主要用来平整土地；水桶用来浇水；米尺用来丈量土地的长度，确定种植作物的间距；线绳主要用来保持起垄、整地在一条直线上，让种植的作物整齐、好看。教师边示范边讲解使用方法。

（3）了解土豆繁殖特点

土豆是用土豆种块繁殖的。土豆种块上有芽眼，将种块种到地里后，有芽眼的地方就会发芽。我们吃的是地里长出的土豆，吃的不是它的果实，而是块茎。

（4）学习土豆种植方法

教师给大家展示土豆的种植步骤。挖穴时，从垄的一头开始，每穴间隔10 cm用小铲子挖一个深2—3 cm的小穴；然后在穴内放土豆种块，种块的芽眼要朝上；接下来是浇水，注意不要没过小穴；最后覆盖干土，注意培土不宜太厚，通常高出地面 5—8 cm 即可。

（5）分组合作探究，尝试种植土豆

学生在老师的指导下，尝试使用农具起垄，然后完成挖穴、在穴内放土豆种块、浇水、覆土等环节。

（6）学习扦插杨树苗的方法

杨树苗的繁殖技术叫作扦插，就是用杨树身上当年的生枝条进行扦插。扦插枝条前，要先对剪好的枝条消毒，然后蘸生根粉。消毒可以防治病菌感染，蘸生根粉可以刺激生根，提高枝条的成活率。

（7）分组实践扦插杨树苗

根据分组，开始扦插杨树苗，完成浇水流程。

【设计意图】

教师要将学生的知识学习和能力提升结合起来，不仅让学生体验室外种植土豆和扦插杨树苗的乐趣，还要让他们在老师的带领下完成整地、量地、起垄等操作，促使学生在学习中主动思考、合作交流，培养并提高其观察能力、发散思维能力和小组合作能力。

（三）总结实践收获，生成道德体验

通过这节课的学习，大家有哪些收获？学生自主交流。

师总结：同学们，我们的种子已经种下。接下来，我们要把我们的劳动成果带回班级，分小组进行养护、观察，一周后继续交流我们的收获。

【设计意图】

本环节引导学生多角度、多层面地交流收获感受，并布置活动后的实践任务，将本次实践活动的收获在实际生活中继续拓展、延伸。学生的归纳和演绎思维能力在活动中也得到了培养。

（四）专家持续引导，夯实实践成效

各种植物都是由不同的种子生发而来的，它们或美化环境，或净化空气，或被我们食用，都为我们人类做出了贡献。非常感谢专业老师的精彩讲解，相信同学们一定受益匪浅。接下来，我们向专业老师颁发聘书，聘请他为我们甸柳一小的校外辅导员，今后进一步指导我们的工作。

【设计意图】

本环节通过课外实践的延伸指导和动态交流，使实践活动进一步深入，进一步提升了学生的思维能力。

（王鑫）

三、磁极再认识

教材思维生长点分析：

《磁极再认识》是对磁铁本质属性和磁极规律的深入讲解，涉及更全面的磁性的基本原理、磁场的产生与性质。磁极是一个极小的磁场发生器，会在周围产生磁场。磁极之间的作用可以解释为磁场线之间的相互作用。在磁场中，磁场线从南极指向北极，并且两个相同磁极之间会相互排斥，两个不同磁极之间会相互吸引。本课旨在通过实验现象和结果，探究同极相斥现象的本质和原因，培养学生探究问题、发现问题、解决问题的思维能力。通过这些思维生长点，学生可以更好地理解磁极间的吸引和排斥作用，并且能够在这个基础上更深入地学习磁场的实际应用知识。

学生思维发展状况分析：

在磁极再认识这个学习主题中，学生在已经掌握磁极基本概念的前提下来认识其性质，包括磁极的种类、磁力的作用、地球磁极等。这将有助于学生形成对物理世界的初步认知。

观察和感知能力：学生的观察和感知能力逐渐增强，他们能够更加准确地观察到磁极的形态、大小、位置等，并且能够通过感知磁力的作用来进一步理解磁极的性质。

形象思维能力：学生的思维能力比较形象化，他们更善于通过直觉和具体的经验来理解物理概念，例如通过比较不同磁极的大小和位置，来形象化地理解磁极的吸引和排斥作用。

在学习《磁极再认识》的过程中，教师需要注重培养学生的观察和感知能力，通过形象化的教学方式来引导学生理解磁极的性质。如通过视频课件来展示原理——地球就是一个磁极且和地理上的南北极相反，并且地球的磁极会进行移动，帮助他们建立正确的物理概念和认知。

学生思维生长课堂设计理念：

学生通过实验和观察磁极的特性和现象，积极探究磁力的本质和规律。通过实践探究，学生可以更加深刻地理解和掌握磁极的概念和特性，提高自身的实践能力和动手能力；分析磁场的特性和规律，学生通过做实验从中获得深刻的感受、体验、领悟，从而获得直接经验。教师要通过设计有趣的实验任务，引导学生探究磁极的本质规律，激发学生的创新思维和探索精神，同时，引导学生在课后进行磁极相关问题的思考和讨论，以促进学生的自主学习和思考。

目标预设：

1.掌握磁力、磁场、地球磁极等知识，形成对磁极的基本科学观。

2.培养观察和探究的能力，通过实验和观察，深入理解磁铁的特性和现象。

3.利用视频素材掌握科学知识，拓展学生思维空间，发散学生思维。

学习准备：

磁铁、铁砂、汤匙、课件等。

学习过程：

（一）回顾磁铁的性质

展示两个条形磁铁，向学生提问：同学们还记得上节课做的磁铁实验结论是什么吗？

磁铁有两极，N 指向北方，S 指向南方；同极相斥，异极相吸；磁铁两头有吸力；磁铁摔断后，磁铁仍然保持原有的南北极性质。

【设计意图】

只有通过实践，不断地探索、尝试、总结经验，才能够真正掌握知识。本环节旨在夯实学生对磁极的认识，为接下来的学习打下基础。

（二）探究活动一：磁力线游戏（平面）

磁力线是为了便于研究磁场而假想的一个线，这个线的疏密程度表示这个点磁场强度的大小。

1. 把铁粉均匀地撒在一张白纸上，把磁铁放到中间，铁粉会被磁铁的两极吸住，而且铁粉会形成一些曲线形状的线条，这些线条代表着磁场的磁力线。磁力线就是表示磁力的线条。在磁力线的图像中，磁铁通常被表示为位于图像中央的物体，而磁力线则从磁铁的两端开始向外传播。

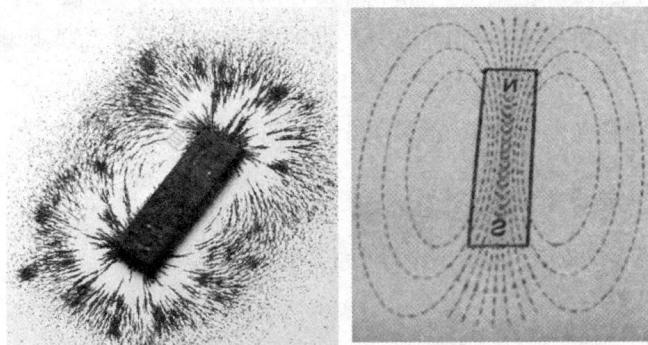

图8.7 磁力线示意图

2. 总结看到的现象：磁力线密集的地方磁力强，磁力线稀疏的地方磁力弱，有磁力的地方才会出现磁力线。

【设计意图】

游戏中，教师要引导学生观察和分析磁力线的运动规律，从而培养他们的观察力和思维能力。整个游戏实验过程强调学生进行能动、独立的学习，在学习过程中积累经验并学会克服困难（比如铁粉的均匀铺放和磁铁放入的时机），提高学生自身的素养。

（三）探究活动二：地球磁极

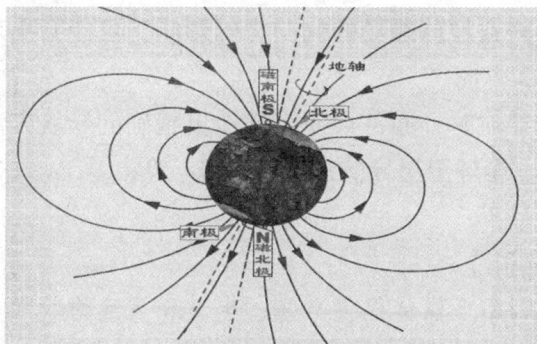

图8.8　地球磁极示意图

1. 地球的磁极是指地球内部的磁场所产生的南极和北极。地球磁极的位置是动态变化的，但（地球方向）南极和北极总是相对于地球的自转轴对称的。有的学生还会把磁极与方向混淆，教师要带领学生再一次复习磁极的概念。

2. 地球上的磁极确实会发生变化，这种现象被称为地磁极漂移。地磁极并不是固定不动的，在地球历史的漫长过程中，地磁极经历了多次漂移和变化。其中最显著的是地磁极的磁极颠倒事件。根据地质学家和地球物理学家的研究，过去2000万年间，大约每50万年至200万年左右，地磁极都会发生一次磁极颠倒事件。这意味着地磁北极和南极会互换位置。

过去的地磁极颠倒事件被记录在地球的岩石中，特别是在海底的岩层中。最近一次地磁极颠倒事件发生在大约 78 万年前，而之前的一次发生在大约 120 万年前。在未来，地磁极还将继续漂移和变化，这是地球内部运动的自然结果。

3. 导航和定位：地球的磁场在导航和定位系统中有广泛的应用。了解地磁极的位置和变化有助于准确使用指南针和地磁导航系统，帮助人们在航海、航空和探险等活动中确定方向和位置。

4. 环境与生物影响：地球磁场对地球上的环境、生态系统和生物进化有很大影响。一些动物，如候鸟和海洋生物，可能利用地磁场进行迁徙和导航。此外，地球磁场还对宇宙射线的入射及地球的辐射屏蔽产生影响。

5. 教师提出问题："试想一下如果站在南北磁极上，指南针还有作用吗？"

南北磁极上，指南针是垂直朝上或垂直朝下。在这种情况下，指南针的磁针将会受到来自地球磁场的侧向力的影响，可能会出现摇摆现象，难以指示一个特定的方向。

在极地地区导航时，通常会使用其他更精确的导航方法，如使用我国的北斗导航卫星、全球卫星导航系统（GPS）等。

【设计意图】

此环节利用多媒体提供丰富、生动和灵活的教学素材，增强学习效果，提高学习效率。总的来说，地球磁极的认识和研究有助于增进我们对地球及其内部、外部动态过程的理解，对科学研究、技术应用和生态保护都有重要意义。

（四）探究活动三：生活中的磁极

电动机和发电机：磁铁被用于制造电动机和发电机，这些设备可将电能转化为机械能或者将机械能转化为电能。磁铁的磁场可以产生旋转力，因此可以用于驱动转子。

磁性材料：磁铁和其他磁性材料被用于制造各种各样的设备和工具，如门吸、冰箱门、扫帚、吸尘器、音响扬声器、硬盘驱动器、电视机等。

磁医疗：磁铁被用于磁医疗，这是一种非侵入性的医疗技术，即使用磁场来治疗各种疾病，如关节炎、脑中风等。

磁悬浮：磁悬浮是一种利用磁场来支持和悬浮物体的技术，常用于制造高速列车和磁悬浮飞行器等交通工具。

【设计意图】

本环节旨在帮助学生理解磁极的实际应用情况。通过了解生活中应用磁极的物品和场景，学生可以更好地理解磁极的实际应用，增强学习的趣味性和实用性。

（五）课后延伸：极光

图8.9　极光

极光是出现于星球高磁纬地区上空的一种绚丽多彩的发光现象。极光常常出现于纬度较高靠近地磁极地区的上空，一般呈带状、弧状、幕状、放射状等，这些形状有时比较稳定有时呈现连续性变化。极光产生的条件有三个，即大气、磁场、高能带电粒子，三者缺一不可。

极光不只在地球上出现，太阳系内其他一些具有磁场的行星上也有极光。

【设计意图】

教师要引导学生在课下进行拓展活动，通过搜集资料来研究课堂中未能解决的问题，使同学们的学习兴趣和科学探究能力得到持续发展。

（宗明）

四、美味饮品巧制作

教材思维生长点分析：

《义务教育劳动课程标准（2022年版）》指出："劳动课程以培养学生的核心素养为导向，围绕日常生活劳动、生产劳动和服务劳动，以任务群为基本单元，构建内容结构。""烹饪与营养"是十大任务群之一，属于日常生活劳动的范畴，贯穿1—9年级四个学段。一、二年级的学生能用合适的器皿冲泡饮品，在其初步具有科学处理果蔬、制作饮品的意识和能力的基础上，我们根据"烹饪与营养"任务群的内容要求，设计开发了"食育课堂"系列之"美味饮品巧制作"单元主题劳动项目，带领学生学习"自制饮品"，培养"健康饮食"观念，初步形成食品安全意识。教学中以想象、提问、计划、制作、分享、改进、反思等学习活动为学生思维的生长点，在已有知识、技能的基础上引导学生在劳动中发现问题、解决问题，促进学生思维的发展。

学生思维发展状况分析：

劳动教育强调学生的直接体验和亲身参与，旨在让学生手脑并用、知行合一、学创融通，让学生在实践中习得劳动知识与技能，感悟、体会劳动价值，形成劳动意识，培育劳动精神。

在"食育课堂"系列之"美味饮品巧制作"单元主题教学中，教师课前通过学情调查、谈话交流了解到学生之所以喜欢喝各种茶饮店的饮料，大多是由于喜欢其香甜浓郁的口感、丰富多样的味道。学生对于这些饮品的认识只停留在"好喝""别人喝，我也想尝尝"等层面，对于"有无营养""长期饮用对身体有无影响"等毫无了解。由此，教师设计了相应的访谈问题，如：这些饮料是否能为身体提供营养？这些饮品中有无食品添加剂？多喝或长期喝这些饮料对身体有没有影响？我们可否自己动手做一杯呢？大家想探究具体的制作方法吗？一系列的交流触动了学生的心灵，引发其深度思考，启发学生在"疑"中求"解"，产生学习的"诉求"。

在调查了解、收集信息的过程中，学生拓宽了自己的认知视角和探究通道，而分小组开展研究性学习活动，激发了学生动手制作"好喝而又健康"的饮品的愿望。劳动项目化活动为学生提供了自主探究、实践应用、创新创造的空间，能唤醒、激发、提升学生的创新意识和实践能力，拓宽学生的思维空间，促进学生思维向纵深发展。

学生思维生长课堂设计理念：

劳动课是落实小学劳动教育的主阵地，旨在为学生参与以活动和问题解决为基础的学习提供一种动手实践的课堂体验。有效的劳动教学对学生而言，是锻炼和提高其思维能力、直接促进其智力发展的有效工具。

本节课因学生的探究而起，通过尝试进行奶茶的制作，运用已有生活经验、劳动方法，使学生在实践操作中生成、获得新的认识，并迁移运用到其他健康饮品的制作中。在教学中，教师应以"自主学习—讨论交流—实践操作—反馈改进"等一系列学习活动促进学生思维的发展，使学生从真实的感受中不断提出新奇、有趣和感兴趣的问题，推动其思维的发展和动手能力的提高。

目标预设：

1. 通过导学微视频的学习，初步探究饮料制作的大体流程。

2. 研究小组制订本组奶茶的制作计划，小组合作尝试制作一款美味健康的奶茶。

3. 通过制作，了解奶茶文化的历史和发展情况，激发民族自豪感和爱国主义情怀。

4. 在劳动中获得积极的生活体验，在小组合作中形成责任意识，学会制作奶茶的劳动技能，提升服务自我、服务他人的能力和意识，体会健康生活带来的乐趣。

学习准备：

研究计划表、奶茶制作原料和工具、多媒体软件等。

学习过程：

（一）情境引入，品奶茶、说用料、猜方法

导入：同学们，上周我们一起进行了"奶茶店现状调查"活动。通过线上查阅资料和线下的实地考察，你们有什么收获和感受？

学生反馈：很多茶饮店的饮品中存在着咖啡因、糖分、脂肪超标，以及蛋白质过低、反式脂肪酸超标等问题，饮用这样的饮料会影响青少年的身体发育。

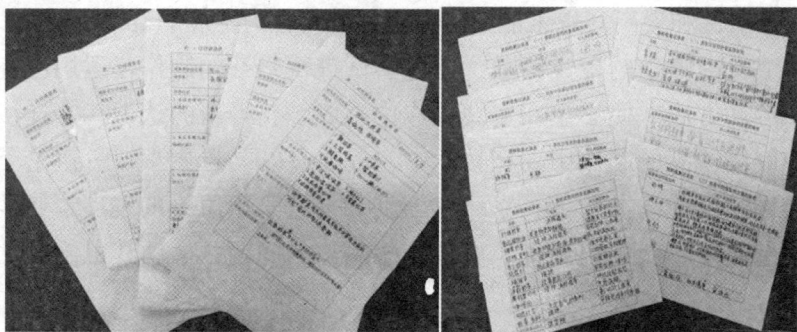

图8.10　学生记录

师：一杯奶茶价格不低，还可能存在这样那样的问题，所以老师就尝试着学做了一款奶茶，想不想尝一尝老师的手艺？品尝之后猜一猜这款奶茶的"配方"是什么，是怎么做出来的？

1.品奶茶，说用料

板书食材：牛奶、茶叶、糖。

2.学生猜测奶茶的制作方法

让学生根据自己的生活经验谈谈这款奶茶是怎样一步步做出来的。

（1）把牛奶和茶叶煮开，加入糖搅拌均匀。

（2）把茶水冲泡好，加入牛奶，再加入糖，搅匀。

【设计意图】

本环节从学生喜爱的"好喝的饮料"这一兴趣点出发，在第一课

时探究结果的基础上，让学生结合生活经验猜一猜老师所做奶茶使用的食材和制作方法，激发了学生学习的兴趣和积极性。

（二）问题激发，学习自制奶茶

探究活动一：学习并梳理奶茶的制作方法
1. 观看小视频，学习制作方法
师：同学们猜得对不对呢？一起来看看吧！（播放导学视频）
2. 师生互动推理，探究制作方法
引导学生用自己的语言概括导学视频中的制作方法及步骤。

【设计意图】
　　学生在初尝奶茶之后，对学习奶茶的制作方法特别期待。教师设计启发学生思考的问题，让学生带着问题有目的地观看导学视频。学生在自主自愿的学习中了解、学习制作奶茶的具体方法。在这一过程中，教师要提出制作过程中应注意的事项。

（三）自主生成结论，总结梳理步骤

第一步：泡茶
讨论交流：制作奶茶一般使用什么茶叶？你们小组准备了什么茶？怎样泡茶？
组一：制作奶茶一般选颜色较深的茶叶，我们小组使用的是乌龙茶。
组二：在泡茶时先放入适量茶叶，再倒入热水，稍焖一会儿，再将茶水倒入杯中。
教师进行安全提示：泡茶时要注意水温，倒水时要注意安全，不要烫着。
第二步：加入牛奶
讨论交流：加入多少牛奶合适？
小结：一般牛奶和茶水的比例是1∶1，即一半茶水，一半牛奶。

第三步：加适量的调味料

师生交流：除了加糖，同学们也可以加入其他配料进行调味，让奶茶的口味更加丰富。

组一：我们小组准备了果酱，想调成水果口味的奶茶。

组二：我们小组准备将煮熟的西米加到奶茶中，这样喝起来口感更好。

教师进行实践指导：在混合以上配料前，请同学们将各种原料的用量记录下来，明确原料的多少对奶茶的口味会产生怎样的影响，试试怎样的配比更好喝。

第四步：混合在一起，搅拌均匀

第五步：进行简单的美化装饰

【设计意图】

　　本环节通过自主学习、讨论交流，让学生在劳动中主动思考，自主梳理出奶茶的制作步骤；引导学生在"细"中求真，观察细致精确、选材精挑细选，培养学生认真细致的劳动习惯，培养学生思维的精确性。

（四）迁移检验应用，动手制作奶茶

探究活动二：小组合作制作奶茶

1.各组根据自备原料，设计一款奶茶，分工合作，完成制作计划

2.学生动手制作

（1）学生朗读注意事项，教师在学生制作时及时提醒。

> **注意事项：**
> 1.制作时小组内分工合作，倒热水时注意安全，不要烫伤。
> 2.在取用材料时不要撒到外面，注意及时清理桌面卫生。
> 3.在制作时随时记录材料用量，制作完成后将本组奶茶的特点补充完整，并进行自评。
> 4.最后将奶茶倒入大量杯中进行展示和分享。

图8.11　注意事项

表8.5 活动计划

自制奶茶的名称：		
选取的材料：	使用的工具	
奶茶的制作步骤	材料用量	负责人
1		
2		
3		
4		
5		
6		
本组奶茶特点（从色、香、味等方面介绍）	自评：☆☆☆	
组评：		

（2）小组分工合作制作奶茶。

学生根据活动计划分工合作制作奶茶，教师发现问题及时指导。

师生、生生互动交流：你们在奶茶的制作中遇到了什么问题？是怎样解决的？

【设计意图】

本阶段是动手制作环节，是学生将学习到的方法迁移应用于实践的环节。学生在"探究—设计—实践—反思"的过程中学习劳动技巧，提高劳动能力，促进思维发展。

（五）收获总结反思，分享品鉴评价

探究活动三：奶茶品鉴会

1. 交流分享

各小组选一名代表介绍本组制作的奶茶，说明奶茶的用料、制作方法和口味特点，然后向各组"品鉴师"分享奶茶。"品鉴师"喝完后从口感、味道、颜色、造型等方面进行评价，并记录在各组的评价表上，进而评选出最受欢迎的奶茶。

2. 评价总结

启发思考：通过动手制作，大家认为做好一杯奶茶的关键在哪里？

学生讨论交流，得出结论：

（1）茶水冲泡要浓，这样颜色好看，喝起来茶香浓郁。

（2）茶水和奶、糖等的比例要恰当。

交流感悟：通过制作奶茶，你有什么收获或感受？

生1：自己动手制作的奶茶，好喝又健康。

生2：我学会了奶茶的制作方法，感觉很新鲜也很有意思，体会到了劳动的快乐。

生3：通过大家齐心协力制作奶茶，我感受到小组分工协作的重要性。

生4：对比其他小组的奶茶后，我还想继续改进自己的奶茶。

教师引导学生课后继续探究实践：课下大家可以继续尝试改进奶茶口味。平时都是爸爸妈妈给你们买饮料喝，今天回家做一杯奶茶请他们一起品尝。

3. 文化延伸，了解中国传统的奶茶文化

师：同学们，奶茶不仅好喝，还有源远流长的文化呢。

教师播放视频和课件，让学生了解中国的奶茶文化。

你知道吗？

奶茶原为中国北方游牧民族的日常饮品，至今最少已有千年历史。蒙古高原是游牧民族的故乡，也是奶茶的发源地。草原奶茶是所有奶茶的鼻祖，在牧区，他们习惯于"一日三餐茶，一顿饭"的饮食习惯。

中国的奶茶自元朝起沿着古代的丝绸之路传到中亚、欧洲直至世界各地。目前在中亚国家、印度、阿拉伯、英国、马来西亚、新加坡等地都有不同种类奶茶流行。原产于中国的茶传到印度后，印度西北部的阿萨姆地区出现了印度最早期的茶树栽培。据说英国人就是从当地的部落那里学会喝奶茶的，也就有了今天著名的英国下午茶。

你知道吗？

图8.12　中国奶茶文化

师：看了这些，你有哪些想进一步探究的内容？希望同学们带着问题和课上的收获，继续探索，在实践中掌握更多的知识和技能。

【设计意图和评价要求】

在评价环节，各小组利用展示机会进行自评，通过分享品尝活动进行互评，教师引导学生反思活动流程、制作方法、团结协作等方面的问题，交流学习劳动技能的体会和收获。

（卜爽）

五、学做菊花毽

教材思维生长点分析：

利用简单的工具、废旧塑料绳为体育活动制作一个毽子是本节课的教学目标。要使毽子好看、好踢，就涉及毽羽的长短、多少和毽托的重量。如何制作出好看、好踢的毽子呢？探究制作步骤和毽子修整的方法是本节课学生思维的生长点。

1. 制作步骤

学生在劳动实践过程中会遇到一个难点：毽羽的制作是先将绳子整根系在垫圈上，还是先撕细绳子再系？这是本节课中思维的碰撞点。其实，两种方法都可以做出毽子，但是哪个更好用、制作速度更快呢？学生在尝试和探究过程中会有最真切的体验，因此这个难点可以通过带领学生进行实践体验来突破。

2. 修整方法

毽子制作完成后，毽羽会出现长短不一、排列不匀称的现象。如果垫圈过多、过少，也会使毽子配比不均衡，毽子不好踢。为了让毽子好看、好踢，修整这个步骤就显得尤为重要。修整的关键在于：一要找准修整点；二要明白如何修整比较省力。

学生思维发展状况分析：

四年级的学生通过之前的学习和劳动实践，已经初步掌握了一些简单工具的使用方法，也经历过拆解、研究复原、获得研究成果的过程，但在研究过程中，还会存在研究过程不完善、结果整理不完整等现象，学生实践过程有时还会存在偏差问题。例如，学生即使使用一样长的绳子，在系绳子的过程中也会出现绳子方向不一致、长短不一致等现象。因此学生在制作完成后，还要根据实际情况进行修整。修整方法需要学生进行个性化研究。

学生思维生长课堂设计理念：

劳动课程标准明确指出，义务教育劳动课程以丰富开放的劳动项目为载体，有目的、有计划地组织学生参加日常生活劳动、生产劳动和服务性劳动，让学生动手实践、出力流汗，接受锻炼、磨炼意志，培养学生正确的劳动价值观和良好的劳动品质。

本节课旨在学做菊花毽，首先要研究制作方法。如何制作呢？先让学生利用已有知识，利用拆解、复原的方法自主研究。在此基础上，学生带着研究成果去实践，以验证自己的研究成果，由此获得实践探究的方法和经验，进而提升自己发现问题、解决问题的能力。这是本节课设计的第一个生长点。

完成毽子制作，并不意味着成功。毽子是我们劳动实践的产物，要用于实际生活，还要好看、好踢。那么，检验它是否好看、好踢，就需要学生实际应用，才能发现问题并进行修整。这是本节课设计的第二个生长点。

毽子修整完毕，它好玩吗？怎么玩？让学生带着毽子去实践、体验各种踢毽子的方法，从中感受毽子制作方法与毽子好看、好踢之间的关系，进一步研究毽子还可以怎么做、用什么做。这就是本节课设计的第三个生长点。

目标预设：

1.通过查找资料，了解毽子的有关知识，学会用废旧塑料绳制作毽子的方法。

2.在研究和制作过程中，动手动脑，发现问题、解决问题。

3.能在活动中观察生活，学会与人交往、与人合作，体验成功的乐趣。

学习准备：

1.教师准备：各种各样的毽子各一个。

2.学生准备：一根2.5米左右的塑料绳、两个金属垫圈、一把剪刀等。

学习过程：

（一）认识毽子，明确学习内容

1.**介绍毽子历史**

师：进入秋冬季节，大家课间都在玩什么？（出示羽毛毽子）你对毽子有哪些了解？

踢毽子在我国有着悠久历史，是一项传统的民间体育活动。国家体委还把毽球列入了全国比赛项目。经常踢毽子可以活动筋骨，促进健康。

2.**明确劳动目标**

师：踢毽子是一件很有意思的体育活动。你想试一试吗？大家都想试一试，可是毽子太少了。没关系，这节课我们就学着做一个。

【设计意图】

实践探究是学生劳动实践活动的学习方式。激发学生学习兴趣，是学生积极探究的前提。本环节从学生玩什么谈起，从毽子的起源、发展到实际应用需求，逐层推进，旨在激发学生的探究欲望，为学生主动学习打下基础。

（二）探究活动一：何为菊花毽？

1. 了解毽子组成

教师出示羽毛毽子，介绍毽子是由上下两部分组成，上面这部分叫毽羽，下面这部分叫毽托。

2. 了解毽子材料

师（出示课件）：看，这个也是毽子。大家知道这是用什么做的吗？

这是我们平时捆书用的塑料绳，用完大家一般都丢弃了，多可惜呀！其实这个毽子就是老师使用这些废弃的塑料绳做出来的。我们生活中有很多废旧物品都是可以变废为宝再利用的。你想不想也学着做一个？

这节课，就让我们学着做一个漂亮的菊花毽子吧！

【设计意图】

制作毽子，首先要了解毽子的结构和制作材料。这个环节旨在指导学生通过观察，了解本节课制作菊花毽需要使用的材料，并且渗透环保理念——废旧物品再利用。

（三）探究活动二：花样毽子如何做？

1. 小组合作，探究制作方法

教师出示探究活动要求，小组合作，利用拆解、复原的方法，探究菊花毽制作方法。

2. 汇报交流，猜测制作步骤

小组汇报研究成果，说明毽子是怎么一步步制作出来的。

3. 小组合作，体验制作过程

教师出示活动要求，强调使用剪刀等工具时要注意安全。

学生小组合作制作毽子，教师巡视指导。

4. 展示成果，总结制作步骤

小组成员展示制作好的毽子，汇报制作步骤：

① 把绳子剪成一段一段的，剪出的绳子要差不多长；将绳子一根一根系在垫圈上，要尽量系紧一点儿，并且排列均匀；再将系好的绳子撕细。

② 教师相机板书步骤：剪—系—撕。

问题探究：应先系绳子还是先撕绳子？

学生根据实践体验，汇报交流，总结经验：先系绳子比较快，也比较容易，所以先系绳子比较好。

5. 发现问题，总结修整毽子

现在每个小组都把菊花毽子做出来了。观察其他小组的毽子，说说你的发现。（个别小组的毽子不整齐，有长有短，不好看）谁有办法帮帮他们？

做好之后我们还需要进行修整，先用小剪刀剪一剪，将不均匀的地方调整一下，将毽羽撕得再细一点。

【设计意图】

兴趣是最好的老师，它的价值就在于让学生享受学习时的乐趣。实践出真知。本节课指导学生借助已有知识进行自主探究，既培养了其学习兴趣，也为后面学生自主实践打下基础。在自主实践制作中，学生针对小组初步探究时遗漏的一些细节，逐步进行完善、细化。在这个过程中，学生不仅制作了毽子，还能对探究活动过程进行反思和改进，提升自主探究的能力。这个探究、制作毽子的过程是一个完整的思维过程。

（四）探究活动三：如何巧踢乐趣多？

1. 修整毽子更好踢

师：漂亮的菊花毽子做好了。漂亮很重要，但是好用、好踢更重要。

下面我们就在小组里试一试，看看我们的毽子好不好踢。大家不仅可以尝试踢自己组的毽子，也可以对比着踢一踢老师给大家的毽子，还可以和旁边的小组换着踢。这样踢毽子，大家有什么感受？

小结：毽羽少了，毽子不好踢。垫圈少了，毽子有点轻，也不好踢。毽羽的长短和疏密，跟毽托的重量有关系，比重均衡的毽子才好踢。

我们可以根据踢毽子的感受，对毽子进行更细致的修整，让毽子更好踢。

2. 总结技巧踢更好

师：刚才谁踢得多？你是怎么踢的？谁还有踢毽子的好办法？你还知道哪些踢毽子的技巧？请同学们课下继续探究踢毽子的技巧，练一练，看谁踢得多！

【设计意图】

实践是检验真理的好办法。制作毽子的目的是为了能踢、好踢。本环节通过让学生踢毽子，尤其是对比着踢，引导学生发现毽子好踢的原因是毽羽和毽托比重均衡。这是学生一开始研究制作时不容易发现的要点。怎么踢也需要学生进行实践探究，这又是本节课的延伸。这个环节就是要让学生通过使用毽子，感受毽子制作的效果，从而进一步提升对毽子的认识。

（五）探究活动四：深入探究我能行

通过我们的巧手，大家利用塑料绳等材料和工具，做出了好看的毽子。通过修整，我们还让自己制作的毽子更好踢了。动动脑筋，我们还可以让毽子更漂亮。不同材料和方法，可以制作出不同的毽子。同学们，请大家课后搜集更多材料，继续研究毽子的制作，做出更多好看、好踢的毽子。

【设计意图】

探究毽子的制作方法，旨在引导学生通过合作探究，学习探究方法。菊花毽的制作只是其中一个部分，毽子做出来了，还需要研究怎么更好看、更好踢，有什么好的玩法。本环节通过一系列学生感兴趣的活动，提高了学生自主探究的意识和能力。

（高云）

六、水墨画——鸟语花香

教材思维生长点分析：

美术作品首先是美的，美的背后是生命的绽放。本课让学生用水墨画技法描画自然界中的花朵。学生能学会运用国画语言表达自己的思考，表现活着的生命（自然界中的花），表现生命的美好，激发出潜在的、自发表现的创造性思维。那么，如何让学生在一节课中发现大自然的色彩，并用水墨画的形式表现出来，这是我们这节课要落实的主要内容。

学生思维发展状况分析：

当前学生学习水墨画大多以临摹为主，模仿画家的用笔方法，用水墨技法来达到形似的目的。孩子们往往只注重用笔用墨的技法，而忽略了为什么要这样画，画家为什么要用这些方法来表现大自然的事物，更别说表现水墨画的意境及融入自己的情感了。这导致许多孩子学着学着觉得枯燥无趣，于是就放弃了。

学生思维生长课堂设计理念：

思维能力是各种能力的基础和核心，体验思维过程是培养和提高学生思维能力的主要途径。让孩子在观察真实事物的过程中发现色彩，在切身体验中发现问题，再找到解决问题的方法，这才能实现思维能力的培养和提升。

目标预设：

1. 观察：大自然是最好的老师。学生通过观察自然界里的花花草草，去体验"新发现",凭自己的直觉和想象力去尝试"新玩法",通过水墨技法表达自己的主观感受,形成有创造性的思维。

2. 尝试:用水墨渐变的没骨法画花卉。在水墨体验的教学中,挖掘特色以激发孩子的探索欲望,循序渐进地让同学们体验水墨色彩和自然的关系。

3. 体验:教师要引导学生在大自然中寻找素材,注重体验、创新;让学生在探索中自由体验宣纸、水、毛笔、颜料、墨等材料的特殊效果,体会创作彩墨画的乐趣。

4. 作品:学生自由创作花卉作品,并在作品中体现出水墨绘画技法。

学习准备:

毛笔、墨汁、生宣纸等。

学习过程:

(一)课件导入,示范引导

欣赏中国画名家名作图片,用毛笔书写课题"百花齐放",在古筝声中画水墨荷花,把孩子们带入水墨世界。老师示范粉色荷花的画法,学生体会水墨画特点。

【设计意图】

孔子曾说:"知之者不如好之者,好之者不如乐之者。"这告诉我们,"兴趣是最好的老师"。本环节让孩子体会到绘画本身的美好,激发他们学习的兴趣。

(二)观察思考,学习新知

1. "接天莲叶无穷碧,映日荷花别样红"(出示荷花图片)

老师示范粉色荷花的写意方法,让学生发现水墨画的特色。

学生要观察老师是怎样蘸色的,了解老师是如何使用一笔两色画荷花的。

小结:先将笔蘸满白色,再将笔尖蘸一点曙红,红色就渐渐地"爬"了上去,这样就形成渐变色。

2. 学生练习

学生尝试调渐变色。

出现问题：颜料太稠，在纸上不晕染。

解决方法：加水。（学生自己发现问题，讨论解决。）

【设计意图】

本环节为旧知复习，学生在观察老师用笔用墨的同时，回忆之前学过的有关水墨画的相关技法，同时发现色彩渐变等新技法。

（三）探索体验，初试身手

1. 花的表现方法

（1）出示弗朗花的图片，让学生尝试表现这种花。

观察花朵色彩的变化规律，明确色彩最浓的部分在花心位置。

绘画技巧：笔尖冲着花心，花瓣是围绕着花心"旋转"的。（学生上台画）

（2）出示凌霄花的图片，让学生尝试表现这种花。

观察花瓣的外形，凌霄花的花瓣为圆形。

绘画技巧：笔在纸上停留一下，就会浸染成圆形。（学生上台画）

（3）出示牡丹花的图片，让学生尝试表现这种花。

观察花瓣形态，牡丹花的花瓣层层叠叠，互相遮挡。

老师示范绘画方法。

（4）出示白色的菊花图片，学生思考该如何表现它。

带领学生欣赏吴昌硕的《菊花》，观察大师的勾线用笔技法。

用颜色直接画出花瓣外形的方法叫"没骨法"。

（5）小挑战：出示自然界中的各种花的图片，引导学生观察其结构和色彩，用勾线法或没骨法表现。（部分学生上台画）

【设计意图】

本环节在学生了解渐变色技法的基础上，引导学生学习没骨法和勾线法，让学生在观察及表现中逐渐增强学习水墨画的乐趣。

2. 叶的表现方法

欣赏吴昌硕《菊花》局部叶子的用笔用墨妙处，并和叶子的摄影图片作比较。

让学生尝试用侧锋画"个"字叶。

教师要引导学生注意墨色变化。可带领学生先蘸满淡墨，再用笔尖蘸浓墨侧锋行笔。

小结：用浓墨和淡墨的渐变可以画出不同形状的叶子。

齐白石是师法自然的代表人物，其用色浓艳，造型简洁生动，注重细节。欣赏齐白石画作并总结技巧：侧锋一笔两色渐变画法，能表现出叶子的光感和生机勃勃的色彩。多加练习，就能画出千变万化的花瓣和叶子。

3. 树枝的表现方法

教师示范：挺拔的树枝和飘逸柔软的树枝用不同的线条来表现。

学生体验感受，明确挺拔的枝有力，柔软飘逸的枝畅快、舒坦。

教师带领学生欣赏八大山人及吴冠中的作品。

4. 给自然界中的树枝配上合适的点状花（学生上台画）

梅花、迎春花、紫藤花远看都是点状的，让学生自主探索实践。

老师补充：加水多，在纸上停留时间长，点就会变大。

5. 总结学习的内容

点：加水，可多可少。

线：中锋行笔，或挺拔或飘逸。

面：浓淡结合侧锋行笔，可组合成各种形状。

色：渐变画法可没骨，可勾线。

6. 构图方法

一朵花（可重复）可放在花瓶里组成静物小品，还可配以竹石、小鸟、昆虫等。

【设计意图】

本环节引导学生用不断重复写生的绘画方法画花的不同部位，从而提高学生独立写生绘画的能力，让其在不知不觉中学会水墨花卉的写生方法。

（四）迁移应用，实践创作

1.实践任务

用水墨形式表现有花卉的景物或静物小品。

2.用好点、线、面、色

3.构图饱满，色彩和谐

【设计意图】

本环节为创作阶段，旨在让学生将本课学到的水墨画基本技法用于自己的创作中，进一步体会创作水墨画的乐趣。

（五）交流评价，总结拓展

1.欣赏同学们的作品

选择有特色的习作，对花的形态和墨色变化加以评述，提升学生的创作技能。

2.课后拓展

大自然里的鸟，也可以用我们今天学习的点、线、面、色来表现，下节课我们再一起探讨。

（吉晓青）

七、学唱《故乡的小路》

教材思维生长点分析：

《故乡的小路》是一首两段体的优美抒情歌曲，而合唱的歌曲演唱形式正是五年级学生可以理解并能驾驭的音乐表现形式。歌曲的曲调流畅而又抒情，由两个乐段构成：第一乐段音区低而深沉，乐句都以弱拍开始，曲调平稳，表达了人们带着思绪万千的心情走在熟悉的小路上，回忆起美好的往事；六度跳进到第二乐段，使情绪渐渐得以抒发，音区升高，由衷地抒发了热爱家乡的心情。引导学生建立由浅入深、由理解要素到情感表达的音乐思维。结合我校合唱社团的训练方式，让学生用较为简单但相对专业的发声方法和技巧，唱出二声部的内容。学生不仅能体验合唱的方式，也能通过不同的演唱形式感受故乡小路带给他们的深深怀念。

学生思维发展状况分析：

五年级学生已经具备了一定的音乐基础知识和审美能力，音乐思维能力也在不断发展和提高，能够用他们喜欢和擅长的演唱、聆听、朗诵、表演、创作等多种形式来积极参与音乐活动。随着年龄的增长和思维方式的不断成熟，他们能更加自信地表现自我，更勇于在音乐活动和交流中表达自己的感受。

学生思维生长课堂设计理念：

基于新课标理念，本单元以故乡为主线，引领学生由浅入深地了解变拍子、二声部等知识。本课以歌曲的第二声部为学唱内容的重难点，让学生先入为主地了解和演唱第二声部，再通过情境式教学让学生从聆听到学唱歌曲的第一声部。在不断深入学习中，通过对歌曲感情的处理，引导学生回忆故乡，提高学生的音乐审美和音乐思维能力。最后分析歌曲的情感处理，让学生感受歌曲的意境，并用自己喜欢的方式来表达情感。

目标预设：

1.审美感知：理解歌曲的情感内涵，有感情地演唱歌曲。

2.艺术表现：能用连贯的气息和自然圆润的声音演唱歌曲，正确表现二声部的演唱方法，提高感受音乐、表现音乐和创造音乐的能力。

3.创意实践：了解歌曲中的变拍子与变音记号，使学生进一步感受三拍子、四拍子乐曲的特点，加强对变拍子的认识，并能在歌曲中唱准变化音"4"。

4.文化理解：通过学习歌曲，激发学生热爱家乡的美好情感，教育学生要珍惜童年的美好时光。

学习准备：

钢琴、教材、教学光盘、课堂小乐器等。

学习过程：

（一）真实情境导入

我是来自山东滨州的郭老师，我的家乡特别美，是黄河之滨一颗璀璨的明珠。因为工作我离开了故乡，来到济南后，我时常想念故乡，难忘故乡的一草一木，更难忘故乡的那条小路。（出示图片，自弹自唱。）

1.这是一条怎样的小路？（弯弯的、静谧的、回家的路）请大家体会旋律，它有什么特点？（起伏比较大）让我们一起唱歌谱来感受一下这弯弯的小路。教师提示音高（第一小节），让学生看手势。

2.注意保持气息，节奏要唱得准确。我们加快一下速度好吗？教师弹琴给出速度，并提醒学生看手势。

3.加入歌词演唱。

4.歌词要注意咬字，情绪要饱满。（给手势起音）

教师要根据学生的掌握情况，引导学生注意调整气息、咬字等演唱方法。

【设计意图】

本环节中，教师用自己的经历引出课题的难点，将二声部的内容作为发声练习，引导学生了解旋律的感情色彩，为进一步聆听歌曲做铺垫。

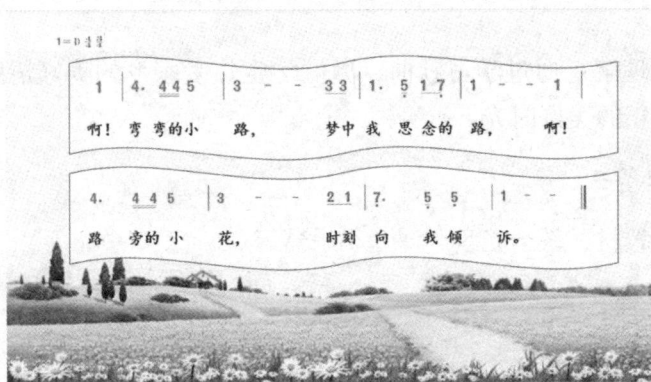

图8.13　乐谱1

（二）聆听与探究

1.在这条小路上还常回荡着一首歌，你听。（自弹自唱）

歌曲的名字叫《故乡的小路》，听完你有什么样的感受？为什么？（感到愉悦惬意，因为歌曲的速度是缓慢的，且力度较弱，旋律优美动听。）

2.（聆听第二遍）你再听，用自己的方式来感受一下歌曲的节拍是怎样的？（有四三拍和四四拍）它是怎么出现的？同学们听得非常仔细，这是一首四三拍和四四拍交替进行的变拍子的歌曲。

3.（聆听第三遍）一边感受这种节拍的变化（打拍子），一边听听歌曲还可以分成几个部分？（歌曲可以分为两个部分）有什么不同？情绪是怎样发展的？（第一部分比较平缓，第二部分是歌曲的高潮部分。情绪也是循序渐进的。）

【设计意图】

本环节旨在通过聆听歌曲，引导学生分析音乐要素，再由浅入深了解歌曲的内容，体验歌曲变拍子的特点，理解歌曲的结构，为下一步的歌曲教唱做铺垫。

图8.14　乐谱2

（三）学唱歌曲，体悟二声部

1.这么优美的歌曲，我们应该用怎样的声音去演唱呢？（轻柔、甜美的声音）我们先用小路的"lu"音代替歌词跟琴哼唱，要注意口型，将笑肌提起来（教师示范），闻一闻路旁的小花，吸气（琴跟上）。

（唱完第一遍不要停，边弹边说）能加词吗？继续唱第二遍。

2.同学们唱得很棒，老师还是发现了一个小小的问题，你们知道哪里没有唱好吗？（学生自己说一说）

①开头是弱起节奏，很多同学没有唱出来。

这里出现了什么音乐符号？（#）变化音的出现是为了给歌曲增添色彩，同学们要唱准确，我们来试一下。（前奏最后一句，数拍子。）

整个第一部分的情绪是平缓的，娓娓道来的，应注意情感的把握。

②这里还出现了一个符号，大家认识吗？（换气记号）因两部分的情绪不一样，换气记号提醒我们要深吸一口气，情绪往上扬。

③歌曲的最后，出现了哼鸣，表达了怎样的情绪？（表达了久久不能平静、往事历历在目的情绪）

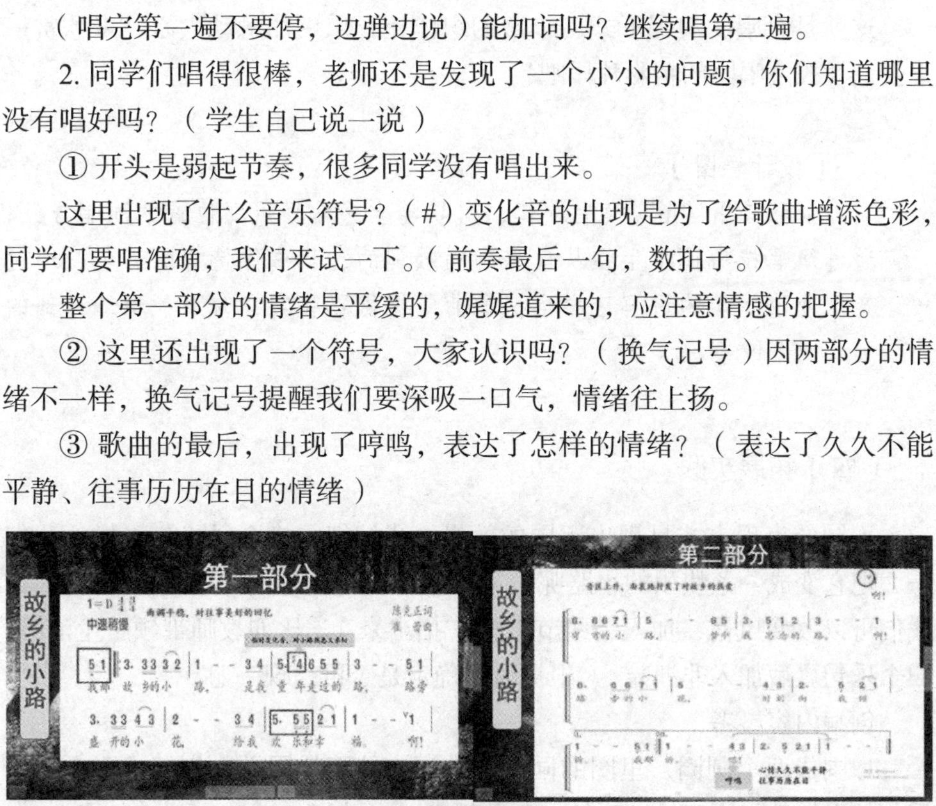

图8.15　乐谱3

3. 让我们把两部分连起来吧！两遍之间没有间奏，注意演唱的姿势。（弹前奏）

4. 同学们唱得非常好听，我们再跟伴奏完整地演唱一遍。（指挥，同时老师加入唱二声部。）

5. 唱得真好！你听到老师唱了什么吗？你还记得开头那条弯弯的小路吗？让我们把它加入进来，感受一下不同的演唱形式吧！

①一声部（边说边画出区域）先在心里哼唱。

二声部（边说边画出区域）的音调比一声部要低，跟琴试唱蓝色部分。（弹着二声部唱一声部）

②两个声部合起来。合的过程中，两个声部要相互倾听，相互融合。看蓝色部分。（弹法同上）

③跟音乐合唱，声音要融合。（放伴奏）

这就是合唱的演唱形式，丰富的织体让音乐更加触动人心，来欣赏一下我们学校合唱团的精彩片段吧！

【设计意图】

本环节用"lu"模唱旋律，引导学生感受轻声高位置的演唱方法；通过演唱技巧让学生在从模唱到唱歌词的过程中保持好的音色；通过音乐理论知识的讲解让学生把歌曲掌握得更扎实，为下一步二声部的加入做好铺垫。

（四）拓展实践

不同的表现方式呈现出不同的效果，我们把它换个风格怎么样？我们怎么把它变成一条快乐的小路呢？（学生畅谈）同学们的想法都很有创意。我们可以改变风格，加入一些节奏型（拍出来）。比如教师带领学生清唱，四个乐句之后加入非洲鼓。（根据时间确定是否再呈现一遍）

创编内容参考：

1. 围成两个圆圈，里圈的同学唱歌词，外圈的同学边打恒拍边在每个乐句的强拍处加入串铃、碰铃、三角铁等。

2.中间一个同学打非洲鼓（节奏为 ×× <u>×× ××</u> 和 <u>×× ×</u>），其余同学围在一起边唱歌词边做律动，律动内容是每一乐句结尾处的第二和第三拍，顺序为"脚脚手"（图示如下）。

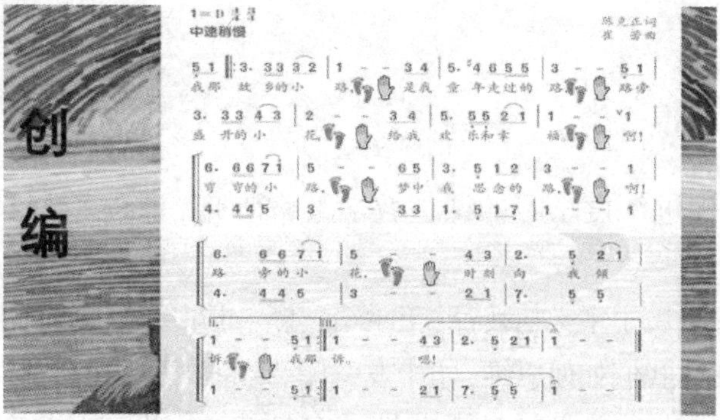

图8.16　乐谱4

【设计意图】

　　本环节旨在改编歌曲的风格，让学生创编不同的表现形式，发挥学生的创造性思维；同时与原歌曲的情绪形成对比，活跃课堂气氛，提高学习兴趣。

（五）总结延伸

今天我们学习了一首好听的歌曲，大家开心吗？

故乡的路承载着我们的喜怒哀乐和青春梦想，就像人生的路有坦途也有坎坷。只要大家勇敢前行，梦想自会引路！希望大家能在音乐的学习路上收获快乐，也衷心祝愿大家人生的路越走越宽阔！

（郭蕊）

参考文献

安富海.促进深度学习的课堂教学策略研究.课程.教材.教法，2014（11）.

［美］杜威.民主主义与教育.王承绪，译.北京：人民教育出版社，2001.

［美］杜威.我们如何思维.伍中友，译.北京：新华出版社，2015.

戴高桃.中小学美术教学活动设计案例精选.北京：北京大学出版社，2012.

郭华.教学的模样.北京：教育科学出版社，2022.

郭华.深度学习及其意义.课程.教材.教法，2016（11）.

何玲，黎加厚.促进学生深度学习.现代教学，2005（5）.

何三云.提升小学生数学思维能力探索.全国教育科学学术科研成果汇编，2017.

胡卫平，韩琴，严文法.科学课程与教学论研究.北京：高等教育出版社，2007.

孔子及其弟子：论语.孔学堂书局，2020.

［俄］列夫·维果茨基.思维与语言.李维，译.北京：北京大学出版社，2010.

林崇德.思维发展心理学.北京：北京师范大学出版社，1986.

林艳.小学语文教学培养学生思维能力初探.科技展望，2016（29）.

刘月霞，郭华.深度学习，走向核心素养.北京：教育科学出版社，2018.

［瑞士］让·皮亚杰.教育科学与儿童心理学.杜一雄，等译.北京：教育科学出版社，2018.

上海市教育委员会教学研究室.核心素养导向的体育与健康教学设计.上海：上海教育出版社，2020.

陶旭泉.中小学美术有效教学.北京：北京师范大学出版社，2015.

薛晖，等.直击新课程学科教学疑难　中小学音乐.北京：教育科学出版社，2014.

［美］伊恩·古德费洛，［加］约书亚·本吉奥，［加］亚伦·库维尔.深度学习.赵申剑，等译.北京：人民邮电出版社，2017.

郑毓信.课改背景下的数学教育研究：回顾与展望，上海：上海教育出版社，2012.

郅庭瑾，蒿楠.未来属于拥有新思维能力的人.北京：人民教育出版社，2016.

后　记

　　站在课改前沿，我们又一次清醒地认识到：立足思维能力培养的研究并不神秘，也不是前所未有的新创造，而是数百年来优秀教学实践及理论研究成果的升华与提炼。开展促进深度学习的思维生长课堂研究正是把握教学本质的一种积极努力，是践行课程教学改革走向深入的必由之路。

　　《思维生长课堂建构理论和实践》的出版，是学校思维研究领域的里程碑，是对过去十年思维生长课堂相关要素的梳理总结和再认识，是对当前研究成果的客观检验，更是对未来持续深化研究的专业引领。研究立根于教学，教学推动着研究，研究与实践相辅相成。通过此项研究，更多教师认识到培养学生高阶思维能力对其终生成长的重要意义。我们不仅构建了一个思维生长的理论框架，更在实践中真正落实了学生主体地位，在促进学生思维品质不断优化、创新能力不断提高、核心素养全面提升方面作出了积极贡献。教师们在此期间，汇编研究论文，完善案例集，提炼、总结可操作性、能够借鉴的规律方法，积累了一定的研究经验；结集出版的同时用以普及推广，取得了显著成效，极大地促进了教师们扎根课堂、深入探索的热情，鼓舞了纵深研究的信心和决心，也为学校省级"十四五"课题的顺利结题奠定了坚实基础。

　　与此同时，我们要诚挚感谢山东师范大学教育学部教授曾继耘、数学科学学院教授傅海伦、曲阜师范大学心理学院教授魏翔迁以及山东省教科院教师发展中心黄海涛等多位学术专家，对本研究给予的高度认可和持续关注。在本书出版期间，以上专家提供了诸多理论与实践方面的指导性建议和大力支持。

　　本书的出版是对潜心教育追梦人的鼓励，也是对教育者教育情怀的致敬！下一步，我们会继续潜精研思，蓄力前行，不断拓宽思路，持续优化研究成果和教学质量，促进学生创新思维发展，使其获得终身成长。

探问理想的教学之旅，永无终点！

杨兴永

2023 年 8 月 25 日